计算机辅助船体制造

李培勇　王呈方　主编

上海交通大学出版社

内 容 提 要

本书着重介绍了计算机辅助船体制造方面的基本原理、方法和过程。全书共分 9 章,主要包括:计算机辅助船舶制造概论、CAD/CAM 系统中的工程数据管理、计算机图形处理技术基础、船体造型的数值表示、船体型线光顺的数值方法、船体构件展开的数学方法、船体加工的数值表示、计算机辅助工程分析和造船计算机集成制造系统概述等。

本书可作为高等学校船舶与海洋工程专业的教材,也可供从事船舶与海洋工程的技术人员参考。

图书在版编目(CIP)数据

计算机辅助船体制造/李培勇,王呈方主编. —上海:
上海交通大学出版社,2011
ISBN 978-7-313-07240-5

Ⅰ. 计... Ⅱ. ①李... ②王... Ⅲ. 船体—造
船—计算机辅助制造—高等学校—教材 Ⅳ. U671-39

中国版本图书馆 CIP 数据核字(2011)第 070076 号

计算机辅助船体制造

李培勇 王呈方 主编

上海交通大学出版社出版发行

(上海市番禺路 951 号 邮政编码 200030)

电话:64071208 出版人:韩建民

常熟市文化印刷有限公司 印刷 全国新华书店经销

开本:787mm×1092mm 1/16 印张:12.25 字数:296 千字

2011 年 7 月第 1 版 2011 年 7 月第 1 次印刷

印数:1~3 030

ISBN 978-7-313-07240-5/U 定价:50.00 元

前　言

　　近年来,随着科学技术的进步,新船型和新的造船技术不断发展,船舶制造业中计算机的应用发生了很大的变化,计算机已经在船舶制造业中的所有领域发挥着重要作用。本书的编写,在内容上尽可能反映现代船舶制造业中的新思想、新技术、新方法和新资料。本书的主要内容包括:计算机辅助船舶制造概论、CAD/CAM系统中的工程数据管理、计算机图形处理技术基础、船体造型的数值表示、船体型线光顺的数值方法、船体构件展开的数学方法、船体加工的数值表示、计算机辅助工程分析和造船计算机集成制造系统概述等。

　　本书所指的制造技术是一种广义制造技术,是在机械制造技术的基础上发展起来的。长期以来,由于设计和工艺的分家,制造被定位于制造工艺,但这是一种狭义制造的概念。随着社会发展和科技进步,需要综合、融合和复合多种技术去研究和解决制造问题,特别是当集成制造技术的问世后,提出了广义制造的概念,亦称为"大制造",它体现了制造概念的扩展。本书所述的计算机辅助制造是指广义制造,可称为广义计算机辅助制造,它包括了计算机辅助设计和计算机辅助制造两大部分。但是,由于篇幅限制,本书仍侧重于计算机辅助船体制造工艺方面的内容,如:数学放样、构件展开、船体构件加工的数值表示等。

　　计算机辅助船舶制造,需要综合运用计算机技术、数学原理、结构力学和船舶制造技术等方面的知识。因此,在本书的编写中,着重阐述了分析问题和解决问题的一些基本思路和方法。也希望通过本书的学习,能帮助读者提高综合分析问题的能力,掌握解决工程问题的基本方法。

　　本书由李培勇、王呈方主编。王呈方参与策划、制定编写大纲,并指导全书的编写;向祖权编写第2章;周永清编写第3章;茅云生编写第7章;胡勇编写第9章;李培勇主持制定编写大纲,编写其余各章,并负责全书的统稿工作。研究生吴晓东协助绘制了大部分插图。

　　本书参考了王勇毅教授主编的《计算机辅助船体建造》。编写过程中,王勇毅教授对本书的编写提出了很好的意见和建议,在此表示衷心的感谢。

　　本书得到了武汉理工大学交通学院出版基金的资助。

　　由于编者水平有限,恳切希望读者批评指正。

编者

2010年11月

目　　录

第1章　计算机辅助船舶制造概论

21世纪的制造技术是一种广义制造技术，是在机械制造技术的基础上发展起来的。长期以来，由于设计和工艺的分家，制造被定位于制造工艺，这是一种狭义制造的概念；随着社会发展和科技进步，需要综合、融合和复合多种技术去研究和解决制造问题，特别是集成制造技术的问世，提出了广义制造的概念（亦称为"大制造"），它体现了制造概念的扩展。本书所述的计算机辅助制造是指广义制造，可称为广义计算机辅助制造，它包括了计算机辅助设计和计算机辅助制造两大部分。

计算机辅助制造是先进制造技术的重要组成部分，是提高制造水平的重要举措。

1.1　CAD/CAM技术在工业中的应用概况

计算机辅助设计（Computer Aided Design，CAD）和计算机辅助制造（Computer Aided Manufacturing，CAM），是指以计算机为主要技术手段来生成和运用各种数字信息和图形信息，并进行产品设计和制造。它是人类智慧与计算机系统中的硬件和软件功能的巧妙结合。它可以将人脑所能承担的设计和制造任务当做日常工作处理，其处理的复杂程度，将随着一代又一代新的计算机硬件和软件的出现而不断提高。

CAD/CAM技术是20世纪中后期迅速发展起来的一门新兴的综合型计算机应用系统技术。在20世纪40年代出现了第一台计算机，50年代出现了第一台数控机床，60年代出现了交互式图像显示设备、定义自由曲面的方法和力学计算的有限元法，70年代出现了工作站（Workstation）和造型技术（Wireframe Modeling、Solid Modeling、Surface Modeling）、数据库技术，80年代出现了智能机器人技术和专家系统，CAD/CAM技术历经了形成、发展、提高和集成各个阶段。市场环境（企业竞争使产品市场寿命短）、设计环境（开发新产品的成功率高且设计周期短）、制造环境的变化是CAD/CAM技术发展的动力。今天CAD/CAM技术已渗透到工程技术和人类生活的几乎所有领域，并日益向纵深发展。迄今为止，在计算机技术的应用领域中，CAD/CAM技术的覆盖率可达60%以上。

CAD/CAM技术主要服务于机械、电子、宇航、建筑、轻纺等产品的总体设计、外形设计、结构设计、优化设计、运动机构的模拟设计、有限元分析的前后置处理、物体质量特性计算、工艺过程设计、数控加工、检验测量等环节。它涉及计算机科学、计算数学、计算几何、计算机图形学、数据结构、数据库、数控技术、软件工程、仿真技术、机器人学、人工智能等学科领域。

CAD/CAM技术具有高智力、知识密集、更新速度快、综合性强、效益高、初始投入大等特点。CAD/CAM技术的发展，不仅深刻地改变了人们能够借以设计和制造各种产品的常规方式，而且影响到企业的管理和商业对策。因此，任何一个企业和研究机构要想保持设计和制造中的竞争能力，就必须努力研究、开发和使用CAD/CAM技术。

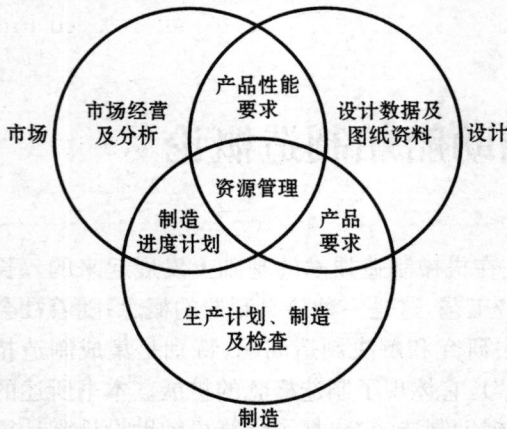

图 1-1 设计、制造和市场的相互关系

设计、制造和市场被看作是从设计思想形成到交付产品的生产过程中三个不可分割的组成部分,如图 1-1 所示。市场把产品的需求信息提供给设计部门,设计部门将产品的定义数据和各种参数传送到制造部门,制造部门中的计划职能单位将产品的定义数据(如几何数据、加工信息等)转换成工艺定义数据和有关产品制造的说明,然后将这些信息传送到工厂的加工现场,工厂以此进行生产。以计算机为基础的计划和管理工作,直接决定进度计划并监视制造过程和控制产品质量。

1.2 CAD/CAM 系统

1.2.1 CAD/CAM 系统的基本概念

物质世界的各种发明创造,都是为了满足人类的需要而产生的。在各种情况下,总是先有某种需要,而后产生一种怎样才能满足那种需要的思想,最后经过努力将其变为现实。人们从需要到产生思想,再把这种思想变成实物,一般称其为设计和制造过程。这一过程包括市场需求分析、产品性能要求的确定、总体设计模型的建立、模型的综合分析、结构设计、方案优选、评估决策、工程描述、工艺规程设计、加工、装配和检测等环节,或者概括地说,产品设计和制造是指从市场需求分析开始,直到形成产品时所必需的一系列有序活动。

从计算机科学的角度看,设计和制造过程是一个信息处理、交换、流通和管理的过程。因此,人们能够对产品从构思到投放市场的整个过程进行分析和控制,即对设计和制造过程中信息的产生、转换、存储、流通、管理进行分析和控制。CAD/CAM 系统实质上是一个有关产品设计和制造的信息处理系统。

产品的类型虽然成千上万,但其设计和制造的时间顺序模式却大同小异。任何设计制造过程,都是从对一种需求的识别开始。认识一种需求本身就是一个创造过程。对需求进行了认真的分析后,才能进入创造性的工程设计阶段。是重新设计还是改型设计,都应从方案(总体)设计入手,使设计产品模型化,然后进行结构设计。一旦结构设计和性能分析等工作结束,就要与所要求的设计性能进行比较并得到最后的经过优选的各种参数,即可进入零部件的设计和制造。

为了提高设计师或一个群体解决设计、制造问题的创造性和工作效率,已经产生了多种辅助手段。CAD/CAM 技术就是一种被人们广泛采用的主要辅助手段,它的出现是工业革命以来工程技术领域中发生的最重大的变化之一。

CAD/CAM 系统是围绕着产品的设计与制造两大部分独立发展起来的。CAD 从方程求解计算和绘图入手,发展到现在已包含以下内容:建立数学模型、工程分析、产品设计(包括方案设计、总体设计、零部件设计)、动态模拟、自动绘图等;CAM 从手工编程、自动编程,到现在的诸项内容：工艺装备设计、数字化（图形化）控制、工艺过程计划（Computer Aided Process Planning，CAPP）、机器人、柔性制造系统（Flexible Manufacturing System，FMS）、工厂管理以及一些企业正在发展的 CIMS 项目。

CAPP 已被作为一个专门的子系统，而工时定额的计算、生产计划的制订、资源需求计划的制订则划分给制造资源计划（Manufacturing Resource Planning，MRP）/企业资源计划（Enterprise Resource Planning，ERP）系统来完成。

纵观 CAD/CAM 技术发展的历史，国内外的发展情况都是先由数控机床的出现，进而发展了 CAM，由于 CAM 的要求，促进了 CAD 的发展。过去复杂外形零件生产方面的致命弱点是模拟量的信息传递，CAM 中自动编程的出现，迫切要求用数学方法来定义零件。此外，CAD 系统的出现彻底改变了设计工作过程的流程，也改变了与生产相关的处理。1963 年图形显示器的出现使原来的 CAD 工作发生了根本的变革，通过数学方法建立产品的统一、完整的三维几何模型，信息流直接从 CAD 流到 CAM，即 CAD 的输出正好是 CAM 的输入，达到了真正的 CAD 与 CAM 的结合。

1.2.2　CAD/CAM 系统应具备的功能

1973 年，当 CAD/CAM 还处于初期实用阶段时，国际信息处理联合会 IFIP（International Federation of Information Processing）曾经给 CAD 下了一个广义的、并未得到公认的定义：CAD 是将人和计算机混编在解题专业组中的一种技术，从而将人和计算机的最优特性结合起来。人具有逻辑推理、判断、图形识别、学习、联想、思维、表达和自适应的特点和能力，计算机则以运算速度快、存储量大、精确度高、不疲劳、不忘记、不易出错以及能迅速显示数据、曲线和图形见长。所谓"最优特性结合"，即通过人机交互技术，让人和计算机进行信息交流和分析，互相取长补短，使人和计算机的最优特性都得到充分发挥，从而可以获得最佳的综合效果。

一个比较完善的 CAD/CAM 系统，是由产品设计制造的数值计算和数据处理程序包、图形信息交换（输入、输出）和处理的交互式图形显示程序包、存储和管理设计制造信息的工程数据库等三大部分构成的。这种系统的主要功能包括：

1. 雕塑曲面造型（Surface Modeling）功能

系统应具有根据给定的离散数据和工程问题的边界条件，来定义、生成、控制和处理过渡曲面与非矩形域曲面的拼合能力，提供汽车、飞机、船舶设计和制造，以及某些用自由曲面构造产品几何模型所需要的曲面造型技术。

2. 实体造型（Solid Modeling）功能

系统应具有定义和生成体素的能力，以及用几何体素构造法（Constructive Solid Geometry，CSG）或边界表示法（Boundary Representation，B-rep）构造实体模型的能力，并且能提供机械产品总体、部件、零件以及用规则几何形体构造产品几何模型所需要的实体造型技术。

3. 物体质量特性计算功能

系统应具有根据产品几何模型计算相应物体的体积、表面积、质量、密度、重心、导线长度，以及轴的转动惯量和回转半径等几何特性的能力，为系统对产品进行工程分析和数值计算提供必要的基本参数和数据。

4. 三维运动机构的分析和仿真功能

系统应具有研究机构运动学特征的能力,即具有对运动机构(如凸轮连杆机构)的运动参数、运动轨迹、干涉校核进行研究的能力,以及对运动系统的仿真等进行研究的能力,从而为设计师设计运动机构时,提供直观的、可以仿真的交互式设计技术。

5. 二、三维图形的转换功能

众所周知,设计过程是一个反复修改、逐步逼近的过程。产品总体设计需要三维图形,而结构设计主要用二维图形。因此,从图形系统角度分析,设计过程也是一个三维图形变二维图形,二维图形变三维图形的变换过程,所以,CAD/CAM 系统应具有二、三维图形的转换功能。

6. 三维几何模型的显示处理功能

系统应具有动态显示图形、消除隐藏线(面)、彩色浓淡处理的能力,以便使设计师通过视觉直接观察、构思和检验产品模型,解决三维几何模型设计的复杂空间布局问题。

7. 有限元法(Finite Element Method,FEM)网格自动生成的功能

系统应具有用有限元法对产品结构的静、动态特性、强度、振动、热变形、磁场、流场等进行分析的能力,以及自动生成有限元网格的能力,以便为用户精确研究产品结构受力,以及用深浅不同的颜色描述应力或磁力分布提供分析技术。有限元网格,特别是复杂的三维模型有限元网格的自动划分能力是十分重要的。

8. 优化设计功能

系统最低限度应具有用参数优化法进行方案优选的功能。这是因为,优化设计是保证现代产品设计具有高速度、高质量、良好的市场销售的主要技术手段之一。

9. 数控加工的功能

系统应具有三、四、五坐标机床加工产品零件的能力,并能在图形显示终端上识别、校核刀具轨迹和刀具干涉,以及对加工过程的模态进行仿真。

10. 信息处理和信息管理功能

系统应具有统一处理和管理有关产品设计、制造以及生产计划等全部信息(包括相应软件)的能力。或者说,应该建立一个与系统规模匹配的统一的数据库,以实现设计、制造、管理的信息共享,并达到自动检索、快速存取和不同系统间的交换和传输的目的。

1.2.3 CAD/CAM 系统的组成

系统的组成应根据 CAD/CAM 系统的目的和功能来确定,在某些工程领域(如航空、航天、汽车、船舶等),设计的技术条件是需要严格定义的,而其他领域的设计(如农业机械、建筑工程),则可以有较大的选择自由。尽管各行各业之间的产品设计、生产存在着很多差异,但它们应用的 CAD/CAM 系统都有共同点。一般一套完整的 CAD/CAM 系统包括硬件系统和软件系统,只有当硬件与软件的结合与匹配,才能充分发挥 CAD/CAM 系统的高效、优质的特点。CAD/CAM 系统基本组成如图 1-2 所示。

1. CAD/CAM 硬件系统

CAD/CAM 硬件系统包括计算机及其选用的外部设备,其运行的典型硬件有以下几个组

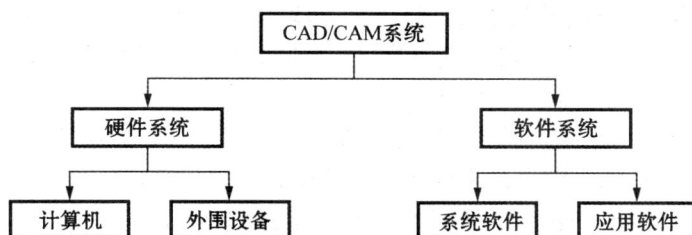

图 1-2　CAD/CAM 系统基本组成

成部分：

（1）中央处理机（CPU），由运算器与控制器组成。

（2）数控存储器，如磁存储器、光存储器等。CPU 和存储器通常组装在一个机壳内，合称为主机。

（3）输入/输出设备，如键盘、数字化仪、鼠标、图形显示器、打印机、绘图机等。

2. CAD/CAM 软件系统

计算机的软件系统是将解决问题的思想方法和过程用程序进行描述。软件按功能分为系统软件和应用软件两大类。CAD/CAM 软件系统属于应用软件。系统软件用于实现计算机系统的管理、控制、调度、监视和服务等功能，其目的是与计算机硬件直接联系，为用户使用提供方便，扩充用户的计算机功能，合理调整计算机硬件资源和提高计算机的使用效率。系统软件是应用软件的开发环境。

一般系统软件包括有：

（1）操作系统（OS）。

（2）程序设计语言处理系统。

（3）数据库管理系统（DBMS）。

（4）服务性程序。

（5）计算机网络软件。

应用软件是用户为解决某种应用问题而编制的一些程序，如有限元分析计算程序、优化程序、自动控制程序、数据处理程序以及 CAD/CAM 软件等。

1.3　计算机辅助制造概述

1.3.1　计算机辅助制造的概念

1. 广义计算机辅助制造的概念

按照广义制造的概念，计算机辅助制造包括计算机辅助设计（Computer Aided Design，CAD）、计算机辅助工艺过程设计（Computer Aided Process Planning，CAPP）和计算机辅助加工（Computer Aided Machining，CAM）3 个方面的内容。

2. 狭义计算机辅助制造的概念

从通常的概念来说，计算机辅助制造（Computer Aided Manufacturing，CAM）是指应用计算机来进行产品制造的统称,即利用计算机辅助完成从原材料到产品的全部制造过程,在制造过程中的某些环节应用计算机,包括直接制造过程和间接制造过程,其主要内容有计算机辅助工艺过程设计和计算机辅助加工两部分。

当前,计算机辅助加工大多是指机械加工,而且是数控加工(Numerical Control Machining,NCM),它的输入信息是零件的工艺路线和工序内容,输出信息是刀具加工时的运动轨迹(刀位文件)和数控程序,并在今后会逐步扩展到非机械加工。

1.3.2 计算机辅助制造系统

1. 计算机辅助制造系统的概念

从广义计算机辅助制造的概念考虑,计算机辅助制造系统包括工程设计与分析、生产管理与控制、财务会计与供销等诸方面,是通过计算机分级结构控制和管理制造过程的多方面工作,它的目标在于开发一个集成的信息网络来监测一个广阔的相互关联的制造作业范围,并根据一个总体的管理策略控制每项作业。

从自动化的角度来看,数控机床加工是一个工序自动化的加工过程,加工中心实现零件部分或全部机械加工过程自动化,计算机直接控制和柔性制造系统是完成一族零件或不同族零件的一段(局部)自动化制造过程,而计算机辅助制造是指计算机全面进入整个制造过程,它涉及一个车间或整个工厂。

2. 计算机辅助制造系统的结构

一个大规模的计算机辅助制造系统是一个计算机分级结构的网络,由两级或三级计算机组成,中央计算机控制全局,提供经过处理的信息;主计算机管理某一方面的工作,并对下属的计算机工作站或微型计算机发布指令和进行监控;计算机工作站或微型计算机承担单一的工艺过程控制或管理工作。

如图1-3所示为计算机辅助制造系统的分级结构。可以看出,其功能是全面的、广泛的,涉及整个制造领域。

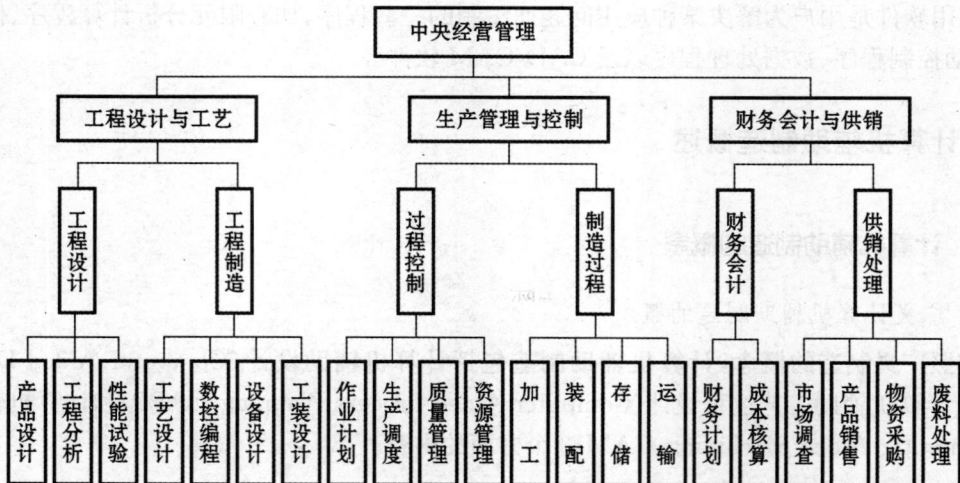

图1-3 计算机辅助制造系统的分级结构

　　计算机辅助制造系统的组成可以分为硬件和软件两方面。硬件方面有数控机床、加工中心、输送装置、装卸装置、存储装置、检测装置、计算机等;软件方面有数据库、计算机辅助工艺过程设计、计算机辅助数控程序编制、计算机辅助工装设计、计算机辅助作业计划编制与调度、计算机辅助质量控制等。

1.3.3　计算机辅助制造技术的重要性

　　计算机辅助制造技术是制造技术的重要组成部分,而制造技术是当代科学技术发展最为活跃的领域,是产品革新、生产发展、经济竞争的重要手段,各工业化国家纷纷把先进制造技术列为国家的高新关键技术和优先发展项目,并给予了极大的重视和关注。计算机辅助制造技术的重要性主要体现在以下几个方面。

　　1. 提高了制造技术的水平

　　在机械制造业,特别是造船、航空等部门,其生产特点是加工批量小、改型频繁、零件复杂且精度要求高,并且单件、小批量生产的零件占机械加工总量的 80% 以上。

　　计算机辅助制造是利用计算机来完成制造以及与制造系统有关的工作,能够通过直接或者间接地与工厂资源接口的计算机来完成制造系统的计划、操作工序控制和管理工作,是一种灵活的、通用的、能够适应产品频繁变化的生产模式,适合于多品种小批量自动化生产。因此,计算机辅助制造技术的发展对于造船、航空等行业制造技术水平的提高具有重要意义。

　　2. 提高了企业对市场需求的响应能力

　　随着市场竞争的加剧,竞争的焦点变为以最短的时间开发出高质量、低成本的产品投放市场。强有力的计算机辅助制造技术可以快速处理相关数据,缩短产品的研制周期,提高产品质量,满足用户对产品多元化和个性化的需求,使企业及其产品具有较强的竞争力和生命力。

　　3. 形成了集成制造体系

　　从计算机辅助制造的广义内容来看,计算机辅助制造技术应包括计算机辅助设计、计算机辅助加工、计算机辅助装配与拆卸、计算机辅助夹具设计、计算机辅助刀具设计、计算机辅助模具设计、计算机辅助质量控制与管理、计算机辅助检测、计算机辅助工艺管理等。计算机辅助制造技术的发展使产品全生命周期的各个阶段得以集成起来,形成一个综合体,包括产品的市场需求调研、开发研制、设计、生产制造、销售维修、报废处理回收等,提高了产品开发的成功率、质量、生产率,节约了资源,降低了成本。对于复杂产品,如飞机、火箭、宇宙飞船等,还可以形成多学科的集成制造体系。

　　4. 有利于制造技术的总结

　　制造工作是十分复杂的,许多丰富的实际经验是十分宝贵的,过去只能以纸质形式进行整理、总结并保存,而计算机辅助制造技术可以将多年来广大工程技术人员和工人的经验全面、形象、方便地进行记录、总结和保存,形成数学模型、算法等资料,构建庞大的数据库文件,方便在新的制造工作中运用。

1.3.4　计算机辅助制造技术的特点

　　先进制造技术即现代制造技术,前者强调先进,后者强调现代,它的特点主要表现在传统制造技术与信息技术的结合方面,具体来说主要是计算机技术的应用。

计算机辅助制造技术的特点有以下几个方面。

1. 计算机辅助制造技术是一个系统工程

制造科学是由机械、计算机、信息、材料、自动化等学科有机结合而发展起来的一门跨学科的综合科学。机械制造系统是一种离散的系统,是由系统论、信息论和控制论形成的系统科学和方法论,它从系统各组成部分之间的相互联系、相互作用、相互制约的关系来分析对象,用系统论的观点来分析和研究制造过程。计算机辅助制造系统是由物质流、能量流和信息流3个基本要素构成的,而信息流的引入是形成系统最关键的要素。计算机技术、数控技术、控制工程技术等的发展促进了计算机辅助制造系统的形成和发展。

2. 工艺技术是计算机辅助制造技术的核心

工艺是制造技术的灵魂、核心和关键。产品从设计变为现实是必须通过加工才能完成的,工艺是设计和制造的桥梁,设计的可行性往往会受到工艺的制约,即受到制造可行性的限制,如果在加工精度、表面粗糙度、尺寸等方面不能满足设计要求,就会出现工艺手段主宰产品的局面,工艺(包括检测)往往会成为"瓶颈",因此,工艺方法和水平是十分重要的。不是所有设计的产品都能加工出来,也不是所有设计的产品通过加工都能达到预定的技术性能要求。工艺是生产中最活跃的、最革命的因素,同样的设计可以通过不同的工艺方法来实现,工艺不同,所用的加工设备、工艺装备就会不同,其质量和生产率也会有差别。通常,有了某种工艺方法才有相应的工具和设备出现,反过来,这些工具和设备的发展又提高了该工艺方法的技术性能和水平,扩大了其应用范围。

3. 设计与工艺一体化

从广义制造技术的含义来看,其主要内容可分为设计和工艺两大部分。大生产的出现,产生了分工,设计和工艺分开了,甚至分属于不同部门,造成了工艺与设计脱离、工艺从属于设计等现象,严重影响了制造技术的发展。同此,设计与工艺必须密切结合,要以工艺为突破口,形成设计与工艺的一体化。广义计算机辅助制造技术包含了全部制造过程,其中包括产品设计、工艺设计、加工制造等阶段,将设计和工艺结合在一起。计算机技术的介入使信息能够很方便地集成,从而为设计与工艺的结合创造了良好条件,而并行工程(Concurrent Engineering,CE)更是强调了设计和工艺的结合。

4. 产品生命周期的全过程

现代制造系统是一个从产品概念形成开始到产品制造、使用直至报废处理的集成活动和系统,是一个功能和信息系统,它包括了产品生命周期的全过程,其中有市场需求调研、设计开发、制造生产、销售经营、使用维修、报废处理。在产品的设计中,不仅要进行结构设计、零件设计、装配设计,而且特别强调拆卸设计,使产品报废处理时能够进行材料利用的再循环,节约材料和能源,保护环境。因此,在计算机辅助制造技术中,从产品制造的角度来分析,包含了产品技术、生产技术、拆卸技术和再循环技术4个方面。

5. 人、组织、技术三结合

制造技术经过数百年漫长的发展,但在人的作用和机器功能、技术支撑和经营管理、技术推动和市场驱动等方面的关系一直未能理清。近几十年来,制造技术有了长足的进步和急速的发展,提出了人机协同的观点,强调了即使在高度自动化的今天,人的创造性和作用的永恒性;在制造科学技术的发展中,提出了由技术支撑转变为人、组织、技术的集成,强调了经营管理、战略决策的作用;在制造工业战略决策中,提出了市场驱动、需求牵引的概念,强调用户是核心,用户的需求是企业成功的关键,并且强调快速响应市场需求的重要性。在计算机辅助制造中计算机只能起辅助作用,不能代替人的全部劳动。

1.4　造船 CAM 技术的特点

自 20 世纪 60 年代初开展数学放样的研究和应用以来,各造船国家竞相致力于造船 CAM 系统的研究开发,使造船 CAM 技术得到了飞速发展,相继进入船体加工、管系加工与布置、船舶轴系校中、船舶电缆布置和螺旋桨加工等广阔领域。而且,各造船国家已将所研制开发的 CAM 系统逐步集成发展为 CAD/CAM 系统,即船舶制造集成系统。

船舶产品和造船生产过程具有不同于其他产品和制造业的显著特殊性,因而,造船 CAM 技术与其他 CAM 技术既有许多共同点,又具有自己的特点。

1. 船舶产品和造船生产过程的特点

众所周知,船舶是一种极为复杂的大型水上建筑物,它不仅尺度大,而且构成极为复杂,所以船舶产品及其制造过程具有如下一系列特点。

1) 造船生产方式的特点

船舶是水运交通和水域资源开发中的主要生产工具,由于它的一次性投资大、使用寿命长和制造技术复杂,所以属于订货型产品。通常,用户根据经营目标、投资能力、产品的使用和性能要求提出产品订单,接到订单的船厂则根据订单中对船舶产品的各项要求,进行船舶设计与制造。

因而船舶的营运环境、用户经营目标和投资环境等的多样化,决定了用户对船舶产品需求的多样化,这种多样化需求将使造船生产依然采用多品种、单件或小批量生产的工业生产方式。

2) 船体设计的表示方法特点

船体是由空间曲面组成的大型金属结构物,在产品设计中一般用三面正投影图方式表示。因此,具有如下特点:

(1) 空间曲面随船型变化而改变,只能采用型值表方法表示船体曲面。

(2) 在表示船型的船体理论型线图上,对一些尺度小的曲面(如艏、艉柱)只能作概略表示,而不能精确表示船体外板的零件尺寸。

(3) 表示船体曲面的型值,包含有各种不可避免的误差,所以不能直接作为施工资料。

(4) 许多船体构件的外形,因为是空间曲面,或者是含有空间曲线构成的空间平面,需要将其展开成平直平面后,才能在平直的原材料上进行号料。

从上述特点可知,船体建造过程必然具有其特有的船体放样工序。

3) 船体建造工程的施工特点

船体建造的生产过程,由于船体零件和半成品(部件、分段等)的尺寸大、质量重、外形和结构复杂,从而导致零件成型加工工艺复杂,装配和焊接具有作业面积大、全位置作业状态、作业环境变化大等特殊性,使部分的零件成型加工和辅助作业、绝大部分装配焊接作业和质量检测作业等的作业方式,仍然停留于手工操作的作业方式。

此外，从船体建造过程的作业环境来看，因其受船舶产品主尺度大、船型和船体结构复杂多样等的影响，船体装配和焊接的作业环境主要是室外、高空、狭窄空间等。这些作业环境的复杂作业条件，给实现船体装配和焊接的机械化、自动化增添了巨大的难度。

4）船舶舾装系统在船舶制造中的施工特点

船舶产品的构成，除了船体和上层建筑之外，为了保证船舶营运、水域资源开发和水上生活等各种需要，根据船舶的不同用途，在船体和上层建筑上设置有各种设备和设施，例如船舶动力机械系统、电力电气系统、驾驶与导航系统、通信系统、起货系统、锚泊系统、救生系统、舱室装饰与生活设施、各种专用机械工作装置等船舶舾装系统。在这些复杂多样的舾装工程中，除了管系、轴系、木作和部分附属件要由船厂加工制作外，绝大多数是由承造船厂外购后，直接在施工现场进行修整和安装的。也就是说，在船舶产品制造过程中，对船舶舾装工程的施工，主要是现场装配作业。

船舶制造中舾装工程的作业环境特点，主要表现在其现场装配作业是在船体和上层建筑上进行的，作业位置和作业状态是全位置的，具有大量的高空仰视安装作业和狭窄空间的安装作业，即使在船体分段或总段内进行预舾装，作业条件也避免不了这种类型的安装作业。同时，还具有在同一空间位置上要进行铺设多种管、线、绝缘和装饰等多专业工种作业的特点。

此外，舾装件的搬运和安装作业环境还受到船体和上层建筑内的工作空间、通道和船舶建造方案等的影响，它影响运输工具和搬运方法的选择、舾装工程安装作业方式选择等。

这些作业环境的特点，使舾装工程的安装作业更为复杂，给实现安装作业机械化和自动化增加了巨大困难。

2. 造船 CAM 技术的特点

1）船体放样的数据处理和计算

由于船体建造工程包含特有的船体放样工序，这道工序的工作内容主要有船体型线光顺、结构线放样和船体构件展开等，其主要任务是为后续工序提供准确的施工资料，属于产品设计资料的"再加工"性质。因此，在造船 CAM 技术中完全有可能和必要应用计算机技术完成船体放样的各项工作内容，建立包括数学光顺、板缝线和结构线计算、构件展开计算和样板尺寸计算等功能的船体数学放样程序模块，成为造船 CAM 系统的主要组成部分，这也是造船 CAM 技术特有的内容。

2）管系、电缆布置的数据处理和计算

船舶设计所提供的管系、电路布置图，只是从其功能角度出发而绘制的一种概略布置图。必须在船体型线光顺以后，根据船型和船体结构特点，在光顺后的肋骨型线图上重新进行综合布置，以便正确决定管子尺寸、弯头角度、附属件尺寸、铺设位置与走向、船体结构开孔位置和尺寸等。这些工作内容可借助三维几何造型技术，建立具有上述功能的管系、电缆综合布置程序模块，并成为造船 CAM 系统重要且特有的组成部分。

3）船体构件的计算机辅助套料

船体构件是由型材构件和板材构件两大类组成的。为了有效地利用原材料，必须对船体构件进行合理的套料，以达到合理利用资源和降低生产成本的目的。因此，对于造船 CAM 技术而言，获得船体构件的展开信息，只是船体构件信息处理工作的第一步，还必须在获得单件展开数据的基础上，进一步进行构件套料的数据处理和计算（构件数据的二次处理），然后才能以套料零件数据为基础,进行船体构件数控切割的自动编程,为数控切割机床提供加工控制信息。

4) 船体构件加工特点的影响

船体中数以万计的船体构件,其形状和尺寸各不相同,并随船舶产品的变化而变化。船舶制造属于多品种、单件或小批量生产的生产方式,所以,对船体加工机床的自动化,只宜选择柔性自动化方式,就是数控加工方式。迄今为止,构件边缘加工和型材构件成型加工已实现了数控加工。至于板材构件的成型加工,由于其形状复杂和加工过程中板材变形复杂的影响,冷压加工则有待于研制出保证加工质量的模具和成型过程控制模型,才有可能实现数控加工;水火加工则有待于成功研制出水火加工的板材变形计算和焰道尺寸与分布等的计算模型、作业机械和过程控制模型等,才有可能实现数控加工。

再者,船体构件乃是形状复杂的大尺寸零件,它在加工过程中的搬运、进给、定位和装卸等辅助作业的操作非常复杂,因此,应在研制开发满足各种作业特点的大型辅助作业机械的基础上,研制数控装置,或者研制智能机器人和计算机监控装置,以实现辅助作业自动化。

5) 船体装焊工艺特点的影响

船体装配和焊接作业的自动化,受到工件特点、作业方式和作业环境等的制约,实现这部分作业自动化的难度是相当大的。例如,即使在市场上已出现了通用焊接机器人,但它仍不能适应作业环境复杂、多样的船体焊接作业的要求。所以,要实现船体装配焊接作业的计算机监控,一方面要研究开发新的装配焊接技术方法,另一方面要研制开发满足船体装焊技术要求,适应其作业环境特点的智能机器人。

6) 舾装系统安装工艺特点的影响

舾装系统安装作业的作业环境比船体装焊作业环境更复杂,对实现安装作业计算机监控的制约更加苛刻。可以认为,研究开发新的适于安装作业自动化的舾装件安装技术,以及担负舾装安装作业的智能机器人等的难度将更大,任务也更艰巨。

从上述可知,造船 CAM 技术的前三个特点,是在进入数控加工之前需要进行的大量复杂的数据处理和计算工作,而且是属于生产工艺准备阶段的工作内容,它们与造船生产设计(CAPP)相互联系、相互结合、相互传递所需的信息。它们集合在一起,具有极为复杂的计算和数据处理工作量。后三个特点是形成高度自动化和高柔性化的造船 CAM 系统的关键,还有许多高难度的技术问题有待研究和开发,它们代表了新一代的造船生产方式。

从造船 CAM 技术的特点可知,造船 CAM 技术主要依靠计算机进行以下几方面的工作:

(1) 计算和统计工作。

(2) 取代某些工艺过程(船体放样、套料和管系、电缆综合布置等)。

(3) 工艺过程控制(机床和辅助作业机械的数控)。

(4) 信息存储、传递和信息处理。

(5) 生产过程的监测。

1.5　计算机辅助船舶制造技术的发展概况

1.5.1　历史的回顾

1946 年,世界上第一台电子计算机 ENIAC 问世以后,这项新技术就得到人们的广泛重视,并且获得了飞速发展和广泛应用。

1956 年,丹麦船舶研究学会用 DASK 计算机进行船舶静水力曲线和邦金曲线的计算,从而揭开了应用计算机计算船舶性能、解决各种技术问题的序幕,由此逐步形成了用计算机进行船舶设计中的数学计算,以代替繁重的人工计算,这就是造船中应用计算机技术的早期应用特征。

1958 年英国研制成功第一台数控切割机之后,20 世纪 60 年代初世界造船业相继研究用计算机进行数学放样,其目标既是为了实现船体放样工序自动化,也是为数控切割机提供控制资料,从而使计算机应用和数控技术进入船体建造领域。这个阶段的计算机应用,主要是围绕船舶设计和船体建造的主要环节,开展单项技术计算机化的研制和开发工作。

60 年代中期以后,随着数学放样的广泛应用,国外各大船厂陆续配置了数控绘图机和数控切割机,并致力于研制开发数控肋骨冷弯机、数控弯管机、数控螺旋桨加工机床等数控加工设备。与此同时,围绕着扩大数控设备在船舶建造中的应用范围,开始了将各单项技术应用程序组织成统一的由数据文件管理系统支撑的造船数控系统的研制工作,并取得了显著的成果,形成了以数学放样为基础的面向船体建造的造船数控系统。

70 年代随着数据库技术的发展与应用,数据管理与处理技术步入全新的阶段;同时,计算机系统(硬件和软件)获得前所未有的发展,例如硬件日趋小型化、高性能、低价格,支撑软件系统越来越丰富和人-机对话交互设计技术的出现等。这一切为造船业发展计算机应用提供了良好的支持环境。这个时期,各主要造船国家在现有造船数控系统基础上,一方面采用数据库技术代替原有的数据文件管理系统,开展建立以数据库为中心的造船数控系统的研制工作,以改进和完善系统的数据处理技术(数据的存储、读出、传递、删除、更新和重组等);另一方面为了进一步扩大计算机的应用范围,致力于将原有面向船体建造或船舶设计的系统朝船舶设计与建造一体化方向发展的研究开发工作,奥托控(AUTOKON)系统增加船舶设计部分,福兰(FORAN)系统增添船体建造部分就是典型的例子。因此,造船界提出了发展以数据库为核心,船舶设计、建造、管理一体化的造船集成系统的目标;再者,大多数系统都采用了人-机对话方式,普遍配置了字符显示终端等显示功能较强的外部设备,使系统的运行更加灵活,适应性更强。

从 70 年代后期起,为了提高系统的适应性和扩充机制,研制和改进系统时,首先在保持系统整体功能的条件下,对系统进行系统分析和规划,然后将系统划分为若干能独立完成某些特定功能的子系统和模块,系统则由这些子系统和模块组装而成。这样既便于修改更新,又便于系统的扩充。而且,还可将系统中的某些子系统和模块,组装成为特定应用目标服务的小型机或微型机版本,在小型机和微型机上运行,以达到降低成本和普及应用的目的。

在此期间,计算机辅助舾装设计与制造、生产管理等领域的研制工作,获得了可喜的成果,一些应用较好的功能模块(如船舶管系子系统),已被加进某些造船集成系统。

80 年代以来,造船集成系统的发展主要表现在两个方面,其一,继续改进、完善和扩充现有的造船集成系统,扩大系统功能和应用范围,以提高系统应用效益;其二,为研制开发新一代的造船集成系统——船舶计算机集成制造系统提出了发展目标,并制定规划。

为了改进和完善现有系统,各国造船业对计算机硬件进行了一次设备更新,广泛引进了人-机对话交互图像显示系统,使系统的运行变得更加直观和灵活。为了实现现有系统中CAD、CAM 等的真正有机集成,计算机行业致力于研究开发各子系统数据库的通信或使用统一的公共数据库,以及解决各级计算机系统之间的兼容性和通信网络等课题。同时,在研究开发计算机辅助生产管理、计算机辅助舾装设计与制造、计算机辅助管系生产线和计算机辅助仓库综合管理等方面,也取得了许多成果。

1.5.2　近期概况和发展趋势

随着计算机技术、自动化技术、信息技术的发展和应用,传统的制造业正在发生一系列根本性的变化,向着计算机集成制造系统(Computer Integrated Manufacturing System,CIMS)的方向发展。CIMS 是一种组织、管理和运行现代制造类企业的理念,它将传统的制造技术与信息技术、管理技术、自动化技术、系统工程技术等有机结合,使企业产品全生命周期各阶段活动中有关的人/组织、经营管理和技术三要素及其信息流、物流和价值流有机集成并优化运行,以达到产品上市快、高质、低耗、服务佳、环保的优点,进而提高企业的柔性、适应性、敏捷性,使企业赢得市场竞争。造船业属于制造业的一个支柱产业,目前,世界造船业已发展成为一个完全竞争的市场,它的技术、质量、周期和服务等要素已成为造船企业的关键。

造船计算机集成制造系统的概念,最初由美国人提出,在造船中的应用和研究始于 20 世纪 80 年代,其中又以日本、韩国和西欧国家的应用水平最为突出。20 世纪后期,世界造船业通过应用信息技术,在技术、体制与造船方式上发生了一系列的重大革命与进步。欧盟已明确将造船业列为"最适宜于信息技术应用的理想领域",并积极开展信息技术的推广应用,效果显著。日本、韩国等的先进船厂也已在其生产、经营、管理中广泛应用信息技术,大大提高了造船效率。

计算机在日本造船业的应用起始于 20 世纪 50 年代中期,主要应用对象是简单的数值计算和外板展开。随着计算能力的提高,计算机又被逐渐应用到船舶结构和性能计算当中。80年代中期,受人力资源老化、日元升值、国内其他制造业蓬勃发展的影响,日本造船业决定推进实施计算机集成制造(CIM)计划,在长达 20 多年的时间内,其研究范围和内容不断拓展,研究重点从一般的 CAD/CAM/CAPP 基础上的集成、通用产品模型环境(GPME)发展到高级计算机集成制造(ACIM)。目前,日本造船企业已具备对包括设计、材料加工、装配、舾装等生产过程在内的各阶段的信息集成能力,形成了能满足船型结构开发、产品设计、生产计划与调度、自动化等方面的计算机集成制造系统。到 90 年代中期,日本大型船厂的 CIMS 技术已实用化,在 CIMS 技术使用后,节省人工约 50%,缩短工期 20%,效果显著。1998 年该项技术开始向中型船厂推广。

韩国也十分重视信息技术在造船中的应用。韩国船厂在 90 年代开发的 CIMS 系统仅相当于日本船厂 80 年代所开发的 CIMS 系统。为赶超日本,自 1995 年起,韩国造船业重点加强"软件"投入,通过研究应用 CIMS 系统,全面实施现代造船体制,取得了显著成果,有效推动了韩国造船工业的发展。如韩国大宇船厂于 1991 年实施 CIMS 后,其造船销售量增长 3 倍(由1989 年的 20 条船到 2000 年的 60 条船),年造船缩短约 500 万工时,船舶建造周期缩短约 3.5个月(由 19 个月到 15.5 个月),实现年利润 2.2 亿美元。韩国汉拿造船公司 1995 年开始实施CIMS,在没有大的硬件投入的前提下,销售量增加到原来的 3 倍(由 1999 年的 30 条船到 2000年的 100 条船),年造船缩短约 500 万工时,船舶建造周期缩短 6 个月(由 19 个月到 13 个月),实现年利润 2.7 亿美元。韩国于 1997 年在大型造船厂中开始采用 CIMS 技术,到 1999 年,开始向中型船厂推广应用。

　　为保持 21 世纪新的竞争优势,世界造船强国日本、韩国、欧盟在完成了传统造船模式向现代造船模式的转换过程后,又投入巨资,加快造船生产数字化方面的开发和应用。造船生产数字化是在应用 CIMS 基础上,融合当今造船实践和信息技术,以数字化方式反映建造进度、人力资源、物流管理与成本构成的过程,最终形成船舶产品开发、设计、建造、验收、使用、维护于一体的船舶数字化制造支持系统,从而实现船舶设计全数字化、船舶制造精益化和敏捷化、船舶管理精细化、船舶制造装备自动化和智能化、船舶制造企业虚拟化,大幅度地提高生产效率和降低成本,能够维持很高的市场竞争力。

　　多年后,中国船舶工业在 CAD/CAM 广泛应用的基础上,一直致力于寻找一种基于 IT 技术的企业信息化解决方案(诸如 CMIS、PDM 和 ERP 等)以提升传统造船业的设计、生产效率,目前一些有代表性的中国船厂已有了实质性的进展:外高桥船厂已于 2004 年开始着手进行全面实施 CIMS 系统一期项目,其中包括购买一套由 HANA-IT 公司开发的融入先进专业船厂经验的 CIMS 系统,系统实施以 2004 年开工的 10 万吨级 AFRA 型油船作为载体;广船国际已在使用一套由前国家经贸委的支持下开发的 GSI-SCMIS 系统的一期,目前正在实施以 SPDM 为核心的 GSI-SCMIS 系统的二期;沪东-中华提出了"数字沪东"的口号,并已经开始部分启用他们自行开发的企业信息化系统 HZS-CIMS,同时继续开发后续模块;江南已着手开发、实施名为"e 江南"(eJN)的企业信息化系统,目前已完成一期工程并启用。

　　虽然中国造船行业近十几年得到了较大的发展,但和日本、韩国造船行业相比,在自动化设备和设施、特别是整体生产效率方面,除个别新建的船厂外,设施硬件水平上存在着较大的差距;在数字化生产技术方面,中国造船业差距更大,"软肋"十分明显,那就是不扎实的标准和编码等基础工作,以及没有准确而齐全的基础数据。中国船厂所实施的 CIMS 系统基本上是对 CAD/CAM 模型中设计信息进行抽取,并对生产、计划管理系统+物流管理系统+信息平台等分立系统进行的一个整合,对数字化生产技术的提升、信息流对生产设备和设施的驱动是不充分的。这种 CIMS 系统和它的原始定义相去甚远,更近似于崇尚于"数字化管理造船"理念的 CI^2M(计算机集成信息管理系统 Computer Integrated Information Management, CI^2M)系统。

1.6　主要造船集成系统简介

1.6.1　船舶产品设计(SPD)系统

　　20 世纪 90 年代初,沪东中华造船(集团)有限公司和国内主要造船企业引进国外船舶设计系统进行船舶设计,对提高船舶设计效率、设计质量和深化生产设计起到积极作用。但是,随着应用的深化,国外软件的不足之处逐渐暴露。为此,新世纪初,在原国防科工委和中船集团的支持下,沪东中华造船(集团)有限公司在积累 30 余年 CAD 和 CAM 开发应用经验的基础上,开始研发船舶产品设计(Ship Product Design,SPD)系统。至 2003 年完成船舶舾装三维设计系统,并应用于公司的军用产品设计;至 2005 年又完成具有三维拓扑关系的船体建模设计软件,基本完成具有自主知识产权的造船三维 CAD/CAM 设计系统——SPD 系统。

　　1. 系统功能

　　SPD 系统是能满足船体结构、机装、电装、居装和甲装等专业设计的三维全数字化船舶产品模型软件平台。它通过三维模型对船舶产品进行性能、结构强度分析、工艺合理性和制造可行性分析,是整个船舶数字化制造集成系统的基础。SPD 系统具有如下功能:

1) 图形平台

该平台是在 Windows 操作系统下,基于 OpenGL 图形库开发的 CAD 基础平台,实现基本图形对象的生成、显示、操作、管理、优化、输出和模型构造等功能,为应用程序提供图形对象、操作命令和开发接口;具体实现中既考虑造船行业的特色又具有一定的通用性,可适用于大规模集成化制造行业的 CAD 软件开发。图形平台还可以进行封装做成 CAD 图形显示组件嵌入管理等软件中,为实现与其他软件及设计软件的集成提供便利。

2) 通用设计

在船舶设计过程中,涉及多个专业的功能,应作为基本功能提供给各专业用户共同使用;另外一些与专业无关的功能,则作为独立于各系统之外的处理功能。这些功能均属于通用设计范畴,具有实体部件设计、参数部件设计,二维背景图、模型、图册、标准模型库管理,模型实体显示,模型消隐,图纸管理和处理,干涉检查以及 DXF 文件输入/输出等功能,能输出 IGES 格式,与其他 CAD 系统进行数据交换。

3) 船体结构设计系统

该系统是涉及船舶技术设计、详细设计、生产设计全过程的三维建模系统。系统能进行船体型线定义、结构布置、板材和型材零部件定义、建立具有拓扑关系的三维船体结构模型。该模型具有船体结构的几何、物理和工艺等属性。从模型中可分解出全船结构的板材和型材零件,建立产品结构树,生成满足生产所需的各类安装制造图册和生产管理表册,并具有对其他设计系统生成的图纸、电子文件中二维视图的处理功能。该系统配有与 Tribon、CATIA 和 CADDS5 等系统的接口,可利用这些软件建立模型,把相关信息导入该系统后再进行生产信息处理。

4) 管系设计系统

该系统是以船舶管系设计以及其他行业的管路设计为对象进行开发的,提供交互管系布置界面,建立三维管系模型,具有很强的实用性。系统涵盖管路设计的全过程,有管系原理设计、设备布置、管路布置、零件分割、安装图、零件图和有关托盘表以及管附件表等生产管理信息生成等功能,还具有 Tribon 和 CADDS5 等系统管系模型的导入接口。

5) 风管设计系统

该系统是面向船舶通风管系的三维设计系统。针对通风管规格多变和接头形式多样等特点,系统利用参数化设计方法进行个性化风管布置、接头生成和拼接,建立方风管和螺旋风管的三维实体模型。

6) 船舶电气设计系统

该系统的开发贯穿于电气详细设计和电气生产设计整个过程中,采用交互设计的操作界面,实现了电气三维模型设计,改变了目前电气生产设计的手工状态。该系统主要完成电气系统图设计、电气设备布置、主干电缆走向布置、主干电缆表册编制、电缆导架安装图、电缆开孔图、中小型电气设备基座安装图、电缆支承件制造图册、照明灯架制造图册以及托盘管理表、材料定额表等内容。

7) 铁舾件设计系统

该系统主要处理船舶设计各专业对各类设备、管子、风管和电缆等系统的定位固定,船舶各舱室畅通行走的辅助装置和设备(如管子支架、电缆导架、风管吊架、基座、窗、梯和护栏等铁舾装件)的三维建模设计和相应生产信息的生成,以及铁舾装件在船舶设计三维建模的定位所需信息。该系统是船舶设计各专业所需的基本设计系统。

8) 涂装生产设计系统

该系统在设定涂装原则工艺的基础上导入船体模型,按照船体涂装的各个不同阶段和要求进行涂装舱室的划分,自动计算涂装面积,并根据涂装面积和涂装工艺信息生成涂装施工图纸和表册供现场使用、生成涂装生产管理的基础信息供生产使用。

2. 系统特点

(1) SPD 系统是我国具有自主知识产权的软件。它是基于 OpenGL 建立的拥有独立版权的三维 CAD 图形平台,独具船舶 CAD/CAM 特色,打破国外设计软件的垄断地位,为船舶数字化集成制造打下基础。

(2) SPD 系统可提供完整的信息源,具有统一的设计、工艺、制造船舶产品模型,能确保模型图纸资料的一致性。船舶产品模型能生成完整齐全的加工制造信息,实现 CAD/CAPP/CAM 集成,基本打通数字化生产线;能生成壳、舾、涂完整的制造、管理信息,为实现船舶"设计、制造、管理一体化"奠定基础。

(3) 应用实体和参数化技术,能为建立具有完整拓扑关系的船舶产品模型提供有力手段。船舶结构模型具有完整的拓扑关系,模型中任何一个构件进行修改,与其相关的物件均能随之自动修改;模型与相应的船体结构图纸密切关联,一方修改另一方随之自动修改;在舾装管系模型中管子及管附件之间建立拓扑关系;在电缆布置中电缆通道与导架具有拓扑联动关系;应用参数化设计技术提高建模效率,产品模型具有完整拓扑关系,便于修改、减免设计差错、提高设计质量。因此,SPD 系统为船舶设计人员提供了强有力的设计手段。

(4) SPD 系统设计思想符合现代船舶制造模式发展理念和要求,能满足"壳、舾、涂一体化","设计、生产、管理一体化"的现代造船要求。应用船舶设计系统生成的生产设计信息能满足以中间产品为导向,组织生产和推进区域制造模块化等技术要求。

(5) 建立与其他软件系统的数据接口,实现异构 CAD 的数据和信息集成,为厂、所协同设计创造技术条件。SPD 系统具有同 Tribon、CATIA 和 CADDS5 等系统的数据接口,能导入这些系统的模型数据(目前限于几何数据和部分属性数据),重新生成三维产品模型。目前已完成 Tribon 和 CATIA 的船体和舾装模型的导入转换、CADDS5 船体模型的导入转换。数据接口既解决异构 CAD 同设计院所和企业的设计集成,又可使船舶企业与原有引进设计系统和本设计系统集成应用;既不浪费原来引进的设计系统资源,还可弥补国外系统对生产信息生成的缺陷并有利于原历史船型产品模型的保存。

1.6.2 Tribon 软件

Tribon 软件是瑞典 Tribon Solutions AB 公司开发的造船专用软件,是一个具有三维实体模型、较强交互功能、实现了数据共享的先进的计算机辅助船舶设计与建造集成系统,被称为船舶制造专家系统。Tribon 在造船业中有着广泛的用户,例如,在欧洲有挪威、德国、法国、丹麦、芬兰、英国等国家,在亚洲包括中国、日本、韩国、新加坡等国家的多个厂家使用该系统。自 1995 年原中国船舶工业总公司确定以 Tribon 作为船厂生产设计软件以来,该软件在我国大中型船厂中的普及率已经很高。

但是不可否认的是该软件亦存在缺点:数据开放性不够,数据库系统自成一套,与常用的数据库缺少接口等。这些缺陷,极大地阻碍了造船企业全面信息化的发展。

Tribon 系统是一个集成的船舶设计软件,涵盖了船体、管系、电缆、结构、舱室等专业设计的全过程。总体上,Tribon 系统可分为船体设计、舾装设计、系统管理及维护三大部分。

模块与模块之间是相互关联的,由 Tribon 系统自动地按照各自的需要相互使用,相互依赖。如舾装模块的建模工作完全是在船体模型的基础上完成的。在进行舾装模块设计时,Tribon 系统自动地将各种图纸、数据、对象(目标)等保存到数据库中,每个使用者都可以随时随地看到所有模型(包括船体模型、管系模型、电缆模型等)的实体形状,也可以随时了解所有模型的变化和修改。

下面简介 Tribon 软件系统构成及功能。

1. 船体设计

船体设计包括型线光顺、船体平面模块、船体曲面模块、性能计算、零件分离、数控套料、生成切割指令等模块。它实现了船体 CAD/CAM 的集成。

2. 舾装设计

舾装基础数据主要包括附件库、符号库、设备库。该模块用于存储整个舾装系统的部件信息,并负责建立、修改和维护这些数据信息。舾装系统的各子系统如管路模块、电缆模块等均以附件库为设计基础,附件库对舾装各专业所需附件集中统一管理归类。它不仅包含 2D、3D 图形信息,而且包含大量的数据信息,例如附件的规格、材料、供应商、制造厂家、重量、重心等。

附件的信息以记录的形式存入部件数据库中,并且用户可以追加记录,以扩充附件数量。Tribon 系统的附件库采用的是单一数据库,对于不同的项目,相同的附件仅需建立 1 次,因此初始时的建库工作量很大。随着附件信息的逐步扩充,工作量会越来越小,为后续的设计工作节约了时间。附件库的建立可以边设计边建立。建库准备是船舶设计的基础,Tribon 系统正是因为有了这些基础的数据库,各子系统的信息才能高度地共享和统一。

3. 管系设计

管系设计包括管系原理设计(General Dia-grams,GD)、管路建模(Pipe Modelling,PM)、生产信息提取(Outfitting Lists,OL)等模块。由于 Tribon 采用单一数据库管理,在管系原理图设计时,管材、规格、法兰、设备、阀门等符号均会与附件信息建立联系,同时又可以与管系三维模型信息建立联系。因此,在管系三维放样设计时,可以利用管系原理图,检验设计是否前后一致,或有无缺漏。

管路建模模块是实现管路综合布置的模块。按照并行设计的原则,在船体的参考背景下,将各专业建立的模型调入并装配定位。设计人员可以在三维界面中直接布放管线,与二维平面放样相比,其直观性大大增强,减少了参考图纸的数量,提高了效率,有效地缩短了管路设计周期。在 Tribon M1 以后的版本中,系统增强了渲染功能,主动式漫游使操作更为方便、快捷、设计人员犹如置身于实境之中。友好的干涉检查功能可以及时发现问题并进行修改,大大减少了实船返工率。

生产信息的生成与输出模块能完成管路制作图(小票)和生产信息统计工作。一旦管路建模完成后,运行小票生成程序,系统自动生成小票图并存放在数据库中,可以提供给设计人员查看和编辑。各种统计信息的 BOM 表(Bill of Material,BOM)可以由生产信息提取 (Outfitting Lists,OL)程序生成。

通风系统模块与管路系统模块的功能及界面大体是一样的。不同的是,管路系统要求输入弯管机信息,而通风系统无需输入此信息。通风系统用到的所有附件可通过运行几何宏程序产生或由附件库描述生成。

4.电缆设计模块

电缆设计系统可分为电缆原理图设计和电缆放样两大模块。原理图设计类似于管系原理图设计,系统能自动导出电缆布放原理图和有关清单。

电缆放样是在三维图形环境中进行的。通过调入相关的船体分段、管路和其他专业设备、电气设备及支架布置等,构成电缆路径、托架和贯通,具有检查电缆路径的连接情况、电缆铺设、电缆路径、真实贯通的填充率等功能。

5.舱室布置模块

舱室布置系统主要是以计算机为工具,由专业人员用其进行舱室布置设计,实现计算机出图和输出清单,其主要功能如下。

(1)可以直接将船体结构作为舱室布置的甲板。

(2)可以输出任意区域的局部视图,如卫生单元的视图等。

(3)可以以房间为单位进行任意拷贝、删除、修改。

(4)提供了门、窗、家具、设备、壁板、天花板、甲板敷料等的布置功能。

(5)能计算出重量、重心等参数。

(6)能提取有关属性数据。

(7)能方便地为其他专业提供背景图形。

6.铁舾装件设计模块

该模块主要用来设计铁舾装件(基座)、支架、扶梯等,所建立的模型存在于独立的模型库中,可以被其他专业作为参考模型使用。

7.系统管理及维护

1)新船数据准备

Tribon 对任何一个项目都要进行数据准备工作,包括系统的初始化、船号定义、基础数据库设立与拷贝、缺省文件设置、用户权限设置等。

2)数据库维护及管理

Tribon 系统的各个子系统都带有多个共享的数据库。如 SB_CGDB(hull form databank)、SB_OGDB(structure databank),SB_PSDB(pipe structure databank)等,这些数据库可以被追加、复制、删除、修改等。通过 d065 文件的设置,使这些数据库中的数据信息被引用。

3)数据提取子语言

数据提取子语言为用户提供提取属性数据的功能。Tribon 系统本身提供了两种语言供用户提取数据。一种是宏语言 MACRO,另一种是建模语言 PLM。按照原文件存储性质不同,可分为 3 类,即图形文件、建模数据文件、标准部件数据文件。针对这 3 类不同类型的数据,采用了 3 种不同类型的提取方法。

（1）图形数据信息。存储在 Tribon 系统的 DRAWING 数据库（PPIDB）中的图形信息，将其文件转化为 AutoCAD 可以接受的 DXF 文件格式。

（2）标准部件数据信息。存储在 Tribon 系统的 GC-DB 部件库的附件或其他配件信息可用宏语言 MACRO 编程，可提取数据库中的有关信息。

（3）管路建模数据信息。存储在 Tribon 系统建模文件 PRG 文件中的管路建模数据信息按建模语言 PLM 规则提取。

8. 其他工具集

提供绘图仪、打印机驱动程序和其他工具程序。

1.6.3　MasterShip 软件

1. 概述

MasterShip 是一款基于 AutoCAD 平台的造船专用 CAD/CAM 设计软件，主要应用于造船的生产设计环节，即在详细设计基础上，从船厂施工的角度出发，考虑高质量、高效率、短周期、并确保安全地解决怎样造船与怎样合理组织造船生产的一种设计。

作为欧洲（荷兰）先进的船体生产设计软件，MasterShip 以其基于 AutoCAD 平台的易学易用、全 3D 可视化操作、高效率的模板化结构绘图和定义工具、连贯的设计思路、适合国内生产设计工艺过程的特别开发功能、以及完善的数据表格管理系统、开放的数据格式以及用户自定义平台等特色，得到了大量中国船厂、设计公司和高校的认可。

目前，在中国境内使用的 MasterShip 分为三大主要功能模块：船体外型生成模块、船体结构零件（增强）模块以及数控切割代码生成模块。配合强大的数据管理器，MasterShip 软件已经广泛应用于中国船厂、设计公司所设计的各类船型生产设计项目，包括各种海船、内河船、工作船、豪华游艇、海洋平台结构等。

2. 软件主要功能

MasterShip 是针对船体生产设计的专业软件。软件涵盖和整合了从设计、生产到实际加工的全套模块，包含船体、上层建筑和内舾装的全套操作工具。MasterShip 的主要功能可概括如下：

（1）外型模块。外型模块能自动导入和导出船舶型值表、2D/3D 型线图，提供 3D 外型建模工具、交互式智能化光顺工具，支持复杂曲面局部模型处理，帮助用户快速定位板缝线、结构线，精确定义并生成胎架报表等。外型模块擅长处理各种船型曲面，操作简便，精确度高，能很好适应超豪华游艇的外观要求。

（2）零件模块。零件模块着重于船体结构的生产设计工作，包括：3D 参数化结构建模，3D/2D 的零件、型材定义、编辑，相似结构批处理，拓扑修改等工具。零件模块采用树状结构管理模型和图纸，结构从属关系清晰，有利于项目管理和质量控制。增强模块更强化了出图功能，使结构绘图工作量大幅减少。零件模块以参数化模板库为特色，用户可采用看模板图填参数的方式实现快速的 CAD 绘图，即使是初学者也能很快掌握操作要领。

（3）数控切割模块。数控切割模块提供全自动套料模式，可自动完成全自动套料、切割路径优化、引弧优化、切割代码生成、套料图输出打印等全套工序。同时软件也提供人机交互的半自动工作方式，供使用者自由选择。MasterShip 还提供与国内先进的 SB3DS 机管电软件接口,提供结构的干涉检查,开孔清册,开孔自动生成等工具,实现更合理的内场零件修改。

(4) 数据管理模块。该模块免费向使用者开放,提供友好的界面以管理所有 MasterShip 的工程、各类信息库,计算及生成各种生产报表如零件、型材的各项统计表,材料表,重量重心计算表等。帮助用户顺利过渡到实际生产管理环节。

MasterShip 软件的工作流程如图 1-4 所示。

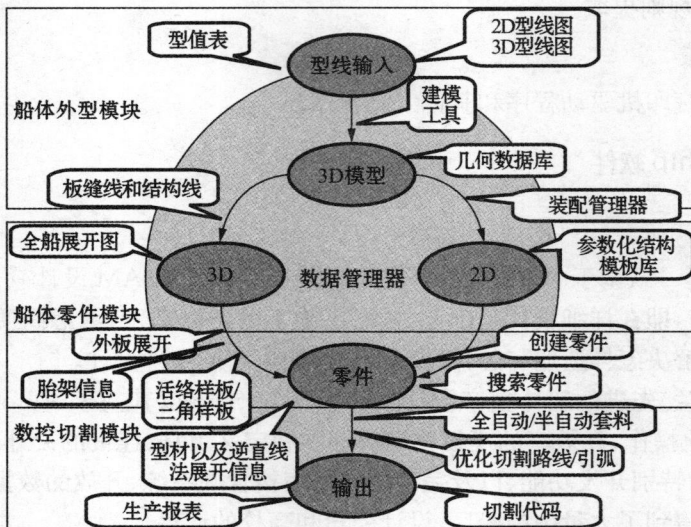

图 1-4　MasterShip 软件的工作流程

3. 软件主要特点

(1) 完全基于 AutoCAD 平台。MasterShip 软件本身是基于 AutoCAD 的核心编程语言 ObjectARX 开发的,与 AutoCAD 在功能模块、界面、菜单、命令、图纸格式上几乎完全一致。对于有 AutoCAD 使用基础的工程师而言,MasterShip 的操作方式非常熟悉,易学易用。另外,MasterShip 的另一大特色,就是支持用户直接调用 AutoCAD 格式的技术设计图纸,直接添加生产信息就可以进行后续的套料和生成切割代码。这一点对于原来以技术设计为重点的设计公司而言,更带来了巨大的效率提升。

(2) 工作流程接近国内习惯。MasterShip 的设计思路和工作流程与国内的习惯很接近。和很多国外软件不一样的是,MasterShip 支持工作流程,但并不拘泥于模型和出图的先后顺序。用户可以根据自身习惯,灵活选择 3D 和 2D 两种工作方式。既可以通过板架、型材建模的方式先建模,后出图;也可以在 2D 图纸上直接定义和编辑结构,并实现相似结构的复制及参数化拓扑修改,真正实现 3D 实体模型、2D 图纸和数据库三者之间的同步操作。

(3) 简便直观的参数化模板。参数化模板是 MasterShip 的一大特色。集中设置的参数化结构模板库提供各种形式的肋板、肘板、型材穿孔、开孔、样板、典型剖面大模板等诸多类型,此外在型材端部处理等环节也采用了参数化模板的方式。各种参数内容可以被存储及反复调用,用户可据此建立自己的参数库,适应不同船型的结构变化。参数化模板的开发采用脚本方式,易于管理和扩充。有 VBA 和 C 语言开发经验的用户甚至可以在自学模板开发参考手册的基础上,结合本单位需求自行开发模板。

(4) 强大的后台数据库。MasterShip 数据库基于 SQL server,采用 C♯和 C++语言开发,使数据库更强大、稳定,更易于维护和升级,多用户协同工作效率更高。MasterShip 采用统一的后台数据库,同时涵盖通用基本信息(如材料、规格、通用模板等)和特定项目信息。在实际工作中,用户可通过人机交互的方式,借助船体结构树形式,将各种零件、型材的几何参数信息,属性信息(如材料、规格、数量、端部处理等),装配信息等存储进数据库,进行统一管理,并在需要时,灵活调用指定信息,或通过各种报表进行计算和统计。

思考题

1. 简述 CAD/CAM 的基本概念。
2. CAD/CAM 系统应具备哪些基本功能?
3. 简述计算机辅助制造技术的特点?
4. 试阐明船舶产品及其制造过程有哪些特点?
5. 造船 CAM 技术有哪些特点?
6. 试说明船舶及其制造过程的特点与造船 CAM 技术的特点有何联系?
7. 试说明计算机在造船中的应用,可分为哪几个发展阶段?

第 2 章　CAD / CAM 系统中的工程数据管理

本章对 CAD/CAM 中的数据结构、工程数据的计算机处理、工程数据的数据库管理等基础知识作了较全面的介绍。重点介绍数据结构的基本概念以及常见的数据结构、数表和线图的计算机处理、数据的存储与管理、数据库系统及管理、工程数据库技术等。

2.1　数据结构的概念

计算机软硬件系统的迅速发展，使得 CAD/CAM 应用领域的范围也在不断地扩大，产品方案设计、结构设计、绘制工程图、制作文档等工作几乎可以全部由计算机完成。在产品计算机辅助设计与制造过程中产生的已不仅是简单、孤立的数值，而是存在某种关系的批量数据。这些数据包括数字、文字、表格、图像、图形和语音等。为了实现这些工程数据的计算机管理，就需要对这些数据进行组织构造，即确立它们的数据结构。一个合理的数据结构可以大大提高 CAD/CAM 系统的运行效率和系统资源的利用率。

1. 基本概念

在 CAD/CAM 系统中所处理的数据代表着各种各样的信息，而信息又代表着客观事物的物理性质或状态。例如，用 45 钢制造的齿轮，经热处理后，齿面硬度可达 40～50HRC，这个数据反映了齿轮的一个力学性能，这种表示信息的数据是自然的，另一种表示信息的数据却是人为的，例如，为了表示物体的颜色并又要使计算机能够识别和处理，就要用数字来代表各种颜色。因此，世界上许多事物的信息都可以用数字来表示，这也正是计算机被广泛应用于各个领域处理现实世界中各种事物的原因。

实际上，从事物的物理状态到表示信息的数据，具体可分为三个领域：

1）现实世界

它是客观存在的事物及其相互联系，客观存在的事物分为"对象"和"性质"两个方面，同时事物之间有着广泛的联系。

2）信息世界

它是客观存在的现实世界在人们头脑中的反映。人们对客观世界经过一定的认识过程，进入到信息世界形成关于客观事物及其相互联系的信息模型。在信息模型中，客观对象用实体表示，而客观对象的性质用属性表示。

3）数据世界

对信息世界中的有关信息经过加工、编码、格式化等处理，便进入了数据世界。数据世界中的数据既能代表和体现信息模型，同时又向计算机世界前进了一步，便于用计算机来进行处理。其中，每一实体用记录表示，实体的属性用数据项（或称字段）来表示，现实世界中的事物及其联系用数据模型来表示。三个领域间的关系如图 2-1 所示。

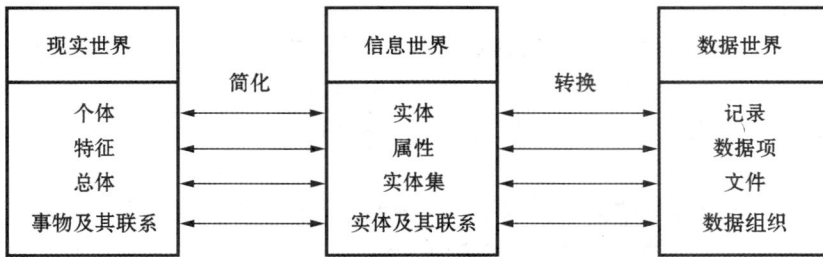

图 2-1　三个世界的映射

2．数据结构

数据结构是指描述物体数据元素之间关系的组织形式。这种关系反映了现实世界中实体之间的一种必然联系，因此数据元素是彼此相互关联的。某些情况下，多个数据元素构成一个数据结构，而该结构也可能是另一个数据结构的数据元素。如制造工艺资源通常由制造资源数据和工艺数据组成，如图 2-2 所示，而制造资源又由设备数据和工装数据组成，进而工装数据又包括刀具、夹具、辅具等数据。

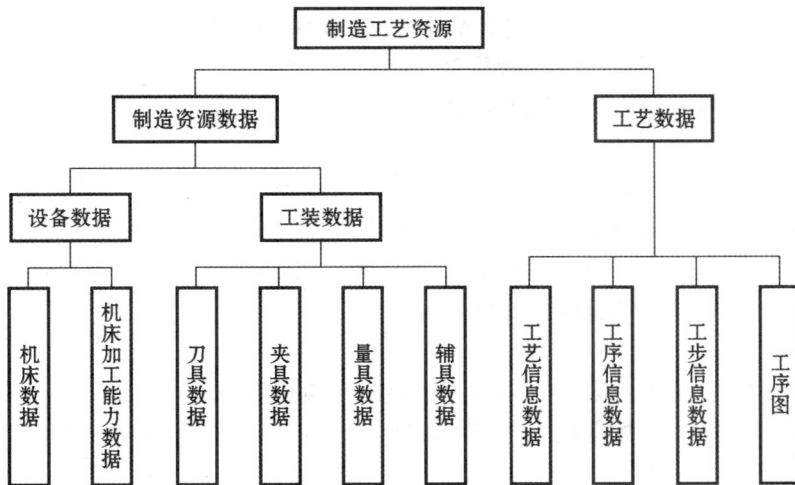

图 2-2　制造工艺资源组成关系

3．数据结构的内容

数据结构通常主要包括 3 个方面的内容，即：数据的逻辑结构、数据的物理结构和数据的操作运算，因此数据结构是指按某种逻辑结构将数据组织起来，按一定的存储方式将数据存储到计算机中，并对其进行一定操作运算的数据集合。

1）数据的逻辑结构

数据的逻辑结构是指数据之间的逻辑关系。它反映了产品结构中零部件之间的结构关系，是数据呈现在用户面前的形式，一般所说的数据结构都是指逻辑结构。

常见的数据逻辑结构有线性结构和非线性结构。

（1）线性结构的特征是一个数据元素只有一个直接前驱数据元素，或一个直接后继数据元素，或同时有一个直接前驱数据元素和一个直接后继数据元素。典型的线性结构主要有线性表、栈、队列和数组等。

（2）非线性结构又分为树状结构和网状结构。树状结构的特征是一个数据元素只可以有一个直接前驱和多个直接后继数据元素。网状结构的特征是一个数据元素可以有多个直接前驱和多个直接后继数据元素。典型的非线性结构主要有树等。

2）数据的物理结构

数据的物理结构也称为数据的存储结构，是数据元素以及数据元素之间的关系在计算机中的表示。同一逻辑结构的数据其存储结构可能有所不同，通常分为顺序存储结构和非顺序存储结构。

数据元素在计算机中的映像方法不同，其在计算机中的存储结构也不同。顺序映像得到顺序存储结构，非顺序映像得到非顺序存储结构。

2.2　工程数据的计算机处理

在机械设计过程中，设计人员往往需要从有关的工程手册或设计规范中查找各种系数或数据表格，检索有关的曲线图表，这是一项工作量大而且繁琐的工作，为了提高设计的自动化程度，在 CAD/CAM 系统中，需要将各种数据如表格数据和曲线图表编入程序，预先存入计算机中，便于在设计中由程序自动检索和调用。这就涉及工程数据的计算机处理技术，从总体上说，工程数据的计算机处理方法有以下两种：

1）程序化

程序化即在应用程序内部对这些数表以及线图进行查表、处理或计算。具体处理方法有两种，第一种是将数表中的数据或者线图经离散化后存入一维、二维或三维数组，用查表、插值等方法检索所需数据，这种方法也叫数组化；第二种方法是将数表或线图拟合成公式，编入程序计算出所需数据，这种方法也叫公式化。

2）文件化

若数据量很大，不便于用数组处理，可以将数表中的数据，或将线图离散化成数表的数据，存入数据文件或数据库中，数据独立于应用程序，使用时，通过检索程序查询和调用所需数据。

2.2.1　数表的计算机处理

工程手册中的数表有两类：一类为常数数表，如各种材料的力学性能、标准零件的尺寸参数等，这些数据之间彼此没有明显的函数关系；另一类为列表函数，用以表达工程中某些复杂问题参数之间的关系，如三角函数表或离散型的试验数据，这类数据之间的关系可用某个理论公式或经验公式表示。

根据数表的类型可采用不同的数据处理方法。对于第一类常数数据，可用计算机算法语言中的一维数组、二维数组或多维数组进行赋值的方法，分别对一维数表、二维数表或多维常数数表进行程序化处理。如果常数数表的数据量较大，且需要共享的数表，可将这些常数数表存入数据文件或数据库中。这样可以实现数据与程序的分离，增强数据管理的安全性，同时提高了工程数据的可维护性。对于第二类列表函数，除了可按常数数表处理方法进行处理之外，还可对数表进行公式化处理，即将数表中数据拟合成公式，由计算机直接求解公式得到所需的数据。

1. 数表的数组化处理

常用的数表主要有以下三种：

（1）一维数表。

（2）二维数表。

（3）多维数表。

控制量个数多于 2 个的数表为多维数表，工程手册中以三维数表为多。例如，渐开线圆柱齿轮的齿型公差取决于齿轮直径、法向模数和精度等级三个变量，是一个三维查表问题。

2. 数表的文件化处理

在需要处理的数表较小或所处理的数表个数较少的情况下，用数组赋值的方法进行程序化是完全可行的。如果数表很大或涉及的数表很多，若仍然采用这种方法进行程序化，这时程序将显得非常的庞大，有时甚至不可能实现，这就需要将数表进行文件化或数据库处理。

将数表文件化处理，不仅可使程序简练，还可使数表与应用程序分离，实现一个数表文件供多个应用程序使用，并增强数据管理的安全性，提高数据的可维护性。早期的 CAD 系统很多是采用数据文件来存储数据的。

3. 数表的公式化处理

数表的存储和使用，无疑会占用较多的计算机资源和存储空间，增加计算机检索的时间；同时，由于数据的离散性和离散数量的有限性，相邻两数值点之间的函数值只能选取相近的数据，这会给计算带来误差。因而，对于数据间有某些联系或函数关系的列表函数，应尽量进行公式化处理，以充分利用计算机的高速计算功能。

1）函数插值原理

设有一个数据表格给出的列表函数 $y=f(x)$，如表 2-1 所示。

表 2-1　列表函数

x	x_1	x_2	x_3	$\cdots$	x_n
y	y_1	y_2	y_3	$\cdots$	y_n

由于列表函数只能给出节点 $x_1, x_2, x_3, \cdots, x_n$ 处的函数值 $y_1, y_2, y_3, \cdots, y_n$，当自变量为节点的中间点 x_i 时，可用插值的方法来求因变量 y_i 的值。

插值法的基本思想是在插值点附近选取几个合适的连续节点，过这些节点构造一个简单函数 $g(x)$ 来代替原未知函数 $f(x)$，插值点的 $g(x)$ 值就作为原函数的近似。因此，插值问题的实质是如何构造一个既简单又具有足够精度的函数 $g(x)$。根据所选取的节点的个数，可将函数插值分为线性插值、抛物线插值和拉格朗日插值。

2）线性插值

线性插值又称二点插值，条件是给定 x，求其函数值 y。根据插值点 x 值选取两个相邻的自变量 x_i 与 x_{i+1}，为简便起见，可将这两自变量设定为 x_1 和 x_2，并满足 $x_1 \leqslant x \leqslant x_2$。过点 (x_1, y_1)，(x_2, y_2) 两节点连线的直线代替原来的函数 $f(x)$，如图 2-3 所示，则插值点函数为：

$$g(x) = f(x_1) + \frac{f(x_2) - f(x_1)}{x_2 - x_1}(x - x_1)$$

即：

$$g(x) = y_1 + \frac{y_2 - y_1}{x_2 - x_1}(x - x_1) \qquad (2\text{-}1)$$

可将式(2-1)改写为：

$$g(x) = \frac{x - x_2}{x_1 - x_2}y_1 + \frac{x - x_1}{x_2 - x_1}y_2 \qquad (2\text{-}2)$$

设

$$A_1 = \frac{x - x_2}{x_1 - x_2}, A_2 = \frac{x - x_1}{x_2 - x_1}$$

则式(2-2)为：

$$g(x) = A_1 y_1 + A_2 y_2 \qquad (2\text{-}3)$$

由式(2-3)可见,$g(x)$ 是两个基本插值多项式 $A_1(x)$ 和 $A_2(x)$ 的线性组合。

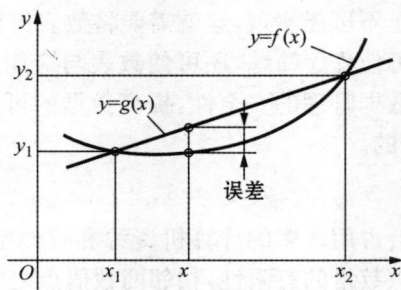

图 2-3 线性插值示意图

3）抛物线插值

线性插值精度较低,为提高插值精度,可采用抛物线插值。抛物线插值又称三点插值。根据插值点 x 值,选取三个相邻自变量 x_{i-1},x_i 与 x_{i+1},同样简化为 x_1,x_2 和 x_3,使之满足条件 $x_1 \leqslant x_2 \leqslant x_3$,过这三点作抛物线 $g(x)$ 以代替 $f(x)$,如图 2-4 所示,与线性插值类似可直接写出抛物线插值公式:

$$g(x) = \frac{(x - x_2)(x - x_3)}{(x_1 - x_2)(x_1 - x_3)}y_1 + \frac{(x - x_1)(x - x_3)}{(x_2 - x_1)(x_2 - x_3)}y_2 + \frac{(x - x_1)(x - x_2)}{(x_3 - x_1)(x_3 - x_2)}y_3 \quad (2\text{-}4)$$

4）拉格朗日插值

拉格朗日插值为多点插值,若插值曲线通过 (x_1, y_1),(x_2, y_2),$\cdots$,(x_n, y_n) 等 n 个节点,则插值多项式可写成如下累加和的形式:

$$g(x) = \sum_{k=1}^{n} \frac{(x - x_1)(x - x_2)\cdots(x - x_{k-1})(x - x_{k+1})\cdots(x - x_n)}{(x_k - x_1)(x_k - x_2)\cdots(x_k - x_{k-1})(x_k - x_{k+1})\cdots(x_k - x_n)}y_k$$

$$= \sum_{k=1}^{n} \left(\prod_{\substack{j=1 \\ j \neq k}} \frac{x - x_j}{x_k - x_j} \right) y_k \qquad (2\text{-}5)$$

2.2.2 线图的公式化处理

设计资料中有一部分是由直线、折线或各种曲线构成的线图,能直观地表示出参数间的函数关系。但是线图不能直接存储,需进行计算机化处理。一般处理线图的做法是:

(1) 查找线图原有的公式,将公式编写到程序中。但不是所有的线图都存在着原来的

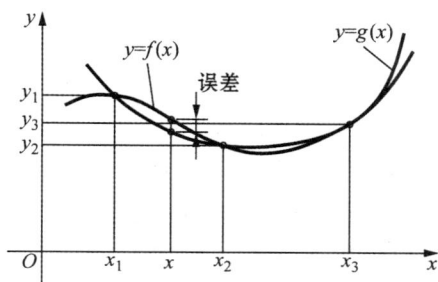

图 2-4　抛物线插值示意图

公式。

（2）将线图离散为数表，然后将数表进行程序化处理。

（3）用曲线插值或拟合的方法求出线图的近似公式，再将公式编写到程序中。

由于实际工程问题比较复杂，往往很难将实验数据用公式来精确描述，而常常采用某个曲线用公式近似地反映它们的关系，这就是所谓经验公式。建立这种经验公式的过程称为曲线拟合。

曲线拟合的方法有很多种，下面简要叙述采用最小二乘法的曲线拟合。

1. 最小二乘法拟合原理

已知：由线图或实验所得 m 个点的值 (x_1, y_1)，(x_2, y_2)，$\cdots$，(x_m, y_m)，设拟合公式为：$y = f(x)$，因此每一节点处的偏差为：

$$e_i = f(x_i) - y_i \qquad i = 1, 2, \cdots, m$$

偏差的平方和为：

$$\sum_{i=1}^{m} e_i^2 = \sum_{i=1}^{m} \left[f(x_i) - y_i \right]^2$$

拟合公式 $y = f(x)$ 具有一定的函数类型和系数，例如：$y = a_0 + a_1 x$，即为直线方程。为了决定系数 a_0 及 a_1 的值，最基本的要求就是由该系数决定的直线与各节点的偏差的平方和最小。因此称为最小二乘法拟合。

拟合公式的类型通常可以选取初等函数，如对数函数、指数函数、代数多项式等。这一工作由编程人员来决定，一般是根据试验曲线或将数据曲线画在方格纸上，按曲线形态判断所采用的函数类型。下面只讨论在选定函数类型情况下，如何确定各系数值的问题。

2. 最小二乘法的多项式拟合

设拟合公式为：

$$y = f(x) = a_0 + a_1 x + a_2 x^2 + \cdots + a_n x^n$$

已知 m 个点的值 (x_1, y_1)，(x_2, y_2)，$\cdots$，(x_m, y_m)，且 $m \gg n$，节点偏差的平方和为：

$$\sum_{i=1}^{m} e_i^2 = \sum_{i=1}^{m} \left[f(x_i) - y_i \right]^2$$

$$= \sum_{i=1}^{m} \left[(a_0 + a_1 x + a_2 x^2 + \cdots + a_n x^n) - y_i \right]^2$$

$$= F(a_0, a_1, a_2, \cdots, a_n)$$

这表明偏差平方和是$(a_0, a_1, a_2, \cdots, a_n)$的函数。为使其最小，取$F(a_0, a_1, a_2, \cdots, a_n)$对各自变量的偏导数等于零，得：

$$\frac{\partial F}{\partial a_j} = 0 \qquad j = 0, 1, \cdots, n$$

即：

$$\frac{\partial \sum\limits_{i=1}^{m} \left[(a_0 + a_1 x + a_2 x^2 + \cdots + a_n x^n) - y_i \right]^2}{\partial a_j} = 0 \qquad j = 0, 1, \cdots, n$$

求偏导数并经整理得：

$$\left(\sum_{i=1}^{m} x_i^j \right) a_0 + \left(\sum_{i=1}^{m} x_i^{j+1} \right) a_1 + \left(\sum_{i=1}^{m} x_i^{j+2} \right) a_2 + \cdots + \left(\sum_{i=1}^{m} x_i^{j+n} \right) a_n = \sum_{i=1}^{m} x_i^j y_i$$
$$j = 0, 1, \cdots, n \tag{2-6}$$

亦可写成下面的方程组：

$$\begin{cases} \left(\sum\limits_{i=1}^{m} x_i^0 \right) a_0 + \left(\sum\limits_{i=1}^{m} x_i \right) a_1 + \left(\sum\limits_{i=1}^{m} x_i^2 \right) a_2 + \cdots + \left(\sum\limits_{i=1}^{m} x_i^n \right) a_n = \sum\limits_{i=1}^{m} x_i^0 y_i \\[2mm] \left(\sum\limits_{i=1}^{m} x_i \right) a_0 + \left(\sum\limits_{i=1}^{m} x_i^2 \right) a_1 + \left(\sum\limits_{i=1}^{m} x_i^3 \right) a_2 + \cdots + \left(\sum\limits_{i=1}^{m} x_i^{1+n} \right) a_n = \sum\limits_{i=1}^{m} x_i y_i \\[2mm] \left(\sum\limits_{i=1}^{m} x_i^2 \right) a_0 + \left(\sum\limits_{i=1}^{m} x_i^3 \right) a_1 + \left(\sum\limits_{i=1}^{m} x_i^4 \right) a_2 + \cdots + \left(\sum\limits_{i=1}^{m} x_i^{2+n} \right) a_n = \sum\limits_{i=1}^{m} x_i^2 y_i \\[2mm] \qquad\qquad\qquad\qquad\qquad \vdots \\[2mm] \left(\sum\limits_{i=1}^{m} x_i^n \right) a_0 + \left(\sum\limits_{i=1}^{m} x_i^{n+1} \right) a_1 + \left(\sum\limits_{i=1}^{m} x_i^{n+2} \right) a_2 + \cdots + \left(\sum\limits_{i=1}^{m} x_i^{2n} \right) a_n = \sum\limits_{i=1}^{m} x_i^n y_i \end{cases} \tag{2-7}$$

式(2-7)中待求的系数$(a_0, a_1, a_2, \cdots, a_n)$共$n+1$个，方程也是$n+1$个，因此解此方程组，即可求得各系数值。

例：有一组实验数据见表2-2所示，它有7个点，现要求用二次多项式拟合。

表 2-2 实验数据

点序	1	2	3	4	5	6	7
x	−3	−2	−1	0	1	2	3
y	4	2	3	0	−1	−2	−3

设经验公式为：$y = a_0 + a_1 x + a_2 x^2$

由上述实验数据及经验公式知：$m=7, n=2$，代入式(2-6)得到以下3个方程：

$$j = 0 \qquad m a_0 + \left(\sum x_i \right) a_1 + \left(\sum x_i^2 \right) a_2 = \sum y_i$$
$$j = 1 \qquad \left(\sum x_i \right) a_0 + \left(\sum x_i^2 \right) a_1 + \left(\sum x_i^3 \right) a_2 = \sum x_i y_i$$
$$j = 2 \qquad \left(\sum x_i^2 \right) a_0 + \left(\sum x_i^3 \right) a_1 + \left(\sum x_i^4 \right) a_2 = \sum x_i^2 y_i$$

把x_i, y_i用表2-2中的数据代入，得

$$\begin{cases} 7a_0 + 28a_2 = 1 \\ 28a_1 = -39 \\ 28a_0 + 196a_2 = -7 \end{cases}$$

求解得：

$$a_0 = \frac{2}{3}, a_1 = -\frac{39}{28}, a_2 = -\frac{11}{84}$$

最后得拟合的经验公式：

$$y = \frac{1}{84}(56 - 111x - 11x^2)$$

采用最小二乘法的多项式拟合时，要注意以下问题：

（1）多项式的幂次不能太高，一般小于 7，可先用较低的幂次，若误差较大，则再提高幂次；

（2）一组数据或一条线图有时不能用一个多项式表示其全部，此时应分段处理，分段大多发生在拐点或转折之处。如果需要提高某区间的拟合精度，则应在该区间上采集更多的点。

3. 最小二乘法的其他函数的拟合

除代数多项式外，根据情况还可采用：

（1）幂函数：$y = ax^b$。

（2）指数函数：$y = ab^x$，$y = ae^{bx}$。

（3）对数函数：$y = \log_a$。

2.3　工程数据管理

在工程设计以及产品制造过程中需要大量的工程信息数据，例如，各种标准和规范，经验数据、试验曲线以及大量的图表等。在传统的设计中，这些数据往往是以工程手册的形式提供的，设计者需要手工查询。随着现代计算机技术的发展，人们把各种各样的信息数据存在计算机中，通过计算机来进行处理和管理。

2.3.1　数据的存储与管理

1. 数据文件

文件是数据管理的一种形式，它能独立于应用程序单独存储。在 CAD/CAM 系统中，文件常常作为管理数据、交换数据的方法而被广泛采用。同一文件的逻辑结构可以有多种物理组织方法，也可对文件进行必要的操作。

1）顺序文件

在顺序文件中，数据的物理存储顺序与逻辑顺序一致，即它的物理存储空间是连续的。存入顺序存储器（如磁带等）的文件只能是顺序文件。顺序文件又可以分为两种：一是组成文件的记录没有任何次序规律，只是按写入的先后顺序进行存储，称为无序顺序文件；另一种是组成文件的记录是按照某个关键字递增（或递减）的顺序进行存储，称为有序顺序文件。

要查找顺序文件中的某个记录，一般可以采用顺序扫描、折半查找、分块查找等方法。

2）索引文件

索引是指用索引法列出关键字 k 与相应记录 R_k 的地址的对应表。带有索引的文件称为索引文件。当查找记录时，先按该记录的键值到索引表中查得相应地址，系统再按照地址查到记录，查找效率比较高，使用比较广泛。

索引文件的索引项必须按关键字顺序排列，而文件本身可以按顺序或不按顺序排列，前者称为索引顺序文件,后者称为索引非顺序文件,如图 2-5 所示。

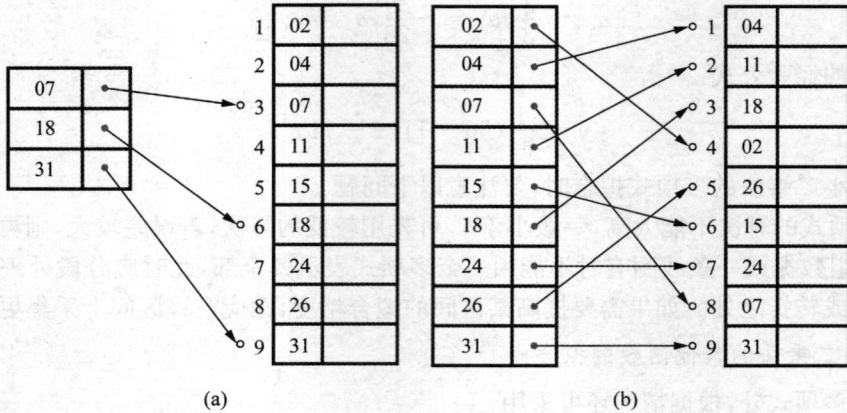

图 2-5　索引文件

(a) 索引顺序文件;(b) 索引非顺序文件

　　索引文件可以对数据记录进行快速的随机访问和快速访问,例如要插入一个记录时,可以将新的记录放在主体数据文件尾,在索引文件中添加相应的索引项,再对索引项进行重新排序,即可得到新的索引文件。要删除一个记录时,可以把记录在索引文件中对应的索引删除掉,而主体数据文件中记录项可以暂时不变,当积累到一定数量时,再一起将无用记录删除。

　　为了提高检索效率,一般会把索引文件调入内存,但由于内存容量的限制,比较大的索引文件不能全部装入内存,而是把它组织成索引树的形式,分成若干块,每块又可以分为若干子块等。检索时可以分级将用到的索引块调入内存。

　　第一级索引的索引称为第二级索引。当检索多级索引时,先将级别高的索引调入内存,根据要查找记录的关键字找出该记录所在块的索引在第一级索引表中的地址,将此地址所对应的索引块调入内存继续查找,依次下去,直至找到该记录在主体数据文件中存放的地址,再根据此地址到主体数据文件中直接读取记录。

　　3) 多重链表文件

　　与顺序文件相比,链表文件中记录的物理存储顺序与逻辑顺序可以不一致。它在每一个记录项上增设一个指针,指向下一个记录的存储地址。多重链表的组织方式通常用于根据多个次关键字来访问某条记录。其具体做法是:

　　(1) 根据 n 个关键字来查询某条记录时,在建立数据文件的过程中,每个记录上增加 n 个指针项,每个指针项指向包含相应次关键字的下一个记录的地址。例如表 2-3 是一组零件的多重链表型数据文件,零件的序号是主关键字,零件的名称和材料是次关键字。

表 2-3　多重链表数据文件

地址	零件序号	零件名称	指向同类零件下一个记录的指针	材料(钢)	指向同类零件下一个记录的指针
111	5	齿轮	124	45	114
114	2	轴	121	45	121
117	7	键	127	Q235	127

（续表）

地址	零件序号	零件名称	指向同类零件下一个记录的指针	材料（钢）	指向同类零件下一个记录的指针
121	4	轴	无	45	124
124	6	齿轮	131	45	131
127	8	键	无	Q235	无
131	3	齿轮	无	45	无

（2）分别建立每个次关键字的索引表，根据该索引表组查询记录。表 2-4 是根据表 2-3 建立的两个次关键字的索引表。

表 2-4　次关键字索引表

零件名索引		材料索引	
次关键字	头指针	次关键字	头指针
齿轮	111	45	111
轴	114	Q235	117
键	117		

若要在上述多重链表文件中查询材料为 45 钢的轴，可以从零件名索引表中查到轴的头指针，由该指针到数据文件中找出第一根轴，记录地址为 114，再根据与轴相对应的链表指针，找到第二根轴，记录地址为 121。同理，从材料索引表和数据文件中可以查到材料为 45 钢的有 5 条记录：111，114，121，124，131，取两者交集，即可得到所需记录。

多重链表的组织方式是在数据文件中增加次关键字的链表指针，通过该链表指针查询相关记录，而不必查询整个文件。它更重要的一个优点是避免了管理变长记录时所遇到的麻烦。

2. 文件的操作

文件的操作主要表现在两个方面，一是查找，二是排序。

1）查找

即寻找关键字为某值的记录，或从数组中寻找某个确定的数据。常用的查找方法有三种：

（1）顺序查找法。从第一个记录开始，逐个查询，若找到欲查数值，则查找成功。否则，查找失败。这是一种最简单的、但效率较低的方法。

（2）折半查找法。又叫二分查找法，即：

① 先将文件记录按关键字大小顺序排列；

② 再将查找范围中点处关键字 K_m 与待查记录关键字 K 比较，应为下列三种情况之一：

（a）$K < K_m$，确定待查记录在文件前半区域；

（b）$K = K_m$，确定该记录为待查记录；

（c）$K > K_m$，确定待查记录在文件后半区域。

③ 若为情况（b），则查找成功；若为情况（a）或（c），则在指定的查找区域中继续顺序查找，或逐次折半查找；若直至过程结束还未查找到所需关键字，则查找失败。

（3）分块查找法。与折半查找法类似，只是要先将关键字排好序的文件划分为大于 2 的若干块;再将待查关键字依次与各块的最大关键字比较,确定查找范围;然后在块内顺序查找。

2)排序

对文件中记录的关键字(或数组元素值)按递增或递减的顺序重新排列。

(1)选择排序。在所有记录中选出关键字最小的记录,将它与第一个记录交换,然后,在第二个记录到最后一个记录中重复上述操作。

(2)冒泡排序。顺次比较相邻记录的关键字,若后者比前者小,则交换位置,否则,位置不变。经过数轮比较和交换,较小的数向前移动,较大的数向后移动,犹如水中的气泡一点点冒出水面,故而得名。

(3)插入排序。首先假设第一个记录的位置是合适的,然后取出第二个记录与第一个记录进行关键字比较,若小于,则插入到前面,否则,位置不变;再取第三个记录与前面各记录进行关键字比较,将其插入到前面有序记录的合适位置上;依次类推,直到排序完成。这种排序方法的关键是首先进行比较、查找,以确定该项应插入的位置,因此,是一个不断比较、插入的过程。

2.3.2　数据库系统与数据管理

数据库系统是在文件系统的基础上发展起来的一门新型的数据管理技术。它是一种能够"管理大量的、持久的、可靠的、共享的数据的工具"。数据库可简单地看成"为满足某一组织中多个用户的多种需要,在计算机系统上按照一定的数据模型组织、存储和使用的相互关联的数据集合"。它由一系列各种组织形式的数据文件组成。数据库技术也是 CAD/CAM 集成系统的关键技术之一。

1. 数据库系统的主要特点

文件系统的工作模式与数据库系统的工作模式存在着本质的区别,这种区别主要体现在系统应用程序与数据之间关系的不同,如图 2-6 所示为应用程序与数据文件的关系,如图 2-7 所示为应用程序与数据库的关系。

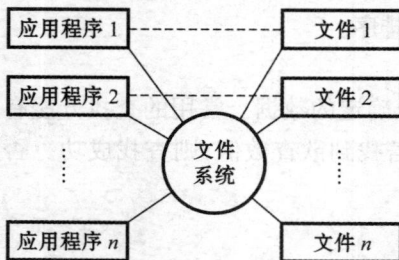

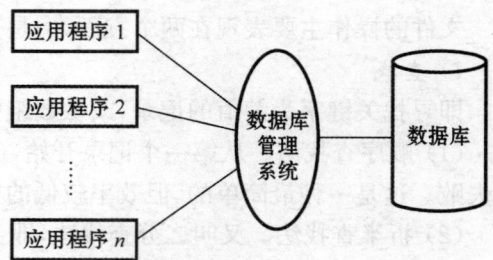

图 2-6　应用程序与数据文件的关系　　　　图 2-7　应用程序与数据库的关系

在文件系统中,应用程序通过某种存取方法直接对数据文件进行操作;在数据库系统中,应用程序并不直接操作数据库,而是通过数据库管理系统(Data Base Management System, DBMS)对数据库进行操作。因此,与文件系统相比,数据库系统存在如下显著特点:

(1)实现了数据共享,减少了数据冗余。

(2)数据存储的结构化。

(3)增强了数据的独立性。

（4）加强了对数据的保护。

（5）能对数据进行完整性与并发性控制。

综上所述，数据库是一个通用的、综合性的、数据独立性高、冗余度小且互相关联的数据文件的集合，它按照信息的自然联系构造数据，用各种不同的方法对数据进行操作以满足实际需要。

2. 数据库系统

1）数据库系统的基本组成

广义地讲，数据库系统并不单指数据库及其管理系统，它还包括支持数据库及其管理系统的计算机硬件、软件、专职管理人员和数据。数据库系统的组成如图 2-8 所示。

图 2-8　数据库系统的组成图

（1）硬件。支持数据库管理系统、应用程序运行的设备环境。主要要求足够的内、外存容量，较高的通道能力。

（2）软件。支持数据库系统运行的软件环境。包括操作系统、宿主语言系统、数据库管理系统以及应用程序。

（3）数据库系统中相关人员。包括数据库管理员（Data Base Administrator，DBA）、应用程序员和用户，是管理、开发和使用数据库的主要人员。这些人员的职责和作用是不同的，因而涉及不同的数据抽象级别，有不同的数据视图。其中数据库管理员的作用尤为重要，他们决定数据库的信息内容，决定数据的存储结构和访问策略，对数据库的使用和运行进行监督和控制，并对数据库进行维护和改进。

（4）数据库。由数据库管理系统（DBMS）建立、运行、管理和维护的通用化的、综合性的数据集合。通常存储在磁盘介质上。

除硬件系统及操作系统作为数据库系统的硬、软件支撑环境之外，数据库系统的核心是数据库管理系统。

2）数据库管理系统的功能

数据库管理系统是一组专门处理、访问数据库的程序。

它具有数据库的定义、管理、建立、维护、通信以及设备控制等功能，是数据库系统的核心。DBMS 的功能随系统而异，通常应具有：

（1）数据库定义功能。实现全局逻辑结构、局部逻辑结构、物理结构定义、权限定义等。

（2）数据库管理功能。提供对数据进行各种应用操作，如检索、排序、统计、输入、输出、添加、插入、删除、修改等功能。

（3）数据库的建立和维护功能。建立、更新、再组织、恢复数据库等结构维护功能。

（4）通信功能。具备与操作系统的联机处理、分时系统及远程作业输入的相应接口。

（5）其他功能。如应用程序的开发、文件管理、存储变量、设备控制等。

3）数据库管理系统的组成

（1）数据描述语言（Data Description Language，DDL）及其翻译程序——用于描述数据之间的联系，实现数据库定义功能。

（2）数据操纵语言（Data Manipulation Language，DML）及其编译程序——用于存储、检索、编辑数据库数据的工具。

（3）数据库管理例行程序（Data Base Management Routines，DBMR）——一般包括系统运行控制程序、语言翻译程序和 DBMS 的公用程序。

4）数据库系统的四层模式结构

在数据库技术中，为了便于设计、使用和管理，提高数据与应用程序之间的独立性，采用分级的方法，将数据库的结构划分成四个层次，即：局部逻辑层、全局逻辑层、存储层和物理层。

（1）模式。模式也叫做概念模式，它是全局逻辑级的，是数据库的整体逻辑结构。这种模式对应的数据库是概念级的数据库，它是数据库管理员看到的数据库，所以也叫 DBA 视图。

（2）外模式。外模式也称子模式，它是局部逻辑级的结构，是用户可以看到并获准使用的那部分数据的逻辑结构，因此外模式又叫做用户视图。对应于外模式的数据库称为用户级数据库。它是用户可以看到并准许使用的数据库。每个用户及其应用程序使用一个子模式，多个用户或应用程序可以共享同一个子模式。子模式是模式（全局逻辑级）的子集。

（3）内模式。内模式是数据库的存储结构，是为了提高模式对存储设备的独立性而设立的。内模式与模式间转换由软件完成，当数据的内模式（存储结构）发生变化时，可以通过内模式/模式间的映象，使模式保持不变，从而用户的应用程序不变，这就提供了数据与程序的另一层次的独立性，称为物理独立性。

（4）物理数据库。数据库的物理层指数据库在物理存储设备上的组织。在这个层次中的记录是物理记录。内模式中的记录与物理记录间的转换由操作系统中的存取方法软件完成。

对于一个数据库来说，实际上存在的只是物理层数据库，其他层次只不过是对物理层数据库的不同程度和不同角度的抽象。用户层数据库是用户与数据库的接口，用户根据子模式来操作处理数据，可以通过外模式/模式映像与概念层数据库联系起来，通过模式/内模式的映像与存储层的数据库联系起来，数据库管理系统完成这三层间的转换，并通过操作系统把用户对数据库的操作最终转化到物理层上去执行。

数据库结构中的有关概念及各层次间的关系如图 2-9 表示。

3. 数据库的数据模型

数据库系统的一个核心问题就是研究如何表示和处理实体间的联系。表示实体及实体间联系的模型称为数据模型。现行数据库系统中，常用的数据模型有以下几种：层次模型、网状模型、关系模型。层次数据库系统和网状数据库系统，统称为第一代数据库系统。支持它们的数据模型的数据结构可以用图形来表示。层次模型对应于一棵有根的定向树，网状模型对应于平面有向图，它们被统称为格式化的数据模型。关系模型数据库系统被称为第二代数据库系统，在数据库领域中占据了相当重要的地位。

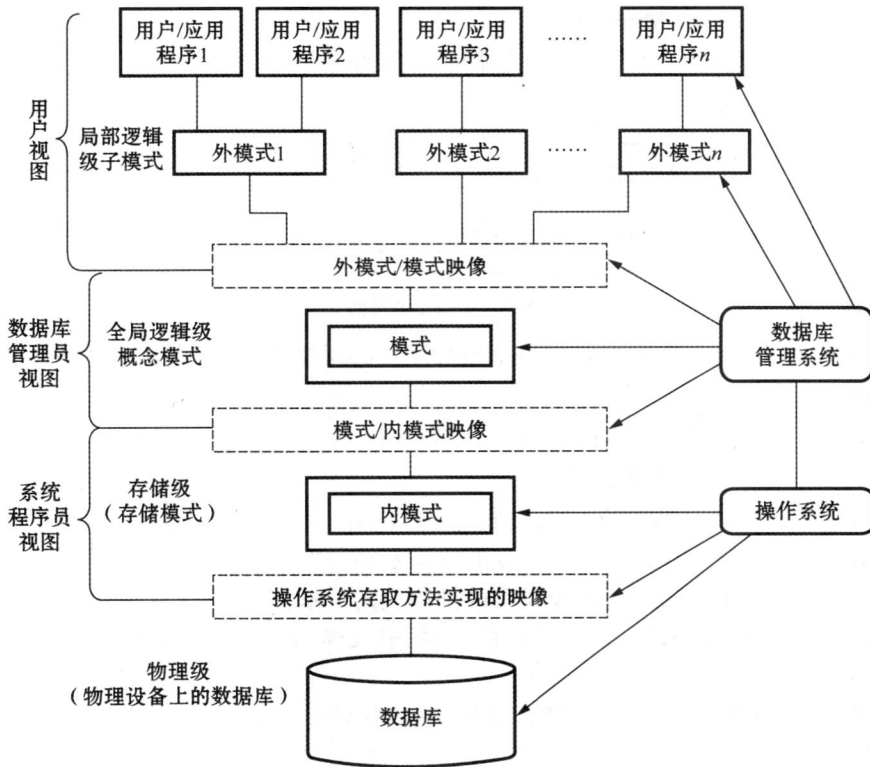

图 2-9　数据库的层次结构

1) 层次模型（Hierarchical Model，HM）

层次模型的数据结构是一种树型结构，有且仅有一个节点（实体集）是无双亲节点，这个节点即为树根，而其他节点有且仅有一个双亲节点。满足这两个条件的模型，即称为层次模型。层次模型的各层记录间均具有一对多的联系，即一个父记录对应多个子记录，而一个子记录只能对应一个父记录。在现实世界中有许多实体之间的联系是一种很自然的层次关系，例如：行政机构、家族关系、产品与部件、零件之间等。图 2-10 是基于特征的零件层次模型。按照层次模型建立的数据库系统称为层次模型数据库系统。

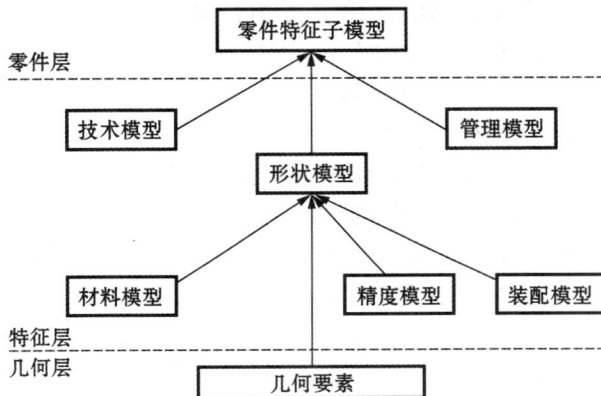

图 2-10　层次模型

2）网状模型（Network Model，NM）

广义地讲，数据模型中各个记录型（实体集）相互联系形成一个整体均可看做是网状模型，图 2-11 为网状模型示例。

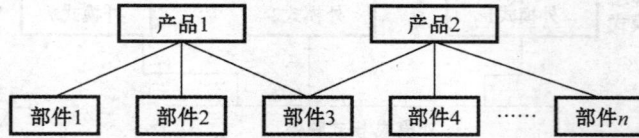

图 2-11　网状模型

为了与层次模型相区别，在网状模型上增加了一些限制条件，即满足下列条件的数据模型称为网状模型：

（1）可以有一个以上的节点（记录型）无父节点。

（2）至少有一个节点的父节点多于一个。

因此，网络模型与层次模型的不同之处主要有两点：

（1）层次模型中，从子节点到双亲节点的联系是唯一的，而网状模型中可以是不唯一的。

（2）网状模型中，还允许两个记录间有两种以上的联系。

网状模型能够处理记录之间非常复杂的联系，但其模型结构也是极其复杂的，层次模型只是网状模型的一种特例。

按照网状模型建立的数据库系统称为网状模型数据库系统。

3）关系模型（Relational Model，RM）

关系模型是当前使用最为广泛的模型，以关系数据模型为核心开发出的关系数据库系统称之为第二代数据库系统。

关系模型将数据的逻辑结构归纳为满足一定条件的二维表的形式，一个二维表就是一个关系。关系又由关系框架和若干元组组成，一个元组实际上就是二维表中的一行内容。组成元组的元素是分量，如果关系中的元组由 n 个分量组成，则称此关系为 n 元关系。一个关系相当于数据组织中的同质文件，关系框架相当于其记录类型，每个元组相当于一个记录值（常代表一个实体），关系中每一列（分量）是同类型的数据的值的集合（常代表实体的属性），也称域。

作为一个"关系"的二维表，必须满足如下条件：

（1）表中每一列必须是基本数据项，而不应是组合项。

（2）表中每一列必须具有相同的数据类型。

（3）表中每一列必须有一个唯一的属性名。

（4）表中不应有内容相同的行。

（5）行与列的信息均不影响表中所表示的信息含义。

关系模型的结构简单，数据独立性高，理论基础坚实，操作算法成熟、完善。关系模型的理论基础是关系代数、集合论。基于关系模型建立的数据库系统称为关系型数据库系统。

目前国内普遍应用的 ACCESS、ORACLE、SYBASE 等都是关系型数据库。

2.4　工程数据库

随着数据库系统应用越来越广泛，现实世界中出现了许多新的数据类型是关系型数据库难以解决,甚至无法解决的,特别是计算机辅助设计(CAD)、计算机辅助制造(CAM)、计算机辅助工程分析(CAE)等。在我国,随着 CAD/CAM 技术的迅速发展,工程设计实现了无图板设计,CAD/CAM 数据管理提出了如下两大类的要求:其一是为工程编写的计算机程序,其二是 CAD 在大型系统中的应用,由于数据量很大,它们都给数据组织带来了新的困难。正是由于这些原因,导致了工程数据库的产生和发展。

2.4.1　工程数据库技术

所谓工程数据库,也可称为 CAD 数据库、设计数据库或技术数据库等,是指能满足人们在工程活动中对数据处理要求的数据库。理想的 CAD/CAM 系统,应该是在操作系统支持下,以图形功能为基础,以工程数据库为核心的集成系统。从产品设计、工程分析直到制造过程活动中所产生的全部数据都应存储、维护在同一个工程数据库环境中。

工程数据库的数据模型超越了传统的层次数据模型、网状数据模型和关系数据模型。它有待更深入地开展研究。这种研究需要借助于传统数据模型,使工程数据库的数据模型更好地反映工程应用环境的客观世界的本来面貌,不仅在静态结构上,而且在动态的操作和变更上更贴近客观事物的描述,它包括工程数据库的数据模型、工程数据库的体系结构、几何元素在数据库中的表示,以及相关理论和实现技术等。

工程数据库系统与传统的数据库系统有很大的区别,主要表现在:支持复杂数据类型、复杂数据结构,具有丰富的语义关联、数据模式动态定义与修改、版本管理能力完善等。例如,对用户来说,要建立一个材料加工特性数据库,由于牵涉到材料种类、加工方法、加工设备、加工刀具、加工批量等多种因素,如何有效地建立这个数据库,需要做大量的工作。

2.4.2　工程数据类型与特点

在工程应用中,要处理的数据非常多,包括文字与图形等。作为支持整个生产过程的工程数据,可以分为以下几种类型:

1. 通用基础数据

指产品设计与制造过程中所用到的各种数据资料,如国家以及行业标准、技术规范、产品目录等方面的数据。这些数据的特点是:数据结构不变,数据具有一致性,数据之间关系分明,数据相对稳定,即使有所变动,也只是数值的改动。

2. 产品设计数据

指在产品设计与制造过程中产生的数据,例如:设计的产品结构数据、加工工艺规程等。产品功能要求描述数据、设计参数以及分析数据和各种资源描述数据,由于产品种类以及规格等的变化,这类数据有以下几个特点:

(1) 数据呈动态性,人们预先并不了解它们,只是在设计过程中才产生,因此存储的数据结构随数据类型的改变而改变。

(2) 典型的产品设计流程是"设计—评价—再设计",这使得设计产品数据频繁修改。

(3) 由于实际设计中问题的复杂性,而设计者的工作又是对设计对象的数据进行不断地调整与修改,因此设计产品数据在某些情况下允许语义上的不一致性。

3. 图形数据

包括各种工程图形、图表以及三维几何造型等数据。例如：各种工程分析的性能图表、零件图、装配图等。其中某些图表或图形之间的相互联系也需要数据库进行存储与管理。这类数据也是动态的，它们往往在设计过程中急剧增加。例如对一个三维图形进行剖切之后，数据库应能立即存储剖切面上所有交点、线、面的数据。

4. 工艺加工数据

指专门为 CAD/CAM 系统工艺加工阶段服务的数据，如金属切削工艺数据、磨削工艺数据、热加工工艺数据等。

5. 管理信息数据

在高度集成的 CAD/CAM 系统中，还应包括生产活动各个环节的管理信息数据。如生产工时定额、物料需求计划、成本核算、销售、市场分析等管理信息数据。

2.4.3　工程数据管理技术

在 CAD/CAM 系统的设计、分析、制造等过程中，需要查阅各种标准、规范等相关资料，并产生各个阶段的结果数据信息，包括图形和数据，这些数据信息如何进行管理，直接影响CAD/CAM 系统的应用水平。随着计算机技术的发展，CAD/CAM 系统中的信息管理从文件模式发展为数据库模式，直至目前流行的工程数据库模式。

工程数据库管理系统一般满足如下要求：

1. 支持复杂工程数据的存储和管理

能够处理工程数据的非结构化变长数据和特殊类型数据，支持多媒体信息的集成管理，这包括多方面的具体要求，例如：图形、图像数据多种格式存储，不同媒体数据类型格式转化与控制，多种媒体数据输入/输出设备的驱动，多种数据媒体编辑处理，支持复杂实体的表示以及实体间关系的处理，支持超文本数据的存储和处理，支持动态变长数据记录和超长数据项的存储等。

2. 支持数据模式的动态修改和扩充

不仅能对结构化数据进行静态建模，而且能够动态地进行模型的建立、修改和扩充，这样才能适应于工程数据库对反复改进的工程设计的支持。

3. 支持工程事务处理和恢复

工程事务大都具有长期性，工程数据中有一批数据要使用很长时间，由于一个工程事务不可能成为处理和恢复的最小单位，必须分层次、分类别、分期保存中间结果，以进行较短期事务处理，因此，从使用安全性考虑，要具备适合工程应用背景的数据库恢复功能，以实现对长期事务的回退处理。

4. 支持多库操作和多版本管理

由于工程设计用到的信息多种多样，需要在各设计模块间传送数据，所以需要提供多库操作和通信能力。由于工程事务的复杂性和反复试验的实践性，要求工程数据库系统具有良好的多版本管理和存储功能，以正确地反映工程设计过程和最终状态，不仅为工程的实施服务，而且为今后的管理和维护服务,同时也为研究和设计类似工程提供可借鉴的数据。

5. 支持同一对象的多种媒体信息表现形式和处理功能,以适应不同要求

6. 支持工程数据的长记录存取和文件兼容处理

工程数据中,有些数据不适合在数据库中直接存储,以文件系统为基础来设计其存储方式,会更为方便,存取效率更高,如工程图本身。

7. 支持智能型的规则描述和查询处理

具有一定的语义识别、推理和查询规则能力,能够自动检测和维护设计规则。

8. 具有良好的数据库系统环境和支持工具,以适应大容量、快速和分布式设计环境的要求

工程数据库系统往往要求在多用户环境下实现各专业的协同工作,因此必须保证各类数据的语义一致性和系统集成性。由于通常支持 CAD/CAM 系统的硬件是由异种机组成的计算机网络系统,因此,要求工程数据库管理系统应是一个分布式管理系统,并为所有基本单元系统存取全局数据提供统一的接口标准。为保证 CAD/CAM 系统能适应柔性制造系统的要求,能灵活、动态地变更和重组加工制造的环境条件,要求工程数据库管理系统能对用户透明,利用整个系统的计算机网络进行通信。

2.4.4　常用数据库简介

1. Oracle

Oracle 是美国 Oracle 公司的数据库产品,它以结构化查询语言(Structured Query Language,SQL)为基础,分布式数据库为核心,具有良好的性能、可靠性和安全性,是目前流行的大型关系数据库之一。

Oracle 具有良好的可移植性、可兼容性和可连接性,能在多种软硬件平台上运行;支持大数据库(几百 GB)、多用户的高性能的事务处理;遵守数据库存取语言、操作系统、用户接口和网络通信协议的工业标准;实施完全性控制和完整性控制;支持分布式数据库和分布处理,可通过网络方便地读写远端数据库里的数据,并具有对称复制技术。同时 Oracle 提供了新一代集成软件生命周期开发环境,可以实现高生产率、大型事务处理及客户机/服务器结构的应用系统;提供了与第三代高级语言的接口软件 PRO* 系列,能在 C、C＋＋等主语言中嵌入 SQL语句及过程化(PL/SQL)语句,对数据库中的数据进行操作;提供了基于角色分工的安全保密管理;支持大量多媒体数据,如二进制图形、声音、动画以及多维数据结构等。其中 Oracle 10版是业界第一个为网络计算而设计的数据库。网络计算通过将服务器集成在一起作为一个单一的大型计算机,降低了整体成本,在应用程序之间动态地按需分配服务器资源,使 Oracle 更具有可管理性和高可用性。

2. SQL Server

SQL Server 最初是由微软、Sybase 和 Ashton-Tate 三家公司共同开发的关系型数据库管理系统,后来微软与 Sybase 分道扬镳,独自将其针对 Windows 平台进行了升级改写,目前应用最广泛的版本是 SQL Server 2000。

SQL Sever 2000 是为创建可伸缩电子商务、在线商务和数据仓储解决方案而设计的真正意义上的关系型数据库管理和分析系统。针对包括集成数据挖掘、联机分析处理、安全性服务

以及通过 Internet 对多维数据及进行访问和链接等在内的分析服务提供了新的数据仓储功能。SQL Server 2000 还提供了丰富的数据库编程能力，支持 VB、VC 等多种客户端开发工具，以及 ODBC 等标准接口；支持 XML，利用 Transact SQL（T-SQL）实现 XML 数据操作能力；灵活而强大的 Web 分析功能以及利用 HTTP 进行 Web 数据访问等特性；支持集中数据库管理功能，而且还最大限度地实现了管理与优化工作的自动化；支持对称多处理硬件方面所具有的可伸缩性和较低的数据库维护需求，使其被广泛应用于客户关系管理系统、商务智能、企业资源计划（Enterprise Resource Planning，ERP）以及其他在线商务等多个方面。

　　SQL Server 与 Windows 操作系统集成紧密，便于充分利用主流微机系统所提供的特性。采用二级安全验证、登录验证以及数据库用户账号和角色的许可验证；使用 Windows 平台内建的网络功能组件，支持多种不同类型的网络协议，如 TCP/IP、IPX/SPX、Apple Talk 等。另外，它还支持数据复制、数据仓储、分布式事务处理，并且具有易于创建、管理和配置，便于与微软产品集成等优点。

　　较常用的大型数据库还有 DB2、Sybase 以及 Informix 等，而对于一些小规模的应用还有 My SQL、MS Access 等数据库系统，如一些 Windows 平台的 CAD 系统用 Access 来存储数据。

　　目前，通用工程数据库系统的发展还不够完善。实践表明，以现有商用数据库为基础进行有针对性的增补修改，或利用大型 CAD/CAM 软件中数据管理模块与商用数据库结合，是当前实现工程数据库管理的有效途径。近年来，为适应远程多用户需要而发展起来的分布式数据库管理系统，为工程数据库管理系统的设计与应用提供了新的环境。另外，多媒体、面向对象等技术的发展使工程数据库管理更加完善。随着计算机技术和软件工程方法的发展，工程数据库技术必将更加完善、适用。

思考题

1. 简述数据结构的基本概念？
2. 说明数据资料程序化处理的目的及方法。
3. 何谓数据库系统的数据模型？各种数据模型有哪些特点？
4. 在 CAD/CAM 系统中如何处理工程手册中的设计资料，有哪些方法？
5. 试述工程数据库的含义。

第3章 计算机图形处理技术基础

随着计算机软硬件技术的发展和完善,在图形终端上显示设计结果或者通过人机交互完成设计工作已经成为基本工作方式,因此图形终端成为 CAD/CAM 系统最重要的组成部分之一,图形处理技术也成为包括船舶行业在内的计算机辅助设计、制造系统中广泛应用的基础技术之一。图形处理技术包括图形变换、窗口与视区的坐标变换、图形裁剪、消隐等方面。本章将简要介绍相关基础知识。

3.1 图形处理的数学基础

3.1.1 图形处理的矩阵方法

在图形变换中大量采用矢量、矩阵方法表示,本节对其有关内容进行简要回顾。

1. 点的向量表示

二维空间里的一个点可以用两个坐标 x 和 y 来表示,也可用一行两列矩阵$[x \quad y]$来表示。三维空间里的一个点可以用 3 个坐标 x,y 和 z 来表示,也可用一行三列矩阵$[x \quad y \quad z]$来表示。当然,二维空间和三维空间里的一个点也可以分别用列矩阵$[x \quad y]^T$和$[x \quad y \quad z]^T$表示。表示一个点的矩阵称为位置向量。

如图 3-1 所示,三角形顶点 1,2,3 的矩阵为:

$$\begin{bmatrix} x_1 & y_1 \\ x_2 & y_2 \\ x_3 & y_3 \end{bmatrix}$$

可用数组形式存储在计算机中。

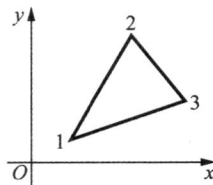

图 3-1 三角形的向量表示

2. 点的齐次坐标表示

齐次坐标是将一个 n 维空间的点用 $n+1$ 维来表示,即用 $n+1$ 维向量表示 n 维向量。如点(x,y)的齐次坐标表示为(x,y,h),其中 h 是一个实数。一个向量的齐次表示不是唯一的,齐次坐标的 h 取不同的值都表示同一个点,例如齐次坐标$(8,4,2)$、$(4,2,1)$表示的都是二维点$(2,1)$。

那么引进齐次坐标有什么必要? 它又有什么优点呢?

(1) 提供了用矩阵运算把二维、三维甚至高维空间中的一个点集从一个坐标系变换到另一个坐标系的有效方法。

(2) 可以表示无穷远的点。$n+1$ 维的齐次坐标系中,如果 $h=0$,实际上就表示了 n 维空间的一个无穷远点。对于齐次坐标(a,b,h),保持 a,b 不变,$h \rightarrow 0$ 的过程就表示了在二维坐标系中的一个点沿直线 $ax+by=0$ 逐渐走向无穷远处的过程。

3. 变换矩阵

用变换矩阵进行图形变换处理比较方便。设 P 代表一个点或一组点的位置向量,另有一个矩阵 A,使矩阵 P 和矩阵 A 相乘就可以得到一个新矩阵 B,从而使矩阵 P 得到变换,称矩阵 A 为变换矩阵。按矩阵代数方法可写为:

$$PA = B$$
$$P = [x \quad y]$$

若变换矩阵为:

$$P = \begin{bmatrix} a & b \\ c & d \end{bmatrix}$$

$$PA = [x \quad y]\begin{bmatrix} a & b \\ c & d \end{bmatrix} = [ax + cy \quad bx + dy] = [x' \quad y']$$

则点的初始坐标 (x, y) 被变换为 (x', y'),即

$$x' = ax + cy$$
$$y' = bx + dy$$

用齐次坐标时,其矩阵明显将扩展,由于点是 3 个列元素组成的向量。因此 2×2 变换矩阵将扩展成 3×3 矩阵:

$$T = \begin{bmatrix} a & b & o \\ c & d & p \\ l & m & s \end{bmatrix}$$

$$[x' \quad y' \quad 1] = [x \quad y \quad 1]T = [x \quad y \quad 1]\begin{bmatrix} a & b & o \\ c & d & p \\ l & m & s \end{bmatrix}$$

该变换矩阵可按其中虚线分成 4 个子矩阵:

(1) 左上角的子矩阵 $\begin{bmatrix} a & b \\ c & d \end{bmatrix}$ 可完成图形的比例、对称、旋转、错切等变换。

(2) 左下角的子矩阵 $[l \quad m]$ 可完成图形的平移变换。

(3) 右上角的子矩阵 $\begin{bmatrix} o \\ p \end{bmatrix}$ 可完成图形的透视变换。

(4) 右下角的子矩阵 $[s]$ 可完成图形的全比例变换,当 $s > 1$ 时,图形等比例缩小;当 $s < 1$,图形等比例放大。

可见,3×3 变换矩阵包含了 2×2 变换矩阵的全部结果。

3.1.2　坐标系统

从定义一个零件的几何外形到图形设备上生成图形,通常都需要建立相应的坐标系统来描述,并通过坐标变换来实现图形的表达。在图形系统中,为描述物体的几何尺寸、图形的大小及位置,往往要引用下述坐标系统。

1. 世界坐标系

世界坐标系(World Coordinate System,WC),是在实物物体所处的空间(二维或三维空

间)中,用以协助用户定义图形所表达的物体几何尺寸的坐标系,也称用户坐标系,多采用右手直角坐标系。图 3-2(a)是定义二维图形的直角坐标系,图 3-2(b)是定义三维图形的直角坐标系。理论上世界坐标系是无限大且连续的,即它的定义域为实数域$(-\infty,+\infty)$。

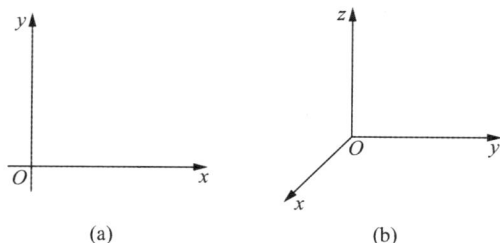

图 3-2　世界坐标系
(a) 二维世界坐标系;(b) 三维世界坐标系

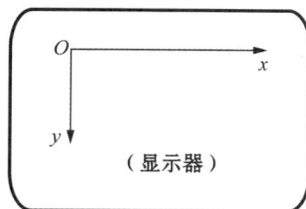

图 3-3　设备坐标系

2. 设备坐标系

设备坐标系(Device Coordinate System,DC)是与图形输出设备相关联的,是定义图形几何尺寸位置的坐标系,也称物理坐标系。设备坐标系是二维平面坐标系,通常采用左手直角坐标系,如图 3-3 所示。它的度量单位是像素(显示器)或步长(绘图仪),例如显示器通常为$1\,024\times768$、$1\,280\times1\,024$ 像素,绘图仪的步长为 $1\,\mu m$ 等,可见设备坐标系的定义域是整数域,而且是有界的。

3. 规格化设备坐标系

规格化设备坐标系(Normalization Device Coordinate System,NDC)是与设备无关的坐标系,是人为规定的假想设备坐标系,其坐标轴方向及原点与设备坐标系相同,但其最大工作范围的坐标值则规范化为 1。以屏幕坐标为例,其规格化设备坐标系的原点仍是左上角(或左下角),坐标为(0.0,0.0),距原点最远的屏幕右下角(或右上角)的坐标为(1.0,1.0)。对于给定的图形输出设备,其规格化设备坐标系与设备坐标系相差一个固定倍数,即相差该设备的分辨率。当开发应用不同分辨率设备的图形软件时,首先要将输出图形转换为规格化设备坐标系,以控制图形在设备显示范围内的相对位置。当转换到不同输出设备时,只需将图形的规格化坐标再乘以相应的设备分辨率即可。这样使图形软件与图形设备隔离开,增加了图形软件的可移植性。

3.2　图形变换

计算机图形处理是 CAD/CAM 的重要组成部分,对于 CAD/CAM 系统来说,不仅要能用图元的几何体构成复杂的静态图形,而且要通过三维的几何体来定义船舶的空间模型,并能使这些模型进行旋转、缩小、放大等图形变换,以利于从某一最有利的角度去观察它,对它进行设计修改。软件的这些功能是基于图形变换的基本原理实现的。图形变换是计算机绘图和实体建模的基础内容之一。

图形变换一般是指对图形的几何信息经过几何变换后产生新的图形。图形变换既可以看作是坐标系不动而图形变动,变动后的图形在坐标系中的坐标值发生变化;也可以看作图形不动而坐标系变动,变动后,该图形在新的坐标系下具有新的坐标值,而这两种情况本质上是一样的。本节所介绍的几何变换属于后一种情况。

对于线框图的变换,通常以点变换作为基础,把图形的一系列顶点作几何变换后,连接新的顶点系列即可产生新的图形。对于用参数方程描述的图形,可以通过参数方程作几何变换,实现对图形的变换。本节所介绍的是图形拓扑关系不变的几何变换,由于图形采用了齐次坐标表示,可以方便地用变换矩阵实现对图形的变换。

3.2.1 二维图形的几何变换

二维图形的变换是使二维图形在空间的位置和形状产生变化。

1. 基本几何变换

1) 比例变换

若图形在 x,y 两个坐标方向放大或缩小的比例分别为 a 和 b,如图 3-4 所示(图中虚线所示图形为原始 T 形物,实线所示图形为变换后的 T 形物),则坐标的比例变换为:

$$\begin{bmatrix} x' & y' & 1 \end{bmatrix} = \begin{bmatrix} x & y & 1 \end{bmatrix} \begin{bmatrix} a & 0 & 0 \\ 0 & d & 0 \\ 0 & 0 & 1 \end{bmatrix} = \begin{bmatrix} ax & dy & 1 \end{bmatrix}$$

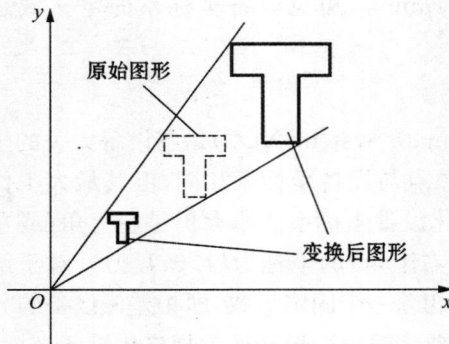

图 3-4 二维图形的等比例变换图   图 3-5 二维图形的不等比例变换

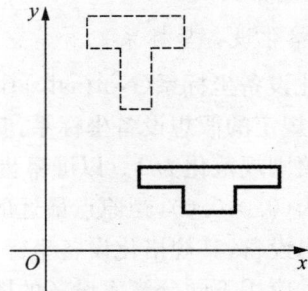

(1) 若 $a=d=1$,则为恒等变换,图形变换后点的坐标不变。

(2) 若 $a=d\neq1$,则为等比例变换,$a=d>1$ 时为放大;$a=d<1$ 时为缩小。

(3) 若 $a\neq d$,则为不等比例变换,或图形在 x,y 两坐标的比例不等,如图 3-5 所示。

2) 对称变换

$$\begin{bmatrix} x' & y' & 1 \end{bmatrix} = \begin{bmatrix} x & y & 1 \end{bmatrix} \begin{bmatrix} a & b & 0 \\ c & d & 0 \\ 0 & 0 & 1 \end{bmatrix} = \begin{bmatrix} ax+cy & bx+dy & 1 \end{bmatrix}$$

(1) 当 $a=-1,b=c=0,d=1$ 时,$x'=-x,y'=y$,产生与 y 轴对称的图形;当 $a=1,b=c=0,d=-1$ 时,$x'=x,y'=-y$,产生与 x 轴对称的图形,如图 3-6(a)所示。

(2) 当 $a=d=-1,b=c=0$ 时,$x'=-x,y'=-y$,产生与原点对称的图形,如图 3-6(b)所示。

(3) 当 $a=d=0,b=c=1$ 时,$x'=y,y'=x$,产生与 45°线对称的图形;当 $a=d=0,b=c=-1$ 时,$x'=-y,y'=-x$,产生与 -45°线对称的图形,如图 3-6(c)所示。

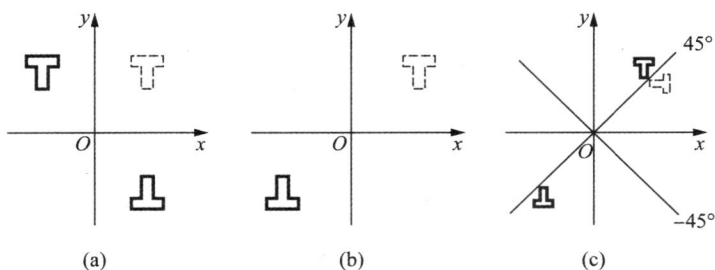

图 3-6　对称变换

（a）坐标轴对称；（b）坐标原点对称；（c）±45°线对称

3）错切变换

若图形在 x,y 两个坐标方向有错切，如图 3-7 所示，则坐标的错切变换为：

$$[x'\ \ y'\ \ 1] = [x\ \ y\ \ 1]\begin{bmatrix} 1 & b & 0 \\ c & 1 & 0 \\ 0 & 0 & 1 \end{bmatrix} = [x+cy\ \ bx+y\ \ 1]$$

其中，c,b 分别为 x,y 坐标的错切系数。

（1）当 $b=0$ 时，$x'=x+cy$，$y'=y$，图形 y 坐标不变。若 $c>0$，则图形沿 $+x$ 方向作错切位移，如图 3-7(a)所示；若 $c<0$，则图形沿 $-x$ 方向作错切位移。

（2）当 $c=0$ 时，$x'=x$，$y'=bx+y$，图形 x 坐标不变。若 $b>0$，则图形沿 $+y$ 方向作错切位移，如图 3-7(b)所示；若 $b<0$，则图形沿 $-y$ 方向作错切位移。

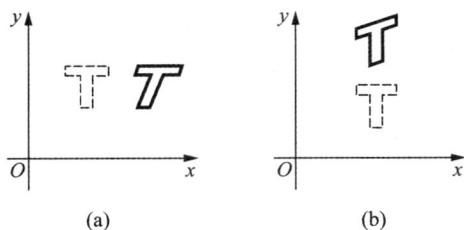

图 3-7　错切变换　　　　　　图 3-8　平移变换　　　　图 3-9　旋转变换

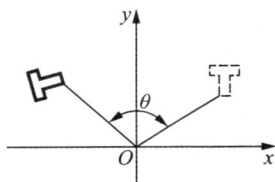

（a）x 方向的错切位移；（b）y 方向的错切位移

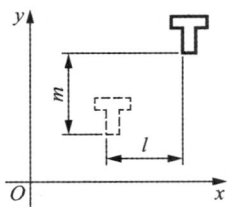

4）平移变换

如图 3-8 所示，若图形在 x 坐标方向平移量为 l，在 y 坐标方向平移量为 m，则坐标的平移变换为：

$$[x'\ \ y'\ \ 1] = [x\ \ y\ \ 1]\begin{bmatrix} 1 & 0 & 0 \\ 0 & 1 & 0 \\ l & m & 1 \end{bmatrix} = [x+l\ \ y+m\ \ 1]$$

5）旋转变换

若使图形绕坐标原点旋转 θ 角，逆时针方向为正，顺时针方向为负。如图 3-9 所示，则其对坐标原点的旋转变换为：

$$\begin{bmatrix} x' & y' & 1 \end{bmatrix} = \begin{bmatrix} x & y & 1 \end{bmatrix} \begin{bmatrix} \cos\theta & \sin\theta & 0 \\ -\sin\theta & \cos\theta & 0 \\ 0 & 0 & 1 \end{bmatrix}$$

$$= \begin{bmatrix} x\cos\theta - y\sin\theta & x\sin\theta + y\cos\theta & 1 \end{bmatrix}$$

2. 复合变换

上述图形变换都是相对于坐标轴或坐标原点的基本变换,而 CAD/CAM 系统所要完成的图形变换要复杂得多。工程应用中的图形变化通常是多种多样的,如要求图形绕任意坐标点(非坐标原点)旋转、图形对任意直线(直线不通过坐标原点)做对称变换等。在许多情况下,仅用前面介绍的基本变换是不能实现这些复杂的变换的,而必须采用两种或两种以上的基本变换组合起来才能实现,称之为复合变换或组合变换。

1) 复合变换的方法

复合变换是将一个复杂的变换,分解为几个基本变换,给出各个基本变换矩阵,然后将这些基本变换矩阵按照分解顺序相乘得到相应的变换矩阵,称之为复合变换矩阵或组合变换矩阵。不管多么复杂的变换,都可以分解为多个基本变换的组合来完成。下面通过一个实例来说明。

如图 3-10 所示,一 T 形物体绕任意点 Q 逆时针旋转 α 角的变换图形,其变换过程如下:

(1) 将旋转中心点 Q 平移到坐标原点 O,其基本变换矩阵为 T_1。

(2) 将图形绕坐标原点 O 旋转 α 角,其基本变换矩阵为 T_2。

(3) 将旋转中心 O 平移至原位置 Q,其基本变换矩阵为 T_3。

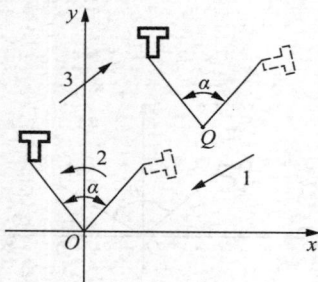

图 3-10　复合变换

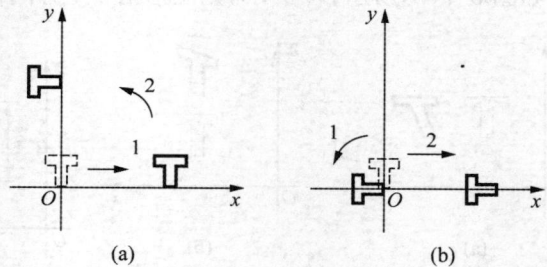

图 3-11　复合变换顺序对图形的影响
(a) 先平移后旋转;(b) 先旋转后平移

则 T 形物体绕任意点 Q 旋转 α 角的变换矩阵

$$T = T_1 T_2 T_3 = \begin{bmatrix} 1 & 0 & 0 \\ 0 & 1 & 0 \\ -x_Q & -y_Q & 1 \end{bmatrix} \begin{bmatrix} \cos\alpha & \sin\alpha & 0 \\ -\sin\alpha & \cos\alpha & 0 \\ 0 & 0 & 1 \end{bmatrix} \begin{bmatrix} 1 & 0 & 0 \\ 0 & 1 & 0 \\ x_Q & y_Q & 1 \end{bmatrix}$$

$$= \begin{bmatrix} \cos\alpha & \sin\alpha & 0 \\ -\sin\alpha & \cos\alpha & 0 \\ x_Q(1-\cos\alpha)+y_Q\sin\alpha & -x_Q\sin\alpha+y_Q(1-\cos\alpha) & 1 \end{bmatrix}$$

2) 复合变换顺序对图形的影响

由于矩阵乘法运算不能应用交换律,即 $A \cdot B \neq B \cdot A$。因此复合变换矩阵的求解顺序不得变动,顺序不同,变换的结果也不同。如图 3-11 所示为变换顺序对图形的影响。其中,图

（a）为先平移后旋转，图（b）为先旋转后平移，可见其变换结果大不相同。

3.2.2　三维图形的几何变换

1. 变换矩阵

三维图形的几何变换是使三维物体在空间的位置和形状产生变化，可在二维图形几何变换的基础上进行扩展。运用齐次坐标方法，将三维空间中点的几何变换表示为：

$$[x'\ \ y'\ \ z'\ \ 1] = [z\ \ y\ \ z\ \ 1]\boldsymbol{T}$$

其中，$\boldsymbol{T}$ 为 4×4 的变换矩阵，表示为：

$$\boldsymbol{T} = \begin{bmatrix} a & b & c & \vdots & p \\ d & e & f & \vdots & q \\ h & i & j & \vdots & r \\ l & m & n & \vdots & s \end{bmatrix}$$

该变换矩阵可按其中的虚线分为 4 个子矩阵：

（1）左上角的子矩阵 $\boldsymbol{T} = \begin{bmatrix} a & b & c \\ d & e & f \\ h & i & j \end{bmatrix}$ 可完成图形的比例、对称、错切和旋转变换。

（2）左下角的子矩阵 $[l\ \ m\ \ n]$ 可完成图形的平移变换。

（3）右上角的子矩阵 $\begin{bmatrix} p \\ q \\ r \end{bmatrix}$ 可完成图形的透视变换。

（4）右下角的子矩阵 $[s]$ 可完成图形的全比例变换。

2. 三维图形的几何变换

1）比例变换

三维坐标的比例变换为：

$$[x'\ \ y'\ \ z'\ \ 1] = [x\ \ y\ \ z\ \ 1]\begin{bmatrix} a & 0 & 0 & 0 \\ 0 & e & 0 & 0 \\ 0 & 0 & j & 0 \\ 0 & 0 & 0 & 1 \end{bmatrix} = [ax\ \ ey\ \ jz\ \ 1]$$

其中，a,e,j 分别为 x,y,z 三个坐标方向的比例因子。当 $a=e=j>1$ 时，图形将等比例放大；当 $a=e=j<1$ 时，图形将等比例缩小。

2）对称变换

以 xOy 平面、yOz 平面和 xOz 平面为对称平面的三维图形对称变换矩阵分别为：

$$\boldsymbol{T}_{xOy} = \begin{bmatrix} 1 & 0 & 0 & 0 \\ 0 & 1 & 0 & 0 \\ 0 & 0 & -1 & 0 \\ 0 & 0 & 0 & 1 \end{bmatrix}, \boldsymbol{T}_{yOz} = \begin{bmatrix} -1 & 0 & 0 & 0 \\ 0 & 1 & 0 & 0 \\ 0 & 0 & 1 & 0 \\ 0 & 0 & 0 & 1 \end{bmatrix}, \boldsymbol{T}_{xOz} = \begin{bmatrix} 1 & 0 & 0 & 0 \\ 0 & -1 & 0 & 0 \\ 0 & 0 & 1 & 0 \\ 0 & 0 & 0 & 1 \end{bmatrix}$$

图 3-12 表示了对坐标平面的对称变换，其中图（a）、（b）、（c）分别为对 xOy 平面、xOz 平面和 yOz 平面对称变换的结果。

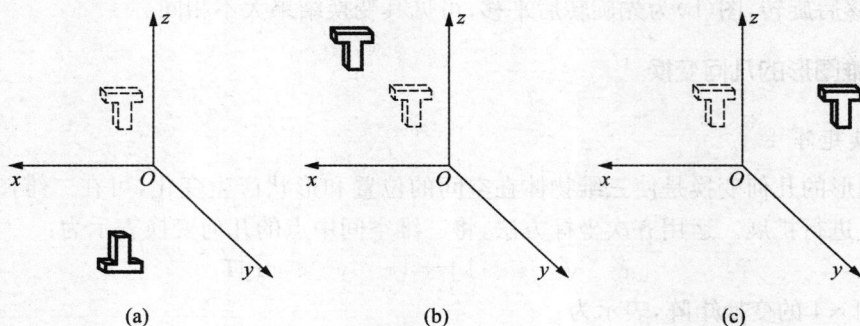

图 3-12　对坐标平面的对称变换

（a）对 xOy 平面；（b）对 xOz 平面；（c）对 yOz 平面

3）错切变换

三维图形错切变换矩阵

$$T = \begin{bmatrix} 1 & b & c & 0 \\ d & 1 & f & 0 \\ h & i & 1 & 0 \\ 0 & 0 & 0 & 1 \end{bmatrix}$$

其中，d,h 为沿 x 坐标方向的错切变换系数；b,i 为沿 y 坐标方向的错切变换系数；c,f 为沿 z 坐标方向的错切变换系数。

4）平移变换

三维图形的平移变换矩阵

$$T = \begin{bmatrix} 1 & 0 & 0 & 0 \\ 0 & 1 & 0 & 0 \\ 0 & 0 & 1 & 0 \\ l & m & n & 1 \end{bmatrix}$$

其中，l,m,n 分别为 x,y,z 三个坐标方向的平移量。

5）旋转变换

绕 z,x,y 轴旋转 α,β,γ 角的三维变换矩阵 T_z,T_x,T_y 分别为

$$T_z = \begin{bmatrix} \cos\alpha & \sin\alpha & 0 & 0 \\ -\sin\alpha & \cos\alpha & 0 & 0 \\ 0 & 0 & 1 & 0 \\ 0 & 0 & 0 & 1 \end{bmatrix} \qquad T_x = \begin{bmatrix} 1 & 0 & 0 & 0 \\ 0 & \cos\beta & \sin\beta & 0 \\ 0 & -\sin\beta & \cos\beta & 0 \\ 0 & 0 & 0 & 1 \end{bmatrix}$$

$$T_y = \begin{bmatrix} \cos\gamma & 0 & -\sin\gamma & 0 \\ 0 & 1 & 0 & 0 \\ \sin\gamma & 0 & \cos\gamma & 0 \\ 0 & 0 & 0 & 1 \end{bmatrix}$$

如图 3-13 所示为 T 形物体分别绕 x,y,z 轴旋转 $90°$ 的旋转变换。

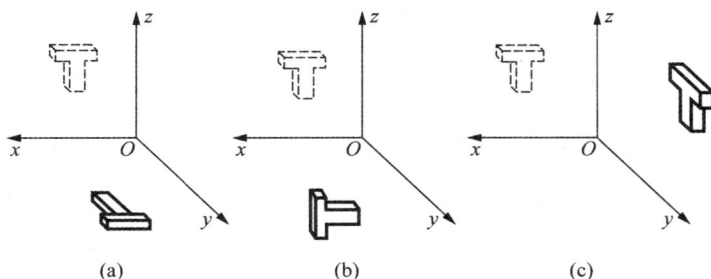

图 3-13 旋转变换

（a）绕 x 轴旋转 $90°$；（b）绕 y 轴旋转 $90°$；（c）绕 z 轴旋转 $90°$

3.2.3　三维图形的投影变换

1. 投影变换的基本概念

在工程设计中，产品的几何模型通常是用三面投影图来描述的，即用二维图形表达三维物体。可以说投影是产生三维立体的二维图形表示的变换。投影变换是各类变换中最重要的一种。投影变换的分类情况如图 3-14 所示。

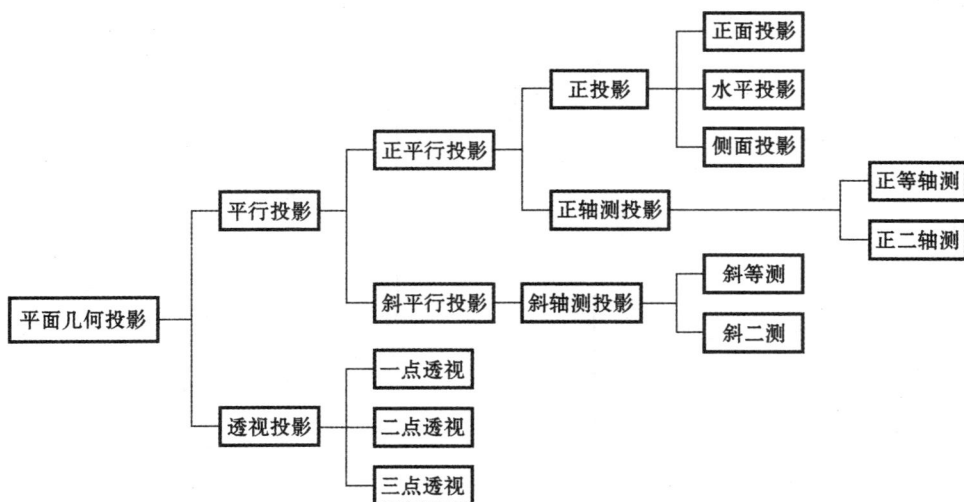

图 3-14　投影变换的分类

下面介绍几个有关的术语：

（1）平面几何投影：投影面是平面，投影线是直线，对直线段，只对其端点作投影变换。

（2）投影线：物体发出的光线与投影中心的连线。

（3）投影中心：投影线的汇聚点。

（4）投影图：通过形体每一点的投影线与投影面相交，依次连接这些交点就形成了该形体在投影面上的投影图。

根据投影中心与投影平面之间距离的不同，又可以分为平行投影和透视投影两类。

（5）平行投影：投影中心与投影面之间的距离是无限的，如图 3-15 所示 。

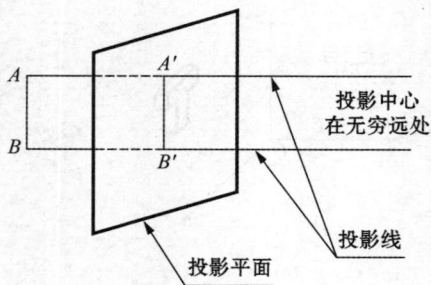

图 3-15　平行投影

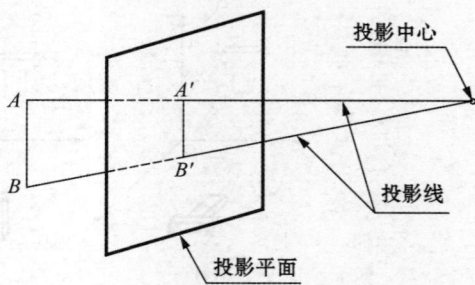

图 3-16　透视投影

（6）透视投影：投影中心与投影面之间的距离是有限的。如图 3-16 所示。

2. 正投影变换

投影方向垂直于投影面时称为正平行投影，简称正投影。通常所说的三视图均属于正投影。点在投影面上的正投影求法相当简单。例如，考虑空间任一点 P 对任意面的正投影，通过点 P 画一条垂直于平面的直线，该直线与平面的交点就是点 P 在平面的投影 P'。至于求点 P 在三个坐标平面中任意一个面的正投影，只需令 P 点与投影面相应的那个坐标等于 0 就可以了。例如，如图 3-17 所示，点（4,3,5）在 $z=0$ 平面上的投影是（4,3,0），而在 $x=0$ 和 $y=0$ 平面上的投影分别是（0,3,5）和（4,0,5）。

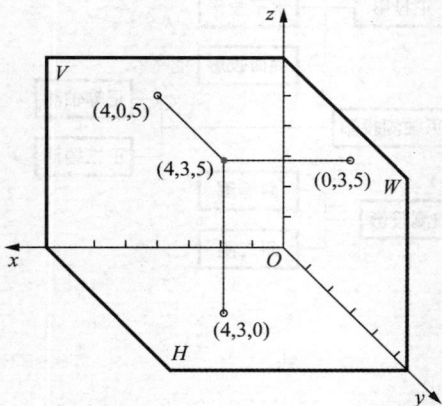

图 3-17　正投影示意图

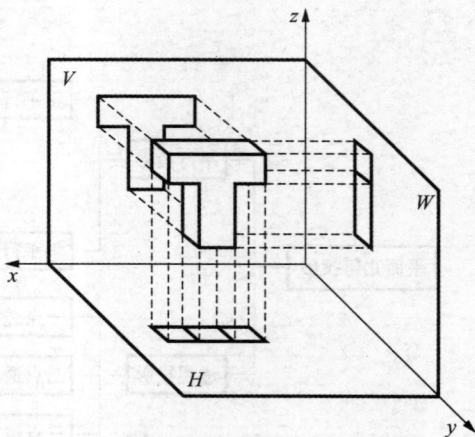

图 3-18　三视图的投影面

正投影由于可测量形体棱边的距离、角度，能反映实形，可度量性好，使得它在工程制图中得到广泛应用。

通常把正投影图称为视图。考虑三视图的形成，在空间设置三个互相垂直的投影面。正面的投影面用 V 表示，水平的投影面用 H 表示，侧面的投影面用 W 表示。三个投影面的三条交线分别为 x 轴、y 轴和 z 轴，它们构成了右手坐标系，如图 3-18 所示。

如图 3-18 所示，将物体置于三个投影面之间，从不同方向向三个投影面投影便得到三个视图。正面 $V(zOx)$ 上的投影称为主视图，水平面 $H(xOy)$ 上的投影称为俯视图，侧面 $W(zOy)$ 上的投影称为左视图。

1) 主视图

将三维物体向正面 V 面 (zOx) 投影时,可将物体各顶点坐标中的 y 值变为 0,x、z 坐标值不变,其变换矩阵为:

$$T_V = \begin{bmatrix} 1 & 0 & 0 & 0 \\ 0 & 0 & 0 & 0 \\ 0 & 0 & 1 & 0 \\ 0 & 0 & 0 & 1 \end{bmatrix}$$

三维形体上的点经主视图投影变换后,

$$\begin{bmatrix} x' & y' & z' & 1 \end{bmatrix} = \begin{bmatrix} x & y & z & 1 \end{bmatrix} \cdot T_V = \begin{bmatrix} x & 0 & z & 1 \end{bmatrix}$$

2) 俯视图

将三维物体向水平面 H 面 (xOy) 投影时,先令 z 坐标为 0,再将得到的投影图绕 x 轴顺时针旋转 $90°$,使其与 V 面共面,再沿 $-z$ 方向平移一段距离 n,以使 H 面投影和 V 面投影之间保持一段距离,其变换矩阵为:

$$T_H = \begin{bmatrix} 1 & 0 & 0 & 0 \\ 0 & 1 & 0 & 0 \\ 0 & 0 & 0 & 0 \\ 0 & 0 & 0 & 1 \end{bmatrix} \begin{bmatrix} 1 & 0 & 0 & 0 \\ 0 & \cos\left(-\frac{\pi}{2}\right) & \sin\left(-\frac{\pi}{2}\right) & 0 \\ 0 & \sin\left(-\frac{\pi}{2}\right) & \cos\left(-\frac{\pi}{2}\right) & 0 \\ 0 & 0 & 0 & 1 \end{bmatrix} \begin{bmatrix} 1 & 0 & 0 & 0 \\ 0 & 1 & 0 & 0 \\ 0 & 0 & 1 & 0 \\ 0 & 0 & -n & 1 \end{bmatrix} = \begin{bmatrix} 1 & 0 & 0 & 0 \\ 0 & 0 & -1 & 0 \\ 0 & 0 & 0 & 0 \\ 0 & 0 & -n & 1 \end{bmatrix}$$

三维形体上的点经主视图投影变换后,

$$\begin{bmatrix} x' & y' & z' & 1 \end{bmatrix} = \begin{bmatrix} x & y & z & 1 \end{bmatrix} \cdot T_H = \begin{bmatrix} x & 0 & -y-n & 1 \end{bmatrix}$$

3) 侧视图

将三维物体向侧面 $W(zOy)$ 面投影时,先令 x 坐标为 0,再将得到的投影图绕 z 轴逆时针旋转 $90°$,使其与 V 面共面,再沿 x 方向平移一段距离 l,其变换矩阵

$$T_W = \begin{bmatrix} 0 & 0 & 0 & 0 \\ 0 & 1 & 0 & 0 \\ 0 & 0 & 1 & 0 \\ 0 & 0 & 0 & 1 \end{bmatrix} \begin{bmatrix} \cos\frac{\pi}{2} & \sin\frac{\pi}{2} & 0 & 0 \\ -\sin\frac{\pi}{2} & \cos\frac{\pi}{2} & 0 & 0 \\ 0 & 0 & 1 & 0 \\ 0 & 0 & 0 & 1 \end{bmatrix} \begin{bmatrix} 1 & 0 & 0 & 0 \\ 0 & 1 & 0 & 0 \\ 0 & 0 & 1 & 0 \\ -l & 0 & 0 & 1 \end{bmatrix} = \begin{bmatrix} 0 & 0 & 0 & 0 \\ -1 & 0 & 0 & 0 \\ 0 & 0 & 1 & 0 \\ -l & 0 & 0 & 1 \end{bmatrix}$$

三维形体上的点经主视图投影变换后,

$$\begin{bmatrix} x' & y' & z' & 1 \end{bmatrix} = \begin{bmatrix} x & y & z & 1 \end{bmatrix} \cdot T_W = \begin{bmatrix} -y-l & 0 & z & 1 \end{bmatrix}$$

以上推导的三视图变换矩阵是与机械制图的坐标系设定一致的,但无论是显示屏还是绘图仪的台面都定义为 xy 平面,因此要在计算机上实现三视图的绘制,要把 V 面设置为 xy 平面,这是很容易做到的,不再赘述。

3. 轴测投影变换

CAD/CAM 系统中所涉及的对象大多数是三维的,因此讨论三维图形的组合变换更具有工程意义。工程实践中应用比较普遍的组合变换是轴测变换,许多 CAD/CAM 系统都支持轴测图显示。

1) 正轴测投影变换

正轴测投影变换生成正轴测投影图。它是将三维物体绕 z 轴逆时针旋转 γ 角,再绕 x 轴顺时针旋转 α 角,然后向 V 面投影而得到的。如图 3-19 所示,其变换矩阵为:

$$T=\begin{bmatrix} \cos\gamma & \sin\gamma & 0 & 0 \\ -\sin\gamma & \cos\gamma & 0 & 0 \\ 0 & 0 & 1 & 0 \\ 0 & 0 & 0 & 1 \end{bmatrix}\begin{bmatrix} 1 & 0 & 0 & 0 \\ 0 & \cos\alpha & -\sin\alpha & 0 \\ 0 & \sin\alpha & \cos\alpha & 0 \\ 0 & 0 & 0 & 1 \end{bmatrix}\begin{bmatrix} 1 & 0 & 0 & 0 \\ 0 & 0 & 0 & 0 \\ 0 & 0 & 1 & 0 \\ 0 & 0 & 0 & 1 \end{bmatrix}$$

$$=\begin{bmatrix} \cos\gamma & 0 & -\sin\gamma\cdot\sin\alpha & 0 \\ -\sin\gamma & 0 & -\cos\gamma\cdot\sin\alpha & 0 \\ 0 & 0 & \cos\alpha & 0 \\ 0 & 0 & 0 & 1 \end{bmatrix}$$

式中,α,γ 可根据需要选定。当 $\alpha=35°16',\gamma=45°$ 时,可得到正等测投影图;当 $\alpha=19°28',\gamma=20°42'$ 时,可得到正二测投影图。

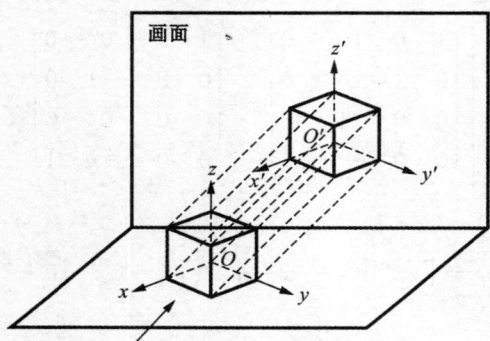

图 3-19　正轴测投影图的生成　　　　　　图 3-20　图的透视投影变换

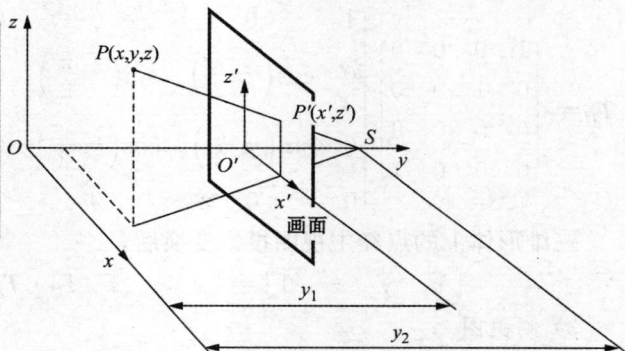

2) 斜轴测投影变换

斜轴测投影变换生成斜轴测投影图。它是将三维物体先沿两个坐标轴方向作错切变换。再向包含这两个坐标轴的投影面作正投影变换而得到的。例如,将三维物体先沿 x 轴方向作错切变换。其错切系数为 d,再沿 z 轴方向作错切变换,其错切系数为 f,然后向 xOz 面作正投影,其斜轴测投影变换矩阵为:

$$T=\begin{bmatrix} 1 & 0 & 0 & 0 \\ d & 1 & 0 & 0 \\ 0 & 0 & 1 & 0 \\ 0 & 0 & 0 & 1 \end{bmatrix}\begin{bmatrix} 1 & 0 & 0 & 0 \\ 0 & 1 & f & 0 \\ 0 & 0 & 1 & 0 \\ 0 & 0 & 0 & 1 \end{bmatrix}\begin{bmatrix} 1 & 0 & 0 & 0 \\ 0 & 0 & 0 & 0 \\ 0 & 0 & 0 & 0 \\ 0 & 0 & 0 & 1 \end{bmatrix}\begin{bmatrix} 1 & 0 & 0 & 0 \\ d & 0 & f & 0 \\ 0 & 0 & 1 & 0 \\ 0 & 0 & 0 & 1 \end{bmatrix}$$

4. 三维图形的透视投影变换

1) 基本透视投影变换

透视投影变换是通过视点将三维物体投影到投影面的变换。从视点出发透过投影面观察物体,其视线与投影面的截交所得到的图形即为透视图,如图 3-20 所示。

视点又称为投影中心。根据视点的个数不同,可将透视分为一点透视、二点透视和三点透视,如图 3-21 所示。

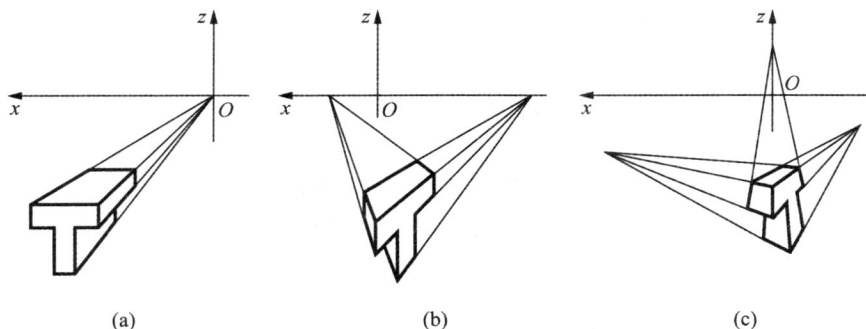

图 3-21　三维图形的透视变换

（a）一点透视；（b）二点透视；（c）三点透视

产生透视的变换矩阵为：

$$\boldsymbol{T} = \begin{bmatrix} 1 & 0 & 0 & p \\ 0 & 1 & 0 & q \\ 0 & 0 & 1 & r \\ 0 & 0 & 0 & 1 \end{bmatrix}$$

在矩阵元素 p,q,r 中，若其中有两个为 0，则可得到一点透视；若其中有一个为 0，则可得到二点透视；若 3 个元素均不为 0，则可得到三点透视。

2）复合透视变换

由于有些三维物体所处的原始位置在进行透视变换时不能达到立体感强、图像逼真的效果，因此通常可先对被透视的三维物体进行平移、旋转等变换后，再进行透视变换，所以透视变换矩阵往往是一个复合变换矩阵。

如图 3-22 所示为一个单位立方体，其原始位置的 3 条边分别与坐标系重合，且一个顶点在坐标原点上（图 3-22（a）），透视时不能达到理想效果。可先将单位立方体绕 z 轴转 β 角（图 3-22（b）），然后相对于 x、y、z 这 3 个坐标轴方向分别平移 l,m,n 的距离（图 3-22（c）），最后以 xOz 作为投影面进行二点透视投影变换（图 3-22（d）），其变换矩阵为：

$$\boldsymbol{T} = \begin{bmatrix} \cos\beta & \sin\beta & 0 & 0 \\ -\sin\beta & \cos\beta & 0 & 0 \\ 0 & 0 & 1 & 0 \\ 0 & 0 & 0 & 1 \end{bmatrix} \begin{bmatrix} 1 & 0 & 0 & 0 \\ 0 & 1 & 0 & 0 \\ 0 & 0 & 1 & 0 \\ l & m & n & 1 \end{bmatrix} \begin{bmatrix} 1 & 0 & 0 & 0 \\ 0 & 0 & 0 & q \\ 0 & 0 & 1 & 0 \\ 0 & 0 & 0 & 1 \end{bmatrix} = \begin{bmatrix} \cos\beta & 0 & 0 & q\sin\beta \\ -\sin\beta & 0 & 0 & q\cos\beta \\ 0 & 0 & 1 & 0 \\ l & 0 & n & mq+1 \end{bmatrix}$$

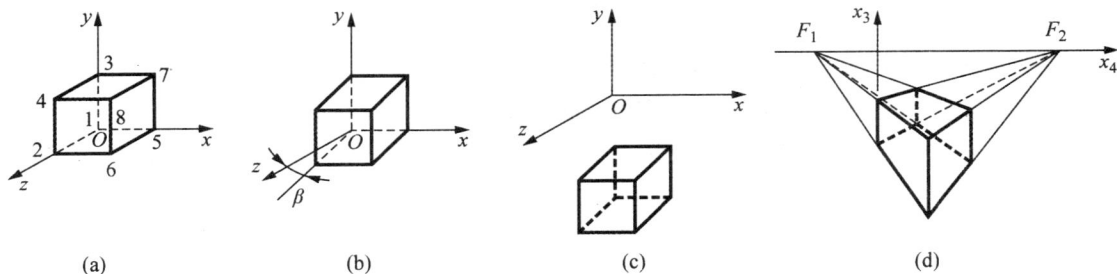

图 3-22　三维图形的复合透视变换

（a）原始位置；（b）绕 z 轴转 β 角；（c）平移；（d）二点透视投影变换

由变换矩阵可知，第 4 列两矩阵元素分别为 $q \cdot \sin\beta$ 和 $q \cdot \cos\beta$ 不为 0，故为二点透视图。

3.3 窗口与视区的坐标变换

一幅二维图形数据或一个三维物体变换成二维数据后需要在显示屏幕上显示出图形。换言之，我们需要通过显示屏这个物理设备来观察世界坐标系中的图形，这又称为观察操作处理。为了进行观察，必须明确，坐标系中的哪一部分区域需要显示在显示屏的哪一个范围。当指定区域和范围后，把区域中的数据变换成显示屏坐标系中的数据从而在该范围内显示。这就是窗口视区变换。

3.3.1 窗口与视区

1. 窗口

窗口是在用户坐标系中的一个矩形区域内显示所需的局部图形内容，而其余部分则全被裁剪掉。在工程设计中，经常需要显示图形的某一部分，就可以通过设置窗口，并改变窗口的大小、位置和比例以控制图形的大小，以便更清楚地观察局部图形。

通常将窗口定义为一个矩形框，如图 3-23(a)所示，它的位置和大小在用户坐标系中一般用矩形的左下角(wxl, wyb)和右上角(wxr, wyt)表示。图形处理时，系统把矩形框内的图形认为是可见的，而矩形外的图形认为是不可见的。除了矩形窗口外，也可以定义为圆形窗口、多边形窗口等异形窗口。如果需要，还可以定义嵌套窗口。

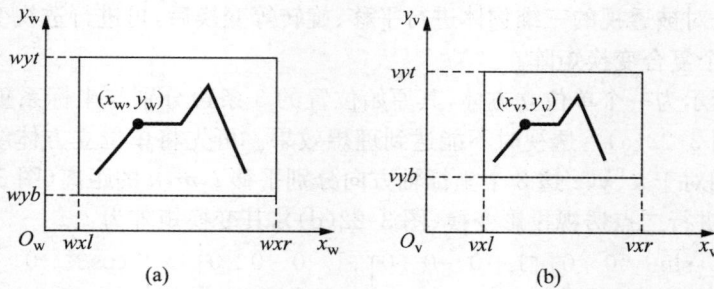

图 3-23　窗口区到视区的坐标变换
(a) 窗口区；(b) 视图区

2. 视区

视区是在设备坐标系(通常为显示屏)中定义一个矩形区域，用于输出窗口中的图形。视区是一个有限的整数域，它决定了窗口中的图形要显示于屏幕上的位置和大小，它最大等于屏幕区域，但通常应小于屏幕区域，以便能在同一屏幕上定义多个视区。例如，在同一屏幕上同时输出一个零件的三视图和轴测图。

3.3.2 窗口与视区的变换

由于窗口和视区是在不同坐标系中定义的，因此将窗口信息送到视区之前必须进行坐标变换。为了保证变换后的图形不产生失真，在定义窗口和视区时应保持其高宽比相同。

　　窗口与视区的变换可以归结为坐标点的变换。设窗口内某一点的坐标为 (x_w, y_w)，映射到视区内点的坐标为 (x_v, y_v)。由比例关系，两者的变换公式为：

$$x_v - vxl = \frac{vxr - vxl}{wxr - wxl}(x_w - wxl)$$

$$y_v - vyb = \frac{vyt - vyb}{wyt - wyb}(y_w - wyb)$$

　　两者的关系进行简化后，可以表示为

$$x_v = a \cdot x_w + b$$
$$y_v = c \cdot y_w + d$$

其中：

$$a = \frac{vxr - vxl}{wxr - wxl}$$

$$b = vxl - \frac{vxr - vxl}{wxr - wxl} \cdot wxl$$

$$c = \frac{vyt - vyb}{wyt - wyb}$$

$$d = vyb - \frac{vyt - vyb}{wyt - wyb} \cdot wyb$$

用矩阵表示为：

$$\begin{bmatrix} x_v \\ y_v \\ 1 \end{bmatrix} = \begin{bmatrix} a & 0 & b \\ 0 & c & d \\ 0 & 0 & 1 \end{bmatrix} \cdot \begin{bmatrix} x_w \\ y_w \\ 1 \end{bmatrix}$$

3.4　图形裁剪

　　使用计算机处理图形信息时，计算机内部存储的图形往往比较大，而屏幕显示的只是图的一部分，因此需要确定图形中哪些部分落在显示区之内，哪些落在显示区之外，这样便于只显示落在显示区内的那部分图形，以提高显示效率。这个选择过程称为裁剪，如图 3-24。

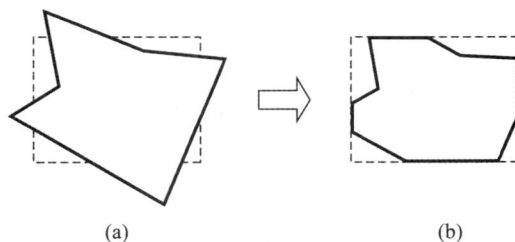

图 3-24　多边形裁剪
(a) 裁剪前；(b) 裁剪后

与裁剪对应的显示区一般形象地称为窗口。最简单的裁剪方法是把各种图形扫描转换为点之后，再判断各点是否在窗口内，但那样太费时，一般不可取。这是因为有些图形组成部分全部在窗口外，可以完全排除，不必进行扫描转换，所以一般采用先裁剪再扫描转换的方法。

3.4.1　二维图形的裁剪

　　通过定义窗口和视区，可以把图形的某一部分显示于屏幕上的指定位置，这不仅要进行窗口-视区的变换，更重要的是必须要正确识别图形在窗口内部分（可见部分）和窗口外部分（不可见部分），以便把窗口内的图形信息输出，而窗口外的部分则不输出。当然，为适应某种需要亦可裁剪掉窗口内的图形，使留出的窗口空白区作文字说明或其他用途，这种处理方法称为

"覆盖"。

裁剪问题是计算机图形学的基本问题之一。裁剪的边界(即窗口)可以是任意多边形,但常用的是矩形。被裁剪的对象可以是线段、字符、多边形等,显然,直线段的裁剪是图形裁剪的基础,以下将着重讨论直线段的裁剪。裁剪算法的核心问题是速度,就一条直线段而言,需要迅速而准确地判定:它是全部在窗口内还是窗口外,否则,它必定是部分在窗口内,此时要求找出它与窗口的交点,从而确定窗口内部分。

3.4.2 点的裁剪

点的裁剪是最简单的一种,也是裁剪其他元素的基础。判断点的可见性可用下面简单的不等式,假设窗口的两个顶点坐标为(x_{wl}, y_{wb})和(x_{wr}, y_{wt}),那么点$P(x, y)$为可见的充分必要条件是:

(1) $x_{wl} \leqslant x \leqslant x_{wr}$。

(2) $y_{wb} \leqslant y \leqslant y_{wt}$。

当该点在窗口边界上,即上式等号成立,则认为它是可见的。对一个复杂的图形进行裁剪时,可把图形离散成点,然后逐点判断各点是否满足上式,若满足则在窗口内,为可见点,否则即在窗口外,被裁掉,这便是一种最简单的裁剪方法——逐点比较法。从理论上讲,这种方法是一种"万能"的裁剪方法,但实际上这种方法是没有实用价值的,其原因在于这种方法的裁剪速度太慢,而且使得裁剪出来的点列不再保持原来图形的画线序列,因而给图形输出造成困难。因此,有必要研究高效的裁剪方法。

3.4.3 直线段的裁剪

直线裁剪的任务就是要确定这条直线是完全可见的、部分可见的或完全不可见的。如图 3-25 所示,如果是完全可见的,则输出其已知的两个端点坐标并显示这条直线;如果是部分可见的,则输出可见部分线段的两个端点,并显示这条线段。判别一条直线段的可见性,可依据直线的两个端点与窗口的相对位置,这种位置关系有如下几种情况:

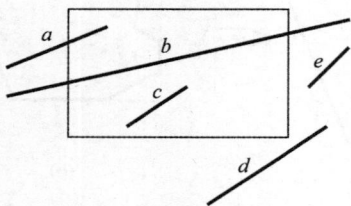

(1) 直线段两个端点在窗口内(线段 c)。

(2) 直线段两个端点在窗口外,且与窗口不相交(线段 d, e)。

图 3-25 直线与窗口的相对位置

(3) 直线段两个端点在窗口外,但与窗口相交(线段 b)。

(4) 直线段一个端点在窗口内,一个端点在窗口外(线段 a)。

由于矩形窗口是凸多边形,因此,一条直线段的可见部分最多为一段,因此可以通过判断两个端点的可见性来确定直线段的可见部分。对于第(1)和第(2)种情况,很容易判断出:第一种为全部可见段;第二种为全部不可见段。但对于第(3)和第(4)种情况,则需要根据线段与窗口边界的相交情况加以进一步判断。

直线的裁剪算法不复杂,但非常重要,是复杂图元裁剪的基础。因为复杂的曲线可以通过折线段来近似,从而裁剪问题也可以化为直线段的裁剪问题。常用的线段裁剪方法有 3 种,即 Cohen-Sutherland 法、中点分割法和梁友栋-Barskey 裁剪算法。下面简要介绍 Cohen-

Sutherland 裁剪算法。

该算法是 1974 年 Dan Cohen 和 Ivan Sutherland 提出来的,其主要思想是用编码方法来实现裁剪,又称为编码裁剪算法。该算法基于下述考虑:每一线段或者整个位于窗口的内部,或者能够被窗口分割而使其中的一部分能很快地被舍弃。因此,该算法分为两步:

(1) 第一步先确定一条线段是否整个位于窗口内:若不是,则确定该线段是否整个位于窗口外;若是则舍弃。

(2) 第二步,如果第一步的判断均不成立,那么就通过窗口边界所在的直线将线段分成两部分,再对每一部分进行第一步的测试。

在具体实现该算法时,需把窗口边界延长,把平面划分成 9 个区,每个区用 4 位二进制代码表示,如图 3-26 所示。线段的两个端点按其所在区域赋于对应的代码,4 位代码的意义如下(从右到左):

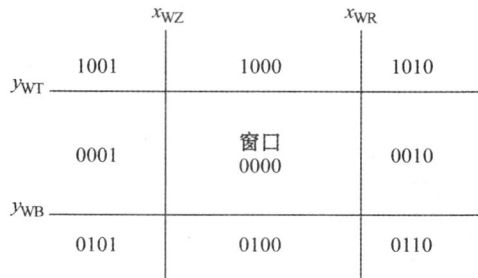

图 3-26　多边形裁剪区域编码

第 1 位:如果端点在窗口上边界的上侧则为 1,否则为 0;

第 2 位:如果端点在窗口下边界的下侧则为 1,否则为 0;

第 3 位:如果端点在窗口右边界的右侧则为 1,否则为 0;

第 4 位:如果端点在窗口左边界的左侧则为 1,否则为 0。

由上述编码规则可知,如果两个端点的编码都为"0000",则线段全部位于窗口内;如果两个端点编码的位逻辑乘不为 0,则整条线段必位于窗口外。

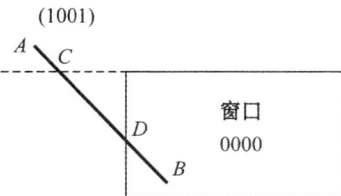

图 3-27　线段裁剪示例

如果线段不能由上述两种测试决定,则必须把线段再分割。简单的分割方法是计算出线段与窗口某一边界(或边界的延长线)的交点,再用上述条件判别分割后的两条线段,从而舍去位于窗口外的一段。如图 3-27 所示,用编码裁剪算法对 AB 线段裁剪,可以在 C 点分割,对 AC、CB 进行判别,舍弃 AC,再分割 CB 于点 D,对 CD、DB 作判别,舍弃 CD,而 DB 全部位于窗口内,算法即结束。

应该指出的是,分割线段是先从 C 点还是 D 点开始,这是难以确定的,因此只能是随机的,但是最后的结果是相同的。

编码裁剪算法直观方便,速度较快,是一种较好的裁剪方法。由于采用位逻辑乘的运算,这在有些高级语言中是不便进行的。全部舍弃的判断只适合于那些仅在窗口同侧的线段,对于跨越三个区域的线段,就不能一次作出判别而舍弃它们,而对于不满足两端点的编码均为"0000"或两端点的编码位逻辑"与"结果非零的线段,则必须把线段再分割,如果分割采用上述求交点的方法,运算效率较低。

3.4.4　多边形的裁剪

对于一个多边形,可以把它分解为边界的线段逐段进行裁剪,但这样做会使原来封闭的多边形变成不封闭的或者一些离散的线段。当多边形作为实区域考虑时,封闭的多边形裁剪后仍应当是封闭的多边形，以便进行填充。因此，多边形裁剪算法的关键在于：通过裁剪，不仅要保持窗口内多边形的边界部分，而且要将窗框的有关部分按一定次序插入多边形之保留边界之间，从而使裁剪后的多边形之边仍旧保持封闭状态，填充得以正确实现，如图 3-28 所示。

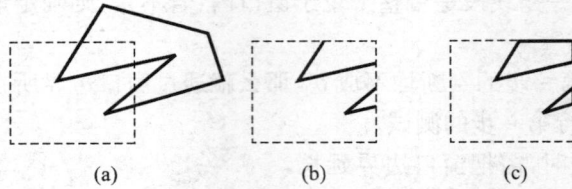

图 3-28　多边形裁剪
(a) 裁剪的多边形；(b) 按直线裁剪的多边形；(c) 按多边形裁剪的多边形

为此，可以使用 Sutherland-Hodgman 算法，该算法又称多边形裁剪算法，其基本思想是一次用窗口的一条边裁剪多边形。在算法的每一步中，仅考虑窗口的一条边以及延长线构成的裁剪线。该线把平面分成两个部分：一部分包含窗口，称为可见一侧；另一部分称为不可见一侧。算法具体如下：

(1) 令多边形的顶点按边线逆时针走向排序：$p1, p2, \cdots, pn$，如图 3-29(a)。各边先与上窗边求交。求交后删去多边形在窗口之上的部分，并插入上窗边及其延长线的交点之间的部分（如图 3-29(b) 中的 3,4 所示），从而形成一个新的多边形。然后，新的多边形按相同方法与右窗边相裁剪。如此重复，直至与各窗边都相裁剪完毕；图 3-29(c)、(d)、(e) 显示出上述操作后所生成的新多边形的情况。

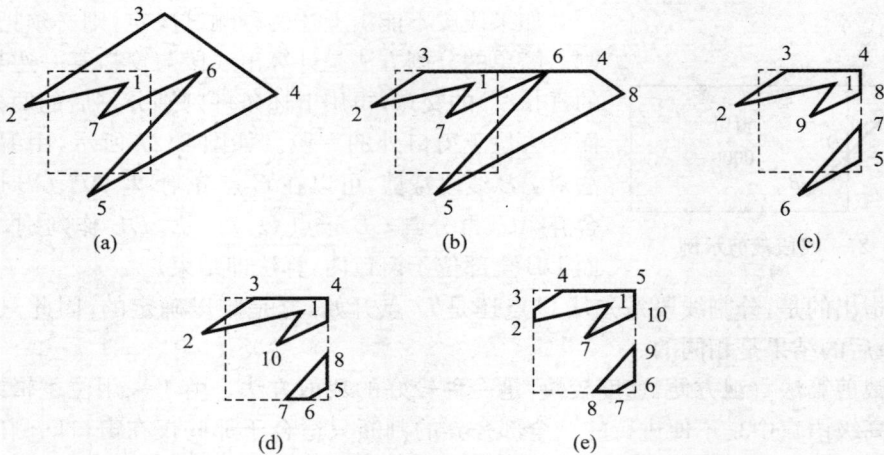

图 3-29　多边形裁剪的步骤
(a) 裁剪前的多边形；(b) 与上窗边相裁剪；(c) 与右窗边相裁剪；(d) 与下窗边相裁剪；(e) 与左窗边相裁剪

(2) 多边形与每一条窗边相交，生成新的多边形顶点序列的过程，是一个对多边形各顶点依次处理的过程。依序考虑多边形各条边的两端点 S、P，它们与裁剪线的位置关系只有如下 4 种，如图 3-30 所示：

① S、P 均在可见一侧；

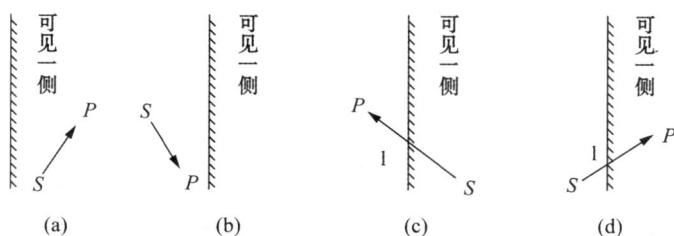

图 3-30　S、P 与裁剪线的 4 种位置关系
(a) 情况(1)；(b) 情况(2)；(c) 情况(3)；(d) 情况(4)

② S、P 均在不可见一侧；

③ S 可见，P 不可见；

④ S 不可见，P 可见。

设当前处理的顶点为 P，先前顶点为 S，将每条线段端点 S、P 与裁剪线比较之后，可输出 0～2 个顶点。对于情况(1)仅输出顶点 P；对于情况(2)输出 0 个顶点；对于情况(3)输出线段 SP 与裁剪线的交点 I；对于情况(4)输出线段 SP 与裁剪线的交点 I 和终点 P。

上述算法仅用一条裁剪边对多边形进行裁剪，得到一个顶点序列。作为下一条裁剪边处理过程的输入。如图 3-31 所示，对于整个裁剪窗口，每一条裁剪边的算法框图都一样，只是根据点在窗口的哪一侧改变求线段 SP 与裁剪边的交点的算法。

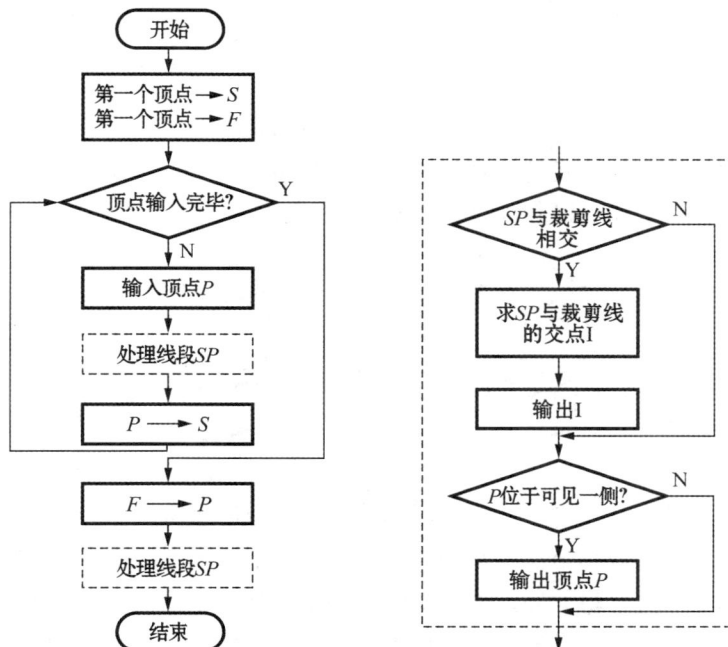

图 3-31　仅用一条裁剪边逐次裁剪多边形的算法框图

裁剪算法是一个活跃的研究分支，各种新的裁剪算法还在不断涌现出来。本文仅介绍了二维裁剪技术，还有很多复杂的裁剪问题没有讨论到，有兴趣的读者可参考有关计算机图形学方面的著作。

3.5　消隐

1. 消隐的基本概念

用计算机生成三维物体的真实图形,是计算机图形学研究的重要内容。真实图形在仿真模拟、船舶等几何造型、广告影视、指挥控制和科学计算可视化等许多领域都有着广泛应用。在用显示设备描述物体的图形时,必须把三维信息经过某种投影变换,在二维的显示平面上绘制出来。由于投影变换失去了深度信息,往往导致图形的二义性。

如图 3-32(a)所示的立方体,很难确定它是图 3-32(b)还是图 3-32(c)。又如图 3-33(a)所示的组合体,无法确定它是图 3-33(b)还是图 3-33(c)。

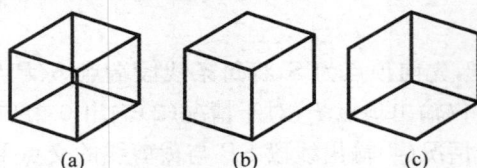

图 3-32　立方体的线框图和消隐图

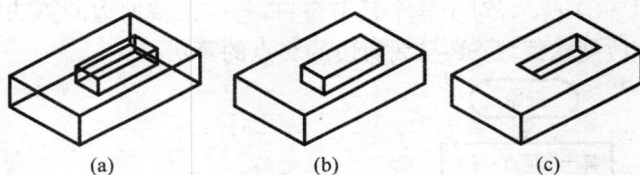

图 3-33　组合体的线框图和消隐图

当多个物体在一起时,其间的关系更难判别。如图 3-34(a)所示的两个立方体,很难确定它们之间的遮挡关系,从而难以判断是图 3-34(b)还是图 3-34(c)。

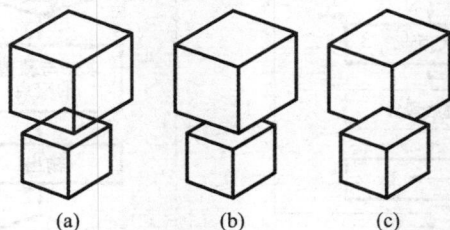

图 3-34　两个立方体的线框图和消隐图

要消除这类二义性,就必须在绘制时消除被遮挡的不可见的线或面,习惯上称之为消除隐藏线和隐藏面,或简称为消隐。经过消隐得到的投影图称为物体的真实图形。

消隐问题被认为是计算机图形学中最具挑战性的问题之一。该问题的解决主要是围绕"算法正确、运算速度快、占内存空间少"等目标来进行的。早在 20 世纪 60 年代就有人开始这方面的研究,目前已经提出多种有效的具体消隐算法。由于物体的结构千变万化,模型设计方法也多种多样,因而探索高效的消隐算法现在仍然是人们感兴趣的课题。

2. 消隐的分类

消隐的对象是三维物体。三维物体的表示主要有边界表示和构造实体几何表示法

（Constructive Solid Geometry,CSG）表示等。最简单的表示方式是用表面上的平面多边形表示。如物体的表面是曲面,则将曲面用多个平面多边形近似表示。消隐结果与观察物体有关,也与视点有关。

1）按消隐对象分类

（1）线消隐。消隐对象是物体上的边,消除的是物体上不可见的边。

（2）面消隐。消隐对象是物体上的面,消除的是物体上不可见的面。

2）按消隐空间分类

Southerland 根据消隐空间的不同。将消隐算法分为如下三类。

（1）物体空间的消隐算法。将场景中每一个面与其他每个面比较,求出所有点、边、面遮挡关系,如光线投射算法、Roberts 算法。

（2）图像空间的消隐算法。对屏幕上每个像素进行判断,决定哪个多边形在该像素可见,如 Z-Buffer 算法、扫描线算法和 Warnock 算法。

（3）物体空间和图像空间的消隐算法。在物体空间中预先计算面的可见性优先级,再在图像空间中生成消隐图,如画家算法。

3. 消隐算法中的基本检验方法

消除隐藏线、隐藏面的算法是将一个或多个三维物体模型转换成二维可见图形,并在屏幕上显示。针对不同的显示对象和显示要求会有不同的消隐算法与之相适应。各种消隐算法的策略方法各有特点,但都是以一些基本的检验方法为基础的。一种算法中往往会包含一种甚至多种的基本检验方法,它们是:

1）最大最小测试

这种测试也叫重叠性测试或边界盒测试,用来检查两个多边形是否重叠,如果不重叠则说明两个多边形互不遮挡。它提供了一种判断两个多边形是否重叠的快速方法。

2）包含性测试

包含性测试是检查一个给定点是否位于给定的多边形或多面体内。对于不满足最大最小测试的两多边形,除因多边形边框相交而产生相互遮蔽外,还可能因为一个多边形包容在另一个多边形内部而产生相互遮蔽。检验一个多边形是否包容在另一个多边形内部,需要逐个检验其多边形组成的顶点是否包容在另一个多边形内部。

3）深度测试

深度测试是用来测定一个物体是否遮挡另外物体的基本方法。常用的深度检验方法为优先级检验。

4）可见性测试

可见性测试用来确定场景中潜在的可见部分。对于凸多面体来说,可以利用平面的法矢来判断平面的可见性。

4. 常用的消隐算法

经过上述几种检验方法,可以判别两个物体或物体自身各部分之间是否存在重叠或遮挡关系,如果不存在重叠或遮挡关系,则无需消隐处理,否则需要进行消隐处理,即在图形显示过程中,判别哪个物体被遮挡而不显示,哪个不被遮挡而要显示出来。

消隐算法可以分为两大类:物空间算法和像空间算法。物空间算法是利用物体间的几何关系来判断物体的隐藏与可见部分。这种算法是利用计算机硬件的浮点精度来完成几何计算（如相交），因而算法精度高，不受显示器分辨率的影响。但随着物体复杂程度的增加，物空间算法的计算量比像空间算法增加很多。像空间算法则把注意力集中在最终的图像上，对光栅扫描显示器而言，其将对每一像素进行判断，确定哪些是可见部分。这种算法只能以显示分辨率相适应的精度来完成，因此不够精确。一般大多数隐藏面消除算法用像空间算法，而大多数隐藏线消除算法用物空间算法。

消隐算法的具体内容可以参考相关书籍，这里不作介绍。

习题和思考题

1. 计算机图形学中常用的坐标系有哪几种？ 它们之间有什么关系？
2. 图形的几何变换包括哪些内容？
3. 为什么点的坐标要用齐次坐标来表示？
4. 二维图形的几何变换中，如何进行比例变换、对称变换、错切变换、平移变换和旋转变换？
5. 何谓二维图形几何变换中的复合变换，它是如何进行复合变换的？
6. 为什么复合变换矩阵的求解顺序不得变动？ 请举例说明。
7. 三维图形几何变换是如何进行的？ 它与二维图形几何变换有何不同？
8. 三维图形的几何变换中，如何进行比例变换、对称变换、错切变换、平移变换和旋转变换？
9. 何谓三维图形的投影变换？
10. 为什么要进行三维图形的正投影变换和轴测投影变换？
11. 为什么要进行三维图形的透视投影变换？
11. 何谓窗口？ 何谓视区？ 两者有何关系？
12. 图形为什么要进行裁剪？
13. 图形为什么要消隐？ 请举例说明。

第4章 船体造型的数值表示

众所周知,在船舶产品设计和建造中,对于船体、分段和构件等的形状,我们用它们在三面正投影面中的投影几何图形来表示,并依此绘制各种船体图样作为施工依据。这种投影几何图形通常是由直线和曲线组合而成,而直线实质是曲线的一种特例,所以我们可以将这些表示船体、分段和构件等形状的几何图形(投影图),归纳为一种投影曲线。当我们想将这些几何图形变换成用数值表示的时候,通常是在组成这些几何图形的那些曲线(包括直线)上选定一些特定的离散点(称为型值点),并将表示这些点的坐标值列成型值数据表 $(x_i, y_i)(i=1, 2, \cdots, n)$来描述这些曲线(称为型线)的。如果这些型线可以用 $y=f(x)$ 函数来表示,则这种数据表是存在 $y=f(x)$ 的函数关系。

但是,由于这种数据表不可能表示出所描述的 $y=f(x)$ 之具体函数表达式,所以它既不能求出数据表以外的 x 值所对应的 y 值及其变化;也不能用这种数据表分析型线的几何性质和变化规律;更不能用它来计算斜率、曲率等曲线的重要属性。因此,要应用计算机来处理船体建造中的各种技术问题,仅有这种数据表是不能实现的,这就决定了实现计算机辅助船体建造的首要任务,就是建立运用这种数据表能正确描述船体型线的函数表达式,使它根据型值点的型值及有关要求就能构造出表示一根连续的船体型线之具体函数表达式,以满足实际应用的需要。

在计算机辅助船体建造系统中,除了应用一组投影型线组成几何图形来表示船体、分段和构件等形状以外,也有直接使用空间曲线或曲面表示它们,并建立了描述它们的相应的函数表达式。

在研究曲线的函数表达式时,样条函数是早期最常用的一种方法。然而,样条函数这种表示方式缺乏几何不变性,给研究和应用带来不便。为了解决这些问题,人们提出了参数方法。参数三次样条曲线、Bézier 曲线和曲面、B 样条曲线和曲面、Coons 曲面等都属于参数方法。

随着计算机软硬件技术的发展,三维造型技术逐渐成熟,船舶 CAD/CAM 系统中已普遍采用三维建模和设计。不过,曲线方法仍然是船舶 CAD/CAM 系统的基本功能之一。同时考虑到本课程的特点,因此,本章主要介绍曲线方法。

4.1 基本概念

4.1.1 插值与逼近

给定一组有序的点列 $P_i(x_i, y_i)(i=0, 1, \cdots, n)$,这些点列可以是从某个形体上测量得到的,也可以是设计人员给出的。要求构造一条曲线顺序通过这些数据点,称为对这些数据点进行插值(interpolation),所构造的曲线称为插值曲线。构造曲线所采用的数学方法称为曲线插值法。

　　某些情况下,测量所得或设计员给出的数据点本身就很粗糙,要求构造这些数据点的插值曲线没有意义。更合理的方法是,构造一条曲线使之在某种意义上最为接近给定的设计点,称之为对这些数据点进行逼近(approximation),所构造的曲线称为逼近曲线。相应的数学方法称为曲线逼近法。

　　插值和逼近法通称为拟合(fitting)。

4.1.2　数据点的参数化

　　在采用参数多项式曲线作为插值曲线与逼近曲线之前,插值法与逼近法就已被广泛应用于科研和生产实践。那时,插值曲线和逼近曲线都采用多项式函数来构造,相应称之为多项式插值函数与多项式逼近函数。采用多项式插值函数时,取定 xOy 坐标系后,x 坐标严格递增的 3 个点唯一决定一条抛物线,$n+1$ 个点唯一决定一条不超过 n 次的插值多项式。但采用参数多项式构造的不超过 n 次的插值曲线可以有无数条。顺序通过 3 个点可以有无数条抛物线,顺序通过 $n+1$ 个点的不超过 n 次的参数多项式曲线也可以有无数条。

　　例如,过三点 P_0、P_1 和 P_2 构造参数表示的插值多项式可以有无数条,这是因为参数在 $[0,1]$ 区间的分割可以有无数种,即 P_0、P_1 和 P_2 可对应不同的参数值,如 $t_0=0, t_1=\frac{1}{2}, t_2=1$ 或 $t_0=0, t_1=\frac{1}{3}, t_2=1$。其中,每个参数值称为节点。

　　欲唯一地确定一条插值于 $n+1$ 个点 $P_i(x_i, y_i)(i=0,1,\cdots,n)$ 的曲线,必须先给数据点 p_i 赋予相应的参数值 u_i,使其形成一个严格的递增序列 $\Delta_u : u_0 < u_1 \cdots < u_n$,称为关于参数 u 的一个分割。其中每个参数值称为节点或断点。对于插值曲线,它决定了位于曲线上的这些数据点与其参数域 $u \in [u_0, u_n]$ 内的相应点之间的一种对应关系。对一组有序数据点决定一个参数分割,称之为对这组数据点实行参数化。

　　参数化的常用方法有以下几种:

　　1. 均匀参数化(等距参数化)

　　使每个节点区间长度 $\Delta_i = t_{i+1} - t_i, (i=0,1,\cdots,n-1)$,为正常数 d,节点在参数轴上呈等距分布:$t_{i+1} = t_i + d$。

　　2. 累加弦长参数化

$$\begin{cases} t_0 = 0 \\ t_i = t_{i-1} + |\Delta P_{i-1}|, & i = 1,2,\cdots,n \end{cases}$$

　　其中 $\Delta P_i = P_{i+1} - P_i$ 为向前差分矢量,即弦线矢量。这种参数法如实反映了型值点按弦长的分布情况,能够克服型值点按弦长分布不均匀的情况下采用均匀参数化所出现的问题。

　　3. 向心参数化法

$$\begin{cases} t_0 = 0 \\ t_i = t_{i-1} + |\Delta P_{i-1}|^{\frac{1}{2}}, & i = 1,2,\cdots,n \end{cases}$$

　　累加弦长法没有考虑相邻弦边的拐折情况,而向心参数化法假设在一段曲线弧上的向心力与曲线切矢从该弧段始端至末端的转角成正比,加上一些简化假设,得到向心参数化法。此法尤其适用于非均匀型值点分布。

4. 修正弦长参数化法

$$\begin{cases} t_0 = 0 \\ t_i = t_{i-1} + k_i \cdot | \Delta P_{i-1} |, \quad i = 1, 2, \cdots, n \end{cases}$$

其中：

$$k_i = 1 + \frac{3}{2} \left(\frac{| \Delta P_{i-2} | \cdot \theta_{i-1}}{| \Delta P_{i-2} | + | \Delta P_{i-1} |} + \frac{| \Delta P_i | \cdot \theta_i}{| \Delta P_{i-1} | + | \Delta P_i |} \right)$$

$$\theta_i = \min \left(\pi - \angle P_{i-1} P_i P_{i+1}, \frac{\pi}{2} \right)$$

$$| \Delta P_{-1} | = | \Delta P_n | = 0$$

弦长修正系数 $k_i \geqslant 1$。从公式可知，与前后相邻弦长 $| \Delta P_{i-2} |$ 和 $| \Delta P_i |$ 相比，若 $| \Delta P_{i-1} |$ 越小，且与前后邻弦边夹角的外角 θ_{i-1} 和 θ_i（不超过 $\frac{\pi}{2}$ 时）越大，则修正系数 k_i 就越大。

由上述参数化方法得到的区间一般是 $[t_0, t_n] \neq [0, 1]$，通常将参数区间 $[t_0, t_n]$ 规格化为 $[0, 1]$，这只需对参数化结果作如下处理：

$$u_i \Leftarrow \frac{u_i}{u_n}, \quad i = 0, 1, \cdots, n$$

4.1.3 几何不变性

曲线曲面的几何不变性是指它们的数学表示及其所表达的形状，不依赖于坐标系的选择，或者说在旋转与平移变换下不变的性质。简言之，曲线曲面的几何不变性即是在旋转平移下的不变性。

文献[2]中，将具有几何不变性的样条称之为样条曲线，称那些依赖于坐标系选择的样条为样条函数。

4.1.4 参数曲线

曲线和曲面的表示方程有参数表示和非参数表示之分，非参数表示又分为显式表示和隐式表示。

对于一条平面曲线，显式表示的一般形式是 $y = f(x)$。该方程中，一个 x 值与一个 y 值对应，所以显式方程不能表示封闭或多值曲线，例如不能用显式方程表示一个圆。

如果将一条平面曲线方程表示成 $f(x, y) = 0$ 的形式，称之为隐式表示。隐式表示的优点是易于判断函数 $f(x, y)$ 是否大于、小于或等于 0，也就易于判断点是落在所表示的曲线上还是位于曲线的哪一侧。

用非参数方程（无论是显式还是隐式）表示曲线曲面，会存在一些问题，如与坐标轴相关，会出现斜率为无穷大的情形（如垂线），不便于计算机编程等。

在几何造型系统中，曲线曲面方程通常表示成参数形式，即曲线曲面上任一点的坐标均表示成给定参数的函数。假定用 t 表示参数，平面曲线上任一点 P 可表示为

$$P(t) = [x(t), y(t)]$$

空间曲线上任一个三维点 P 可表示为

$$P(t) = [x(t), y(t), z(t)]$$

最简单的参数曲线是直线段,端点为 P_1、P_2 的直线段参数方程可表示成

$$P(t) = P_1 + (P_2 - P_1) \cdot t \qquad t \in [0,1]$$

又如,圆在计算机图形学中应用十分广泛,其在第一象限内的单位圆弧的非参数显式表示为

$$y = \sqrt{1-x^2} \quad 0 \leqslant x \leqslant 1$$

其参数形式可表示为

$$P(t) = \left[\frac{1-t^2}{1+t^2}, \frac{2t}{1+t^2}\right] \qquad t \in [0,1]$$

在曲线、曲面的表示上,参数方程比显式、隐式方程有更多的优越性,主要表现在如下方面:

(1) 可以满足几何不变性的要求。

(2) 有更大的自由度来控制曲线、曲面的形状。如一条二维三次曲线的显式表示为

$$y = ax^3 + bx^2 + cx + d$$

只有 4 个系数控制曲线的形状;而二维三次曲线的参数表达式为

$$P(t) = \begin{bmatrix} a_1 t^3 + a_2 t^2 + a_3 t + a_4 \\ b_1 t^3 + b_2 t^2 + b_3 t + b_4 \end{bmatrix} \qquad t \in [0,1]$$

有 8 个系数可用来控制此曲线的形状。

(3) 对非参数方程表示的曲线、曲面进行变换,必须对曲线、曲面上的每个型值点进行几何变换;而对参数表示的曲线、曲面,可对其参数方程直接进行几何变换。

(4) 便于处理斜率为无穷大的情形,不会因此而中断计算。

(5) 参数方程中,代数、几何相关和无关的变量是完全分离的,而且对变量个数不限,从而便于用户把低维空间中曲线、曲面扩展到高维空间去。这种变量分离的特点使得可以用数学公式处理几何分量。

(6) 规格化的参数变量 $t \in [0,1]$,使其相应的几何分量是有界的,而不必用另外的参数去定义边界。

(7) 易于用矢量和矩阵表示几何分量,简化了计算。

4.2 插值三次样条函数

4.2.1 插值三次样条函数的物理背景

样条函数的理论和应用是从三次样条函数开始发展起来的。在计算几何中,应用得最早、研究得最详细的也是三次样条函数。这是因为:

(1) 它是次数最低的 C^2(2 阶连续可微)类样条,二阶连续是大多数工程和数学物理问题所需要的,次数低则带来计算的简便和稳定。

(2) 它是放样工艺中绘制曲线用的木样条的数学模型的线性近似,因此在小挠度情况下,其和木样条画的曲线很相近,符合传统的光顺性要求。

此外,三次样条函数在数学上具有很强的收敛性质,使得它在数值微分和积分以及微分、积分方程的数值求解方面有着广泛的应用。

今天,计算几何的兴起使得样条曲线向着几何化和非线性方向深入展开,手段也日益丰富深刻。当代的 CAD/CAM 系统已很少应用样条函数方法。尽管如此,三次样条函数仍不失为一个基本的和入门的工具。计算几何中相当一部分常用的曲线,例如三次参数样条曲线,三次 B 样条曲线,张力样条曲线和几何样条曲线等,都可以看成在三次样条函数基础上的某种改型。

工程中和数学上经常提出这样一种叫做插值的数据处理问题:在平面上给定一组离散的有序点列,要画一条光滑曲线把这些点按次序连接起来。在应用 CAD/CAM 技术以前,绘图员常常用一根富有弹性的均匀细木条或有机玻璃条,让它依次经过这列点,并在每一点处用"压铁"压住,最后沿着这根称为"样条"的细木条画出一根光滑曲线。

如果把木样条看成弹性细梁,压铁看成作用在梁上的集中载荷,那么按上述方法画出的光滑曲线,在力学上可以模拟为求弹性细梁在外加集中载荷作用下的弯曲变形曲线,在建立平面直角坐标系后,由材料力学知道梁的变形曲线微分方程是:

$$EIk(x) = M(x) \tag{4-1}$$

其中:$k(x)$——梁的曲率,曲率半径 $\rho(x) = \dfrac{1}{k(x)}$;

$\quad M(x)$——作用在梁上的弯矩;

$\quad EI$——细梁的刚度系数,对于均匀木样条来说是一个常数。

由于梁在两个压铁之间再无外力作用,所以 $M(x)$ 在两压铁之间的变化是线性的,即弯矩 $M(x)$ 是 x 的线性函数。

因为变形曲线 $y = y(x)$ 的曲率 $k(x) = \dfrac{y''}{\sqrt{(1+y'^2)^{3/2}}}$,因此式(4-1)是非线性常微分方程,其解不能用初等函数表示。在细梁的弯曲不大,即 $|y'| \ll 1$,通常称为"小挠度"情况下,可以忽略 y' 的影响,得到线性化近似方程式:

$$EIy'' = M(x) \tag{4-2}$$

由材料力学可知,对于弯曲的弹性细梁,其曲率、弯矩、剪力和分布载荷之间有以下关系:

$$M(x) = EI \frac{1}{\rho(x)}$$

$$N(x) = \frac{\mathrm{d}M(x)}{\mathrm{d}x}$$

$$q(x) = \frac{\mathrm{d}N(x)}{\mathrm{d}x}$$

在非压点处有 $q(x) = 0$,即 $y^{(4)} = 0$。这时变形曲线 $y = y(x)$ 为分段三次多项式,且在压铁处的函数值(位移)、一阶导数(转角或斜率)和二阶导数(弯矩或曲率)都是连续的,而三阶导数(剪力)则有间断。这些就是三次样条函数的力学背景。

4.2.2　插值三次样条函数

1. 定义

定义 1　设在区间 $[a,b]$ 上给定一个分割 $\Delta: a = x_0 < x_1 < \cdots < x_{n-1} < x_n = b$,$[a,b]$ 上的一个函数 $s(x)$ 称为三次样条函数,如果它满足下列条件:

(1) 在每个小区间 $[x_{i-1}, x_i](i=1, 2, \cdots, n)$ 内 $s(x)$ 是三次多项式。

(2) 在整个区间 $[a, b]$ 上，$s(x)$ 为二阶连续可导函数，即在点 $x_i(i=1, 2, \cdots, n-1)$ 处成立：

$$s^{(k)}(x_i - 0) = s^{(k)}(x_i + 0) \quad (k = 0, 1, 2)$$

$x_i(i=0, 1, \cdots, n)$ 称为 $s(x)$ 的节点。

在给定一组有序数列 $y_i(i=0, 1, \cdots, n)$ 后，如果 $s(x)$ 再满足条件

(3) $s(x_i) = y_i \quad (i = 0, 1, \cdots, n)$，则称 $s(x)$ 为插值三次样条函数。

下面将利用节点处的连续条件来建立插值三次样条函数的表示式及连续性方程，并且讨论边界条件的给定，而最后给出算法。以下讨论的是按照函数值及二阶导数决定的表示式和 M 连续性方程。

记 $s(x)$ 在节点 x_i 处的函数值、一阶导数和二阶导数分别为

$$s(x_i) = y_i, s'(x_i) = m_i, s''(x_i) = M_i \quad (i = 0, 1, \cdots, n) \tag{4-3}$$

在每个小区间 $[x_{i-1}, x_i]$ 上，$s(x)$ 的二阶导数是线性的，所以

$$s''(x) = M_{i-1} \frac{x_i - x}{h_i} + M_i \frac{x - x_{i-1}}{h_i} \quad (x_{i-1} \leqslant x \leqslant x_i) \tag{4-4}$$

其中：$h_i = x_i - x_{i-1}$ 表示小区间的长度。

将式(4-4)连续积分两次，并由插值条件(4-3)，得到：

$$s'(x) = -M_{i-1} \frac{(x_i - x)^2}{2h_i} + M_i \frac{(x - x_{i-1})^2}{2h_i} + \frac{y_i - y_{i-1}}{h_i} - \frac{h_i(M_i - M_{i-1})}{6}$$
$$(x_{i-1} \leqslant x \leqslant x_i) \tag{4-5}$$

$$s(x) = M_{i-1} \frac{(x_i - x)^3}{6h_i} + M_i \frac{(x - x_{i-1})^3}{6h_i} + \left(\frac{y_{i-1}}{h_i} - \frac{h_i M_{i-1}}{6} \right)(x_i - x) +$$
$$\left(\frac{y_i}{h_i} - \frac{h_i M_i}{6} \right)(x - x_{i-1}) \quad (x_{i-1} \leqslant x \leqslant x_i) \tag{4-6}$$

从式(4-5)得到：

$$\begin{cases} s'(x_i - 0) = \dfrac{h_i}{6} M_{i-1} + \dfrac{h_i}{3} M_i + \dfrac{y_i - y_{i-1}}{h_i} \\ s'(x_i + 0) = -\dfrac{h_{i+1}}{3} M_i - \dfrac{h_{i+1}}{6} M_{i+1} + \dfrac{y_{i+1} - y_i}{h_{i+1}} \end{cases} \tag{4-7}$$

由于在每个内节点 x_i 处一阶导数连续，$s'(x_i - 0) = s'(x_i + 0)$，所以成立：

$$\mu_i M_{i-1} + 2M_i + \lambda_i M_{i+1} = d_i \quad (i = 1, 2, \cdots, n-1) \tag{4-8}$$

其中：

$$\lambda_i = \frac{h_{i+1}}{h_i + h_{i+1}}, \quad \mu_i = \frac{h_i}{h_i + h_{i+1}}$$

$$d_i = \frac{6}{h_i + h_{i+1}} \left(\frac{y_{i+1} - y_i}{h_{i+1}} - \frac{y_i - y_{i-1}}{h_i} \right)$$
$$(i = 1, 2, \cdots, n-1) \tag{4-9}$$

方程组(4-8)称为插值三次样条函数 $s(x)$ 的 M 连续性方程，式中 λ_i 与 μ_i 表示相邻子区间长度之比，$\frac{1}{3} d_i$ 等于插值数据在 x_i 处的二阶差商。连续性方程(4-8)的直观意义是：插值函数的二阶导数在 x_{i-1}, x_i, x_{i+1} 三点处的加权平均值（权因子依次为 $\frac{1}{3}\mu_i, \frac{2}{3}, \frac{1}{3}\lambda_i$）等于被插数据

在 x_i 处的二阶中心差商值。式(4-8)在力学上反映了"三弯矩关系"。

2．边界条件

连续性方程(4-8)是 $n+1$ 个未知数的 $n-1$ 个线性代数方程式。要唯一定解，必须再附加两个方程。一般按具体问题的物理要求在区间 $[a,b]$ 的两端给出约束条件，称为边界条件。常用的有以下几种边界条件：

1）给定曲线在两端点的斜率 y_0' 和 y_n'

对于 M 连续性方程，由式(4-5)，相当于给定关系式：

$$\begin{cases} 2M_0 + M_1 = \dfrac{6}{h_1}\left(\dfrac{y_1 - y_0}{h_1} - y_0'\right) \\[2mm] M_{n-1} + 2M_n = \dfrac{6}{h_n}\left(y_n' - \dfrac{y_n - y_{n-1}}{h_n}\right) \end{cases} \tag{4-10}$$

2）给定端点二阶导数 $M_0 = y_0''$，$M_n = y_n''$

特别，当 $y_0'' = 0$ 是简支条件，样条曲线在 $x = a$ 端的曲率为零。如果两端都是这样，称为自然插值三次样条函数。

3）抛物端边界条件

令曲线的端部两个型值点之间的曲线段为抛物线，则 $y_0'' = y_1''$，$y_{n-1}'' = y_n''$。

3．求解 $M_i(i = 0, 1, \cdots, n)$

由连续性方程(4-8)和边界条件，可得到完整的连续性方程，写成矩阵形式如下：

$$\begin{bmatrix} 2 & \lambda_0 \\ \mu_1 & 2 & \lambda_1 \\ & \mu_2 & 2 & \lambda_2 \\ & & \ddots & \ddots & \ddots \\ & & & \mu_{n-2} & 2 & \lambda_{n-2} \\ & & & & \mu_{n-1} & 2 & \lambda_{n-1} \\ & & & & & \mu_n & 2 \end{bmatrix} \begin{bmatrix} M_0 \\ M_1 \\ M_2 \\ \vdots \\ M_{n-2} \\ M_{n-1} \\ M_n \end{bmatrix} = \begin{bmatrix} d_0 \\ d_1 \\ d_2 \\ \vdots \\ d_{n-2} \\ d_{n-1} \\ d_n \end{bmatrix} \tag{4-11}$$

考虑边界条件后，上式可以作适当的改写。如给定曲线在两端点的斜率 y_0' 和 y_n'，则求解 M_i 的连续性方程为：

$$\begin{bmatrix} 2 & 1 \\ \mu_1 & 2 & \lambda_1 \\ & \mu_2 & 2 & \lambda_2 \\ & & \ddots & \ddots & \ddots \\ & & & \mu_{n-2} & 2 & \lambda_{n-2} \\ & & & & \mu_{n-1} & 2 & \lambda_{n-1} \\ & & & & & 1 & 2 \end{bmatrix} \begin{bmatrix} M_0 \\ M_1 \\ M_2 \\ \vdots \\ M_{n-2} \\ M_{n-1} \\ M_n \end{bmatrix} = \begin{bmatrix} \dfrac{6}{h_1}\left(\dfrac{y_1 - y_0}{h_1} - y_0'\right) \\ d_1 \\ d_2 \\ \vdots \\ d_{n-2} \\ d_{n-1} \\ \dfrac{6}{h_n}\left(y_n' - \dfrac{y_n - y_{n-1}}{h_n}\right) \end{bmatrix} \tag{4-12}$$

下面介绍求解连续性方程(4-12)的方法。记式(4-11)为 $\boldsymbol{AM} = \boldsymbol{d}$，其中：

$$
\boldsymbol{A}=\begin{bmatrix} 2 & \lambda_0 & & & & & \\ \mu_1 & 2 & \lambda_1 & & & & \\ & \mu_2 & 2 & \lambda_2 & & & \\ & & \ddots & \ddots & \ddots & & \\ & & & \mu_{n-2} & 2 & \lambda_{n-2} & \\ & & & & \mu_{n-1} & 2 & \lambda_{n-1} \\ & & & & & \mu_n & 2 \end{bmatrix},\boldsymbol{M}=\begin{bmatrix} M_0 \\ M_1 \\ M_2 \\ \vdots \\ M_{n-2} \\ M_{n-1} \\ M_n \end{bmatrix},\boldsymbol{d}=\begin{bmatrix} d_0 \\ d_1 \\ d_2 \\ \vdots \\ d_{n-2} \\ d_{n-1} \\ d_n \end{bmatrix}
$$

上式中系数矩阵 $\boldsymbol{A}$ 的特点是,除了在主对角线及其相邻的两条次对角线上的元素外,其余的元素都为零。因此 $\boldsymbol{A}$ 被称为三对角矩阵。编程计算时,常把三对角矩阵 $\boldsymbol{A}$ 存放在三个一维数组中,代替一般的二维数组,以减少对内存空间的占用。

在三对角系数矩阵中,$|\lambda_i|+|\mu_i|=1(i=1,2,\cdots,n)$,且 $0\leqslant\lambda_0,\mu_0,\lambda_n,\mu_n\leqslant1$,主对角线元素都等于 2,对角严格占优,因此方程组的解存在并且唯一。求解这种三对角方程组不必用一般的消元法,采用"追赶法"能够大大节省计算时间和存储量。

矩阵方程 $\boldsymbol{AM}=\boldsymbol{d}$ 中,系数矩阵 $\boldsymbol{A}$ 可分解为如下特殊的形式:

$$
\boldsymbol{A}=\begin{bmatrix} l_0 & & & & \\ m_1 & l_1 & & & \\ & \ddots & \ddots & & \\ & & m_{n-1} & l_{n-1} & \\ & & & m_n & l_n \end{bmatrix}\cdot\begin{bmatrix} 1 & u_0 & & & \\ & 1 & u_1 & & \\ & & \ddots & \ddots & \\ & & & 1 & u_{n-1} \\ & & & & 1 \end{bmatrix}
$$

记:

$$
\boldsymbol{L}=\begin{bmatrix} l_0 & & & & \\ m_1 & l_1 & & & \\ & \ddots & \ddots & & \\ & & m_{n-1} & l_{n-1} & \\ & & & m_n & l_n \end{bmatrix},\boldsymbol{U}=\begin{bmatrix} 1 & u_0 & & & \\ & 1 & u_1 & & \\ & & \ddots & \ddots & \\ & & & 1 & u_{n-1} \\ & & & & 1 \end{bmatrix} \tag{4-13}
$$

则:

$$
\boldsymbol{A}=\boldsymbol{LU}
$$

上式中 m_i、l_i、u_i 的计算公式如下:

$$
l_0=2,u_0=\frac{\lambda_0}{l_0}
$$

$$
m_i=\mu_i,(i=1,2,\cdots,n)
$$

$$
l_i=2-m_iu_{i-1},(i=1,2,\cdots,n)
$$

$$
u_i=\frac{\lambda_i}{l_i},(i=1,2,\cdots,n-1) \tag{4-14}
$$

矩阵方程 $\boldsymbol{AM}=\boldsymbol{d}$ 的系数矩阵 $\boldsymbol{A}$ 有了分解式 $\boldsymbol{A}=\boldsymbol{LU}$ 以后,求解该矩阵方程的问题可以不必采用一般的消元法,而有了新的方法。

因

$$
\boldsymbol{AM}=\boldsymbol{LUM}=\boldsymbol{L}(\boldsymbol{UM})
$$

令:

$$UM = Y$$

则:

$$AM = LY = d$$

因此,求解 $AM=d$ 的问题可转化为求解两个特殊的三角形方程组:

$$LY = d \tag{1}$$

$$UM = Y \tag{2}$$

上式中,向量 $Y = \begin{bmatrix} y_0 & y_1 & \cdots & y_n \end{bmatrix}^{\mathrm{T}}$。根据这两个三角形方程组的特殊性,很容易得到其递推的计算式分别为:

$$y_0 = \frac{d_0}{l_0}$$

$$y_i = \frac{d_i - m_i y_{i-1}}{l_i}, (i = 1, 2, \cdots, n) \tag{4-15}$$

及:

$$M_n = y_n$$

$$M_i = y_i - u_i M_{i+1}, (i = n-1, n-2, \cdots, 1) \tag{4-16}$$

求解 y_i 的过程中下标由小到大,即求解顺序是:$y_0 \rightarrow y_1 \rightarrow \cdots \rightarrow y_n$,这个过程被形象地称为"追";计算方程组的解 M_i 的顺序是:$M_n \rightarrow M_{n-1} \rightarrow \cdots \rightarrow M_0$,这个过程被称为"追",因此上述求解三对角方程组的方法通常被称为"追赶法"。

综上所述,采用追赶法求解三次样条函数系数的步骤如下:

(1) 由公式(4-14)确定分解 $A = LU$ 中 L 和 U 的元素。

(2) 由公式(4-15)求出中间向量 Y。

(3) 由公式(4-16)求解向量 M。

4. 坐标变换

上述推导三次样条函数时,它的力学背景是小挠度的木样条。理论分析和实际应用都表明,在小挠度情况下用三次样条函数插值的曲线,和木样条直接画出来的曲线非常接近。然而,实际问题中经常遇到大挠度曲线,即 $|y'| \gg 1$ 的情况。这时,y'' 和曲率 k 有相当大的偏差,木样条的数学模型就不能是三次样条函数。对于一部分曲线,可以采用旋转坐标系的方法进行弥补,即适当旋转坐标系,将数据变换到新坐标系中去,化大挠度为小挠度,方可采用三次样条函数进行插值计算。

如图 4-1 所示,设原坐标系为 XOY,新坐标系为 xoy。新坐标系原点在原坐标系中的坐标为 (X_1, Y_1),ox 轴相对于 OX 轴旋转了角度 θ。

设 M 是船体型线上的任意一个型值点,在原坐标系和新坐标系中的坐标分别为 (X, Y) (x, y)。根据图 4-1 所示的几何关系,可导出由原坐标系变换成新坐标系的公式为:

$$\begin{cases} x = (X - X_1)\cos\theta + (Y - Y_1)\sin\theta \\ y = (Y - Y_1)\cos\theta - (X - X_1)\sin\theta \end{cases} \tag{4-17}$$

同理,由新坐标变换回原坐标的公式:

$$\begin{cases} X = X_1 + x\cos\theta - y\sin\theta \\ Y = Y_1 + x\sin\theta + y\cos\theta \end{cases} \tag{4-18}$$

其中 θ 的符号规定为:以原坐标系的 OX 轴为起点,逆时针旋转为正,顺时针为负。

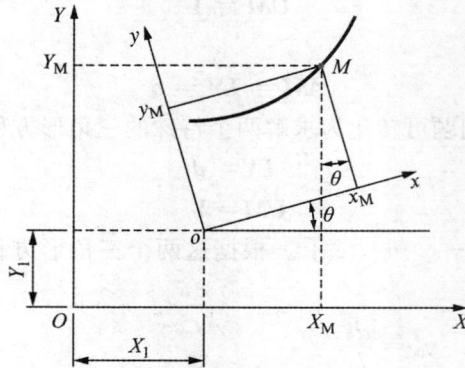

图 4-1　坐标变换原理图

上述坐标变换方法与第 3 章中介绍的二维图形几何变换是一致的,只是表达方式不同而已。式(4-17)表示先平移后旋转的组合变换,其变换矩阵为:

$$\boldsymbol{T} = \boldsymbol{T}_1 \boldsymbol{T}_2 = \begin{bmatrix} 1 & 0 & 0 \\ 0 & 1 & 0 \\ -X_1 & -Y_1 & 1 \end{bmatrix} \begin{bmatrix} \cos\theta & -\sin\theta & 0 \\ \sin\theta & \cos\theta & 0 \\ 0 & 0 & 1 \end{bmatrix}$$

但是,坐标变换方法仅仅适用于一部分曲线。对于球鼻艏轮廓线那种曲线,无论如何旋转也找不到使曲线成为小挠度的坐标系。这类问题的解决还需要寻求其他途径,下一节介绍的参数样条就是一种有效的方法。

5. 求解插值三次样条函数的步骤

求解插值三次样条函数 $s(x)$ 的步骤,归纳如下:

(1) 根据具体问题的要求,确定适当的边界条件。

(2) 用"追赶法"解方程组(4-11),求出节点处的二阶导数 $M_i(i=0,1,\cdots,n)$。

(3) 将 M_i 代回 $s(x)$ 的分段表示式(4-6),由此插值计算出区间 $[a,b]$ 上任一点处的函数值。

上述计算中,如果曲线不满足小挠度要求,则事先用式(4-17)进行坐标变换,然后建立插值函数。计算完成后,再变换回原坐标系中。

6. 插值三次样条函数的局限性

用插值三次样条函数构造的曲线,可达到二阶连续,能够满足许多生产实际的需求,因而在船舶和航空制造中曾得到广泛的应用。但是,用样条函数方法构造曲线、曲面存在下述问题:

(1) 无法处理斜率为无穷大的情况。推导样条函数表达式的前提是 $\dfrac{\mathrm{d}y}{\mathrm{d}x} \ll 1$,显然,在大斜率情况下会引起矛盾。

(2) 不具有几何不变性。对一组型值点作坐标变换,然后用样条函数分别对变换前后的型值点构造两条曲线,它们的形状会有差异。换言之,用样条函数构造曲线、曲面时,其形状与坐标系的选取有关,亦即不具有几何不变性。

(3) 无局部性。用样条函数方法构造曲线、曲面时,修改任一型值点都会影响整条曲线或整张曲面的形状,即不具备局部性。其原因在于三次样条函数是从整条曲线的连续性条件导出的。

（4）不便进行坐标变换。

（5）不易处理多值曲线。

正因为上述诸种问题,当代的 CAD/CAM 系统中已很少应用样条函数方法,而广泛采用各种参数方法构造曲线和曲面。

4.3　参数样条曲线

1. 累加弦长三次参数样条曲线

参数样条方法的处理思想是:曲线的每一个分量都是以某个参数为自变量的某种样条函数,形式上合并起来组成参数样条。下面讨论参数样条曲线的构造。

在直角坐标平面上给定一组型值点 $p(x_i, y_i)(i=0, 1, \cdots, n)$,记相邻两型值点之间的弦长为:

$$l_i = \sqrt{(x_i - x_{i-1})^2 + (y_i - y_{i-1})^2} \quad (i=1, 2, \cdots, n) \tag{4-19}$$

取参数轴上的一个分割 $\Delta: 0 = t_1 < \cdots t_n$,其中: $t_i = \sum_{j=1}^{i} l_j \ (i=1, 2, \cdots, n)$。因此参数 t 轴上的每一个节点 t_i 都具有累加弦长的几何意义。对于参数轴,分别以 x_i 和 $y_i (i=0, 1, \cdots, n)$ 为插值数据,用式(4-6)首先构造两个插值三次样条函数 $x(t)$ 和 $y(t)$,然后把它们合并起来,称参数曲线 $P(t) = [x(t), y(t)]$ 为累加弦长三次参数样条曲线。

实践表明,累加弦长三次参数样条曲线对于大挠度曲线的插值效果是令人满意的。由于这种方法插值效果良好,计算简单可靠,计算量相当于两遍三次样条函数,因此应用极多。

2. 参数样条曲线的端点条件

连续性方程要添上两个适当的边界条件,才能构成完整的连续性方程。下面介绍几种常用的端点条件。

1) 给定端点的斜率 y'

在采用这一种边界条件的实际问题中,边界切向容易估计,边界切向量长度往往难以判断,文献[2]建议边界切向量取成单位向量较为合适。

因

$$y' = \frac{\mathrm{d}y}{\mathrm{d}x} = \frac{\mathrm{d}y/\mathrm{d}s}{\mathrm{d}x/\mathrm{d}s}$$

又:

$$y' = \tan\alpha = \frac{\sin\alpha}{\cos\alpha}$$

所以

$$\begin{cases} \dfrac{\mathrm{d}x}{\mathrm{d}s} = \pm\cos\alpha \\ \dfrac{\mathrm{d}y}{\mathrm{d}s} = \pm\sin\alpha \end{cases}$$

当端点具有水平切线时，$y'=0$，边界条件的补充方程为：

$$\begin{cases} \dfrac{\mathrm{d}x}{\mathrm{d}s} = \pm 1 \\[2mm] \dfrac{\mathrm{d}y}{\mathrm{d}s} = 0 \end{cases}$$

当端点具有垂直切线时，$y'=\infty$，边界条件的补充方程为：

$$\begin{cases} \dfrac{\mathrm{d}x}{\mathrm{d}s} = 0 \\[2mm] \dfrac{\mathrm{d}y}{\mathrm{d}s} = \pm 1 \end{cases}$$

2）端点的曲率为 0

当端点曲率为 0，称为自由端点条件，补充方程为：

$$\begin{cases} \dfrac{\mathrm{d}^2 y}{\mathrm{d}s^2} = 0 \\[2mm] \dfrac{\mathrm{d}^2 x}{\mathrm{d}s^2} = 0 \end{cases}$$

4.4　B 样条曲线

B 样条的概念最初是由 Schoenberg 于 1946 年提出来了的，如今已有了很大的发展，形成了统一、通用、有效的标准算法及强有力的配套技术。在当前的 CAD/CAM 系统中，B 样条（B-spline）曲线曲面已成为几何造型的核心部分。B 样条方法具有表示与设计自由型曲线曲面的强大功能，是广泛流行的形状数学描述的主流方法之一。并且，B 样条方法是有理 B 样条方法的基础，只有在熟练掌握 B 样条方法原理和算法的基础上，才能顺利进入有理 B 样条方法。有理 B 样条方法目前已成为关于工业产品几何定义的国际标准。

4.4.1　B 样条的递推定义和性质

1. B 样条的递推定义

B 样条有多种等价定义，在理论上较多地采用截尾幂函数的差商定义。本书只介绍作为标准算法的 de Boor-Cox 递推定义，又称为 de Boor-Cox 公式。这个著名的递推公式的发现是 B 样条理论最重要的进展之一。它原来采用阶数（阶数＝次数＋1），为方便应用，现多直接采用次数规定如下：

$$\begin{cases} N_{i,0}(u) = \begin{cases} 1 & u_i \leqslant u \leqslant u_{i+1} \\ 0 & \text{其他} \end{cases} \\[4mm] N_{i,k}(u) = \dfrac{u - u_i}{u_{i+k} - u_i} N_{i,k-1}(u) + \dfrac{u_{i+k+1} - u}{u_{i+k+1} - u_{i+1}} N_{i+1,k-1}(u) \\[4mm] \dfrac{0}{0} = 0 \end{cases} \tag{4-20}$$

$N_{i,k}(u)(i=0,1,\cdots,n)$ 称为 k 次（$(k+1)$ 阶）B 样条基函数，其中每一个称为规范 B 样条，简称 B 样条。它是由一个称为节点矢量的非递减参数 u 的序列 $U: u_0 \leqslant u_1 \leqslant \cdots \leqslant u_{n+k+1}$ 所决定的

k 次分段多项式,即为 k 次多项式样条。B 样条基函数是多项式样条空间具有最小支承的一组基,故被称为基本样条(Basic Spline),简称 B 样条。

$N_{i,k}(u)$ 的第二个下标 k 表示次数,第一个下标 i 表示序号。该递推公式表明,欲确定第 i 个 k 次 B 样条 $N_{i,k}(u)$,需要用到 $u_i, u_{i+1}, \cdots, u_{i+k+1}$ 共 $k+2$ 个节点。称区间 $[u_i, u_{i+k+1}]$ 为 $N_{i,k}(u)$ 的支承区间。$N_{i,k}(u)$ 的第一下标等于其支承区间左端节点的下标,即表示该 B 样条在参数 u 轴上的位置。

曲线方程中相应 $n+1$ 个控制顶点 $\boldsymbol{d}_i(i=0,1,\cdots,n)$ 要用到 $n+1$ 个 k 次 B 样条。它们的支承区间所含节点的并集就是定义了这一组 B 样条基的节点矢量 $\boldsymbol{U}=[u_0, u_1, \cdots, u_{n+k+1}]$。

2. 性质

(1) 递推性:由上述定义表明。

(2) 规范性:$\sum N_{i,k}(u) = 1$。

(3) 局部支承性质

$$N_{i,k}(u) \begin{cases} \geqslant 0 & u \in [u_i, u_{i+k+1}] \\ = 0 & \text{其他} \end{cases}$$

它包含了非负性。

(4) 可微性。在节点区间内部它是无限次可微的,在节点处它是 $k-r$ 次可微的,这里 r 是节点重复度。

要重点理解和掌握作为其定义的递推公式(4-20)。它表明 B 样条 $N_{i,k}(u)$ 虽然定义在整个参数 u 轴上,但由局部支承性质可知,仅在支承区间 $[u_i, u_{i+k+1}]$ 上有大于零的值,在支承区间外均为零。B 样条 $N_{i,k}(u)$ 由其支承区间内的所有节点决定。

4.4.2　B 样条曲线的定义

1. 定义

B 样条曲线的方程定义为:

$$\boldsymbol{p}(u) = \sum_{i=0}^{n} \boldsymbol{d}_i N_{i,k}(u) \tag{4-21}$$

其中,$\boldsymbol{d}_i(i=0,1,\cdots,n)$ 是控制顶点,又称 de Boor 点。顺序连接 $\boldsymbol{d}_i$ 得到的折线称为 B 样条控制多边形,常简称为控制多边形。

2. B 样条曲线类型的划分

假定控制多边形的顶点为 $\boldsymbol{d}_i(i=0,1,\cdots,n)$,次数为 k(阶数 $k+1$),则节点矢量是 $\boldsymbol{U}=[u_0, u_1, \cdots, u_{n+k+1}]$。B 样条曲线按节点矢量中节点的分布情况,可划分为 4 种类型:

(1) 均匀 B 样条曲线(Uniform B-spline Curve)。

(2) 准均匀 B 样条曲线(Quasi-Uniform B-spline Curve)。

(3) 分段 Bézier 曲线(Piecewise Bézier Curve)。

(4) 非均匀 B 样条曲线(General Non-Uniform B-spline Curve)。

其中,非均匀 B 样条曲线可以满足大多数场合中曲线形状的数学描述,因此成为船舶 CAD/CAM 系统中表示线型的主要方法之一。

4.4.3 B样条曲线的性质

1. 局部性

由B样条定义可知,k次B样条的支承区间包含$k+1$个节点区间。于是在参数轴u轴上任一点$u \in [u_i, u_{i+1}]$处,就至多只有$k+1$个非零的k次B样条基函数$N_{j,k}(u)$($j = i-k, i-k+1, \cdots, i$),其他$k$次B样条在该处均为零。

因此,考察B样条曲线定义在区间$u \in [u_i, u_{i+1}]$上的那一段曲线,略去其中基函数取零值的那些项,则式(4-21)可表示为:

$$p(u) = \sum_{j=0}^{n} d_j N_{j,k}(u) = \sum_{j=i-k}^{i} d_j N_{j,k}(u) \quad u \in [u_i, u_{i+1}] \subset [u_k, u_{n+1}] \quad (4\text{-}22)$$

上式表明B样条曲线的局部性质的一个方面,即k次B样条曲线上定义域内参数为$u \in [u_i, u_{i+1}]$的一点$p(u)$至多与$k+1$个控制顶点d_j($j = i-k, i-k+1, \cdots, i$)及相应的B样条基函数有关,与其他控制顶点无关。

另一方面看,移动k次B样条曲线的一个控制顶点d_i至多影响到定义在区间(u_i, u_{i+k+1})上那部分曲线,如图4-2所示,对曲线的其余部分不产生影响。

局部性是B样条曲线所具有的占支配地位的性质。

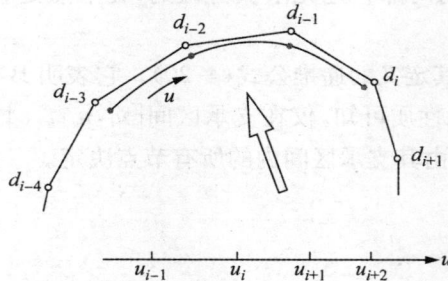

图4-2 定义在$[u_i, u_{i+1}]$上那一段k次B样条曲线与$k+1$个控制顶点有关

2. 连续性

在定义域内,节点具有最高重复度为r的k次B样条基函数是$k-r$次可微的,其所定义的k次B样条曲线具有$k-r$阶参数连续性。

连续性是B样条曲线所具有的另一占支配地位的性质。

3. 凸包性质

B样条曲线的凸包是定义各曲线线段的控制顶点的凸包的并集,因此,B样条曲线恒位于它的凸包内。

凸包性质会导致当顺序$k+1$个顶点重合时,由该$k+1$个顶点定义的k次B样条曲线段退化到这一重合点;顺序$k+1$个顶点共线时,由该$k+1$个顶点定义的k次B样条曲线段为一直线。

4. 变差缩减性(即VD性质)

设平面内$n+1$个控制顶点$d_0, d_1, \cdots, d_n$构成B样条曲线$p(u)$的控制多边形,则在该平面内的任意—条直线与 $p(u)$ 的交点个数不多于该直线和控制多边形的交点个数。

变差缩减是 B 样条曲线行为占支配地位的又一个重要性质。

5．磨光性质

除共线顶点外,次数越高,B 样条曲线距离定义它的控制多边形越远。同一组控制顶点定义的 B 样条曲线,随着次数 k 升高,越来越光滑。

6．几何不变性

B 样条曲线的形状和位置与坐标系的选择无关。

7．仿射不变性

在仿射变换下,$p(u)$ 的表达式具有形式不变性。

4.4.4　B 样条曲线的特例

由于 B 样条曲线的性质,使得 B 样条曲线在构造曲线方面非常灵活,例如,用 B 样条曲线可以构造直线段、尖点和切线等特殊情况,如图 4-3 所示。例如:

(1) 对于三次 B 样条曲线 $p(u)$,若要在其中得到一条直线段,只要 d_i,d_{i+1},d_{i+2},d_{i+3} 这 4 点位于一条直线上,此时 $p(u)$ 对应的 $u_{i+3} \leqslant u \leqslant u_{i+4}$ 的曲线即为一条直线,且和 d_i,d_{i+1},d_{i+2},d_{i+3} 所在的直线重合。

(2) 若使 $p(u)$ 能过 d_i,只要使 d_i,d_{i+1},d_{i+2} 重合,此时 $p(u)$ 过 d_i 点(尖点)。

(3) 若使曲线 $p(u)$ 和某一直线 L 相切,只要取 d_i,d_{i+1},d_{i+2} 位于 L 上及 u_{i+3} 的重数不大于 2。

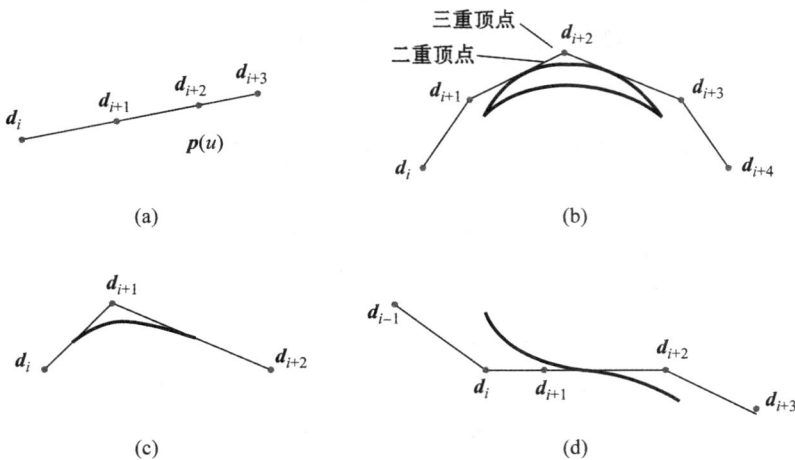

图 4-3　三次 B 样条曲线的一些特例

(a) 4 顶点共线;(b) 二重顶点和三重顶点;(c) 二重节点和三重节点;(d) 三顶点共线

4.4.5　均匀 B 样条曲线

对于均匀 B 样条曲线,节点矢量中节点为沿参数轴均匀或等距分布,所有节点区间长度 $\Delta_i = u_{i+1} - u_i = 常数 > 0 (i=0,1,\cdots,n+k)$。这样的节点矢量定义了均匀 B 样条基。

在这种类型里,由节点矢量决定的均匀 B 样条基在定义域内各节点区间上都具有相同的图形,如图 4-4 所示,其中任一节点区间上的 B 样条基都可由另一节点区间上的 B 样条基经平移得到。但在整体参数下它们却具有不同的表达式。为此,可将定义在每个节点区间 $[u_i, u_{i+1}]$ 上用整体参数 u 表示的 B 样条基变换成用局部参数 $t \in [0, 1]$ 表示,其参数变换为:

$$u = u(t) = (1-t) \cdot u_i + t \cdot u_{i+1} \quad t \in [0, 1]; i = k, k+1, \cdots, n$$

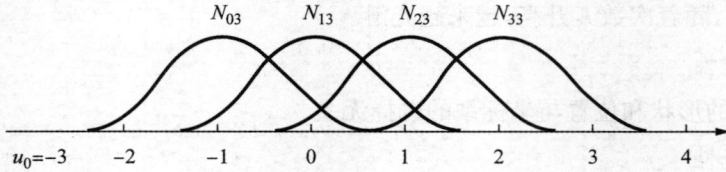

图 4-4 均匀 B 样条基的图形

则 B 样条曲线方程(4-22)可改写为:

$$s_i(t) = \mathbf{p}(u(t)) = \sum_{j=i-k}^{i} \mathbf{d}_j N_{j,k}(u(t)); \quad t \in [0, 1]; i = k, k+1, \cdots, n$$

将上式再改写为矩阵形式:

$$s_i(t) = \begin{bmatrix} 1 & t & t^2 & \cdots & t^k \end{bmatrix} \mathbf{M}_k \begin{bmatrix} \mathbf{d}_{i-k} \\ \mathbf{d}_{i-k+1} \\ \vdots \\ \mathbf{d}_i \end{bmatrix} \quad t \in [0, 1]; i = k, k+1, \cdots, n$$

其中,$1 \sim 3$ 次系数矩阵 $\mathbf{M}_k (k = 1, 2, 3)$ 分别为:

$$\mathbf{M}_1 = \begin{bmatrix} 1 & 0 \\ -1 & 1 \end{bmatrix}, \mathbf{M}_2 = \frac{1}{2} \begin{bmatrix} 1 & 1 & 0 \\ -2 & 2 & 0 \\ 1 & -2 & 1 \end{bmatrix}, \mathbf{M}_3 = \frac{1}{6} \begin{bmatrix} 1 & 4 & 1 & 0 \\ -3 & 0 & 3 & 0 \\ 3 & -6 & 3 & 0 \\ -1 & 3 & -3 & 1 \end{bmatrix}$$

这样,基函数计算就方便得多,无需用递推公式(4-20)进行递推计算了。由上述矩阵可得三次均匀 B 样条曲线的方程:

$$s_i(t) = \frac{1}{6} \begin{bmatrix} 1 & t & t^2 & t^3 \end{bmatrix} \begin{bmatrix} 1 & 4 & 1 & 0 \\ -3 & 0 & 3 & 0 \\ 3 & -6 & 3 & 0 \\ -1 & 3 & -3 & 1 \end{bmatrix} \begin{bmatrix} \mathbf{d}_{i-3} \\ \mathbf{d}_{i-2} \\ \mathbf{d}_{i-1} \\ \mathbf{d}_i \end{bmatrix} \quad t \in [0, 1]; i = 3, 4, \cdots, n$$

它的每一段曲线可以是平面曲线,也可以是空间曲线,取决于定义它的顺序 4 顶点是否共面。它定义在整体参数 $u \in [u_i, u_{i+1}]$ 上那段曲线的首端点,也即定义在 $u \in [u_{i-1}, u_i]$ 上那段曲线的末端点。其位置矢量和对局部参数 t 的一阶、二阶导矢分别为:

$$\mathbf{p}(u_i) = s_i(0) = s_{i-1}(1) = \frac{1}{6}(\mathbf{d}_{i-3} + 4\mathbf{d}_{i-2} + \mathbf{d}_{i-1}) = \frac{1}{3} \frac{\mathbf{d}_{i-3} + \mathbf{d}_{i-1}}{2} + \frac{2}{3} \mathbf{d}_{i-2}$$

$$\dot{s}_i(0) = \dot{s}_{i-1}(1) = \frac{1}{2}(\mathbf{d}_{i-1} - \mathbf{d}_{i-3})$$

$$\ddot{s}_i(0) = \ddot{s}_{i-1}(1) = \mathbf{d}_{i-1} - 2\mathbf{d}_{i-2} + \mathbf{d}_{i-3} = (\mathbf{d}_{i-1} - \mathbf{d}_{i-2}) + (\mathbf{d}_{i-3} - \mathbf{d}_{i-2})$$

式中:$\dot{s}(t)$、$\ddot{s}(t)$ 分别表示曲线 $s(t)$ 关于参数 t 的一阶、二阶导矢。由此可知:三次均匀 B 样条曲线段的起点 $\mathbf{p}(u_i)$ 落在 $\triangle \mathbf{d}_{i-3} \mathbf{d}_{i-2} \mathbf{d}_{i-1}$ 底边中线 $\mathbf{d}_{i-2} m$ 上离 $\mathbf{d}_{i-2}$ 的 $1/3$ 处;$\mathbf{p}(u_i)$ 点的切向量

$\dot{s}_i(0)$平行于$\triangle d_{i-3}d_{i-2}d_{i-1}$的底边$d_{i-3}d_{i-1}$,长度为其一半;在这点的二阶导矢$\ddot{s}_i(0)$等于中线向量$\overrightarrow{d_{i-2}m}$的两倍。终点$p(u_{i+1})$的情况同起点$p(u_i)$的相对称,这里不再重复。由此可绘出每一曲线段的大致形状,如图 4-5 所示。

均匀 B 样条曲线在 B 样条方法提出的初期用的较多些。在人们完全掌握了非均匀 B 样条方法的今天,均匀 B 样条方法在实践中的应用已几近消失。

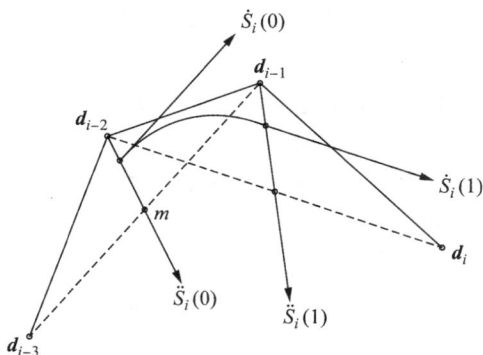

图 4-5　求三次均匀 B 样条曲线连接点的几何作图法

4.4.6　非均匀 B 样条曲线

1. 节点矢量的确定

对于非均匀 B 样条曲线,给定控制顶点$d_i(i=0,1,\cdots,n)$,欲定义一条k次非均匀 B 样条曲线,还必须确定它的节点矢量$U=[u_0,u_1,\cdots,u_{n+k+1}]$中具体的节点值。

对于插值曲线,弦长参数化是比较合理的,它使顺序两个数据点的参数值之差与其距离成比例。确定节点矢量的方法主要有里森费尔德(Riesenfeld)方法、哈特利(Hartley)-贾德(Judd)方法等,限于篇幅这里不做介绍,详细内容请参考文献[10]。

2. de-Boor 算法

给定控制顶点$d_i(i=0,1,\cdots,n)$、次数k及节点矢量$U=[u_0,u_1,\cdots,u_{n+k+1}]$后,就定义了一条$k$次 B 样条曲线。如若给出曲线定义域内一参数值$u\in[u_i,u_{i+1}]\subset[u_k,u_{n+1}]$,欲计算 B 样条曲线上对应一点$p(u)$,可以利用 B 样条曲线方程(式 4-21),但是采用 de-Boor 算法计算更加快捷。

1) de-Boor 算法

de-Boor 算法的递推公式表示如下:

$$p(u)=\sum_{j=0}^n d_j N_{j,k}(u)=\sum_{j=i-k}^{i-l} d_j^l N_{j,k-l}(u)=\cdots=d_{i-k}^k \quad u\in[u_i,u_{i+1}]\subset[u_k,u_{n+1}] \quad (4\text{-}23)$$

式中:

$$d_j^l=\begin{cases} d_j & l=0 \\ (1-\alpha_j^l)d_j^{l-1}+\alpha_j^l d_{j+1}^{l-1} & j=i-k,i-k+1,\cdots,i-l;l=1,2,\cdots,k \end{cases}$$

$$\alpha_j^l=\frac{u-u_{j+l}}{u_{j+k+1}-u_{j+l}}$$

规定：$\dfrac{0}{0}=0$

从递推公式看，用参数 u 经 k 级递推得到最后一个中间顶点 d_{i-k}^k，就是曲线上一点 $p(u)$。当 u 在曲线定义域内变化时，d_{i-k}^k 就扫出了整条 B 样条曲线。

用上述递推公式求曲线上点 $p(u)$ 的过程如图 4-6 所示的三角阵列表示，最左那列（$l=0$）表示求该点 $p(u)$ 所涉及的控制顶点仅为 d_{i-k}，d_{i-k+1}，$\cdots$，d_i 共 $k+1$ 个。涉及的节点仅为 u_{i-k+1}，u_{i-k+2}，$\cdots$，u_{i+k} 共 $2k$ 个。这些顶点与节点决定了 k 次 B 样条曲线段 $p(u)$，$u\in[u_i,u_{i+1}]$。

应用上述递推公式对该列原始顶点进行第一级（$l=1$）递推得到次一列 k 个中间顶点 d_{i-k}^1，d_{i-k+1}^1，$\cdots$，d_{i-1}^1。这时涉及的节点两端各少了一个，为 u_{i-k+2}，u_{i-k+3}，$\cdots$，u_{i+k-1} 共 $2(k-1)$ 个。把递推过程逐级进行下去，则第 k 级递推得到的一个中间顶点 d_{i-k}^k，就是所要求的该曲线段上参数为 u 的一点 $p(u)$。

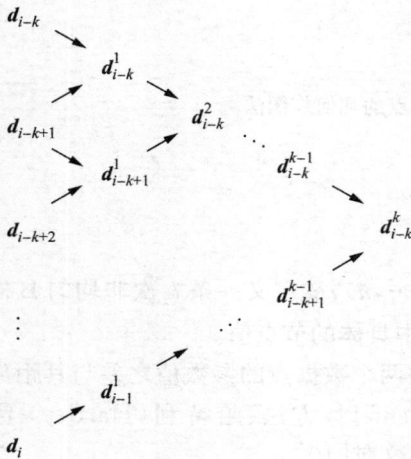

图 4-6 de Boor 算法的递推过程

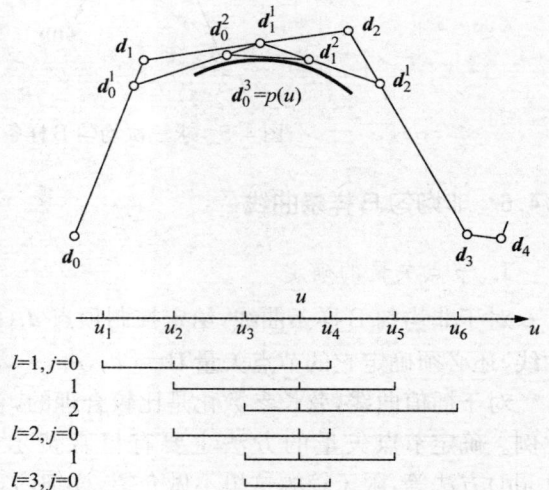

图 4-7 求三次 B 样条曲线点的递推过程

2）de Boor 算法的几何意义

图 4-7 给出了求三次 B 样条曲线上一点 $p(u)$，$u\in[u_3,u_4]$ 的计算实例图解。这里 $i=3$。由 B 样条曲线的局部性质可知，该段曲线仅与顶点 d_0，d_1，d_2，d_3 有关，仅涉及节点 u_1，u_2，$\cdots$，u_6。图中给出了每级递推时，怎样计算比例因子 $\alpha_j^l(j=0,1,\cdots,i-l)$，以及怎样用几何作图法求得该点 $p(u)=d_0^3$。这里，每求一个中间顶点实际上都是从直线段（参数轴上相应两节点之间一段直线及其上由给定参数值 u 所决定的一点）到直线段（对应上一级顺序两个顶点连成的边及其上所求中间顶点）的仿射参数变换，直线段上三点距离保持比例不变。上述图解算法在实际应用中由计算机来实现。

3）求 B 样条曲线导矢的 de Boor 算法

k 次 B 样条曲线上一点处的 r 阶导矢 $p^{(r)}(u)$，$u\in[u_i,u_{i+1}]\subset[u_k,u_{n+1}]$，可按如下递推公式计算：

$$p^{(r)}(u)=\frac{\partial^r}{\partial u^r}\sum_{j=0}^n d_j N_{j,k}(u)=\sum_{j=i-k}^{i-r} d_j^r N_{j,k-r}(u)$$

$$u \in [u_i, u_{i+1}] \subset [u_k, u_{n+1}] \tag{4-24}$$

$$d_j^l = \begin{cases} d_j & l = 0 \\ (k-l+1) \dfrac{d_{j+1}^{l-1} - d_j^{l-1}}{u_{j+k+1} - u_{j+l}} & j = i-k, i-k+1, \cdots, i-r; l = 1, 2, \cdots, r \end{cases} \tag{4-25}$$

由式(4-24)可见, k 次 B 样条曲线的 r 阶导矢可以表示成 $k-r$ 次 B 样条曲线, 后者的控制顶点按式(4-25)递推确定。它的节点矢量是:

$$\boldsymbol{U}^r = [u_0^r, u_1^r, \cdots, u_{n+k-2r+1}^r] = [\underbrace{0, \cdots, 0}_{k+1-r}, u_{k+1}, \cdots, u_n, \underbrace{1, \cdots, 1}_{k+1-r}]$$

因此, 在具体计算时, 可先按式(4-25)由原始顶点 $d_{i-k}, d_{i-k+1}, \cdots, d_i$ 经过 r 级递推, 计算出 r 的 $k-r+1$ 个中间顶点 $d_j^r (j = i-k, i-k+1, \cdots, i-r)$, 然后, 计算由这些顶点与节点矢量 $\boldsymbol{U}^r$ 定义的 $k-r$ 次 B 样条曲线上参数值为 u 的哪一点, 就是所要求的 r 阶导矢 $\boldsymbol{p}^{(r)}(u)$。显然, 在计算该点时, 又可应用前面介绍的求 B 样条曲线上点的 de Boor 算法。

4.4.7　反算

上文介绍了计算 B 样条与 B 样条曲线的方法, 计算已经定义的 B 样条曲线上的点与各阶导矢称为正算过程。因为 B 样条方法有着许多优良的性质, 人们自然地希望用它来处理插值问题, 这就是从给定数据点来确定节点矢量与控制顶点的问题, 即 B 样条曲线的逆过程, 称为反算。

1. 曲线反算的一般过程

为了使一条 k 次 B 样条曲线通过一组数据点 $\boldsymbol{q}_i (i = 0, 1, \cdots, m)$, 反算过程一般地使曲线的首末端点(控制顶点)分别与数据点一致, 使曲线的分段连接点分别依次与 B 样条曲线定义域内的节点一一对应, 即 $\boldsymbol{q}_i$ 点对应于节点值 $u_{k+i} (i = 0, 1, \cdots, m)$。该 B 样条插值曲线将由 n 个控制顶点 $d_i (i = 0, 1, \cdots, n)$ 与节点矢量 $\boldsymbol{U} = [u_0, u_1, \cdots, u_{n+k+1}]$ 来定义, 其中 $n = m+k-1$, 即控制顶点数目要比数据点数目多出 $k-1$ 个, 共有 $m+k$ 个未知顶点。由端点插值要求, 应取 $k+1$ 重节点端点的固支条件。取规范定义域, 于是有: $u_0 = u_1 = \cdots = u_k = 0, u_{n+1} = u_{n+2} = \cdots = u_{n+k+1} = 1$。接着的问题是怎样确定定义域的内节点值? 对数据点取规范积累弦长参数化得 $\tilde{u}_i (i = 0, 1, \cdots, m)$。相应可确定定义域内节点值为 $u_{k+i} = \tilde{u}_i (i = 0, 1, \cdots, m)$, 即从 u_k 起的定义域内节点值依次等于从 $\tilde{u}_i$ 起的数据点参数值。现在就可由插值条件给出以 $n+1$ 个控制顶点为未知矢量的 $m+1$ 个线性方程组成的方程组:

$$\boldsymbol{p}(u_i) = \sum_{j=0}^n \boldsymbol{d}_j N_{j,k}(u_i) = \sum_{j=i-k}^i \boldsymbol{d}_j N_{j,k-r}(u_i) = \boldsymbol{q}_{i-k}$$

$$u \in [u_i, u_{i+1}] \subset [u_k, u_{n+1}]; \quad i = k, k+1, \cdots, n \tag{4-26}$$

对于开曲线, 这里的方程数少于未知顶点数, 还必须补充 $k-1$ 个由合适的边界条件给出的附加方程, 才能联立求解。

2. 三次 B 样条插值曲线节点矢量的确定

给定 $m+1$ 个数据点 $\boldsymbol{q}_i (i = 0, 1, \cdots, m)$, 在构造一条三次 B 样条插值曲线时, 一般将首末数据点分别作为样条曲线的首末端点, 把内数据点依次作为样条曲线的分段连接点。因此曲线将包含 m 段。这时生成的三次 B 样条插值曲线将有 $n+1$ 个控制顶点 $\boldsymbol{d}_j (i = 0, 1, \cdots, n)$, 其中 $n = m+2$。节点矢量为 $\boldsymbol{U} = [u_0, u_1, \cdots, u_{n+k+1}]$。取 4 重节点端点的固支条件及规范定义域

$u \in [u_3, u_{n+1}] = [0,1]$。于是有 $u_0 = u_1 = u_2 = u_3 = 0, u_{n+1} = u_{n+2} = u_{n+3} = \cdots = u_{n+4} = 1$。对数据点 $\boldsymbol{q}_i(i=0,1,\cdots,m)$ 取规范积累弦长得参数序列 $\tilde{u}_i(i=0,1,\cdots,m)$，相应得定义域内节点值为 $u_{3+i} = \tilde{u}_i(i=0,1,\cdots,m)$。至此，节点矢量完全确定。

3. 反算三次 B 样条插值曲线的控制顶点

用于插值 $m+1$ 数据点 $\boldsymbol{q}_i(i=0,1,\cdots,m)$ 的三次 B 样条插值曲线方程可写为：

$$\boldsymbol{p}(u) = \sum_{j=0}^{n} \boldsymbol{d}_j N_{j,3}(u) = \sum_{j=i-3}^{i} \boldsymbol{d}_j N_{j,3}(u)$$

$$u \in [u_i, u_{i+1}] \subset [u_3, u_{n+1}] \tag{4-27}$$

将曲线定义域 $u \in [u_i, u_{i+1}] \subset [u_3, u_{n+1}]$ 内的节点依次代入方程，应满足插值条件，即

$$\begin{cases} \boldsymbol{p}(u_i) = \sum\limits_{j=i-3}^{i} \boldsymbol{d}_j N_{j,3}(u_i) = \boldsymbol{q}_{i-3} \quad \cdot \quad i = 3,4,\cdots,n \\ \boldsymbol{p}(u_{n+1}) = \sum\limits_{j=n-3}^{i} \boldsymbol{d}_j N_{j,3}(u_{n+3}) = \boldsymbol{q}_m \end{cases} \tag{4-28}$$

上式共含 $m+1 = n-1$ 个方程。对于三次 B 样条开曲线，式(4-28)中的 $n-1$ 个方程不足以决定其中包含的 $n+1$ 个未知控制顶点，还必须增加两个通常由边界条件给定的附加方程。这时求解三次 B 样条插值曲线未知控制顶点的线性方程组可写成以下矩阵形式：

$$\begin{bmatrix} a_1 & b_1 & c_1 & & & \\ a_2 & b_2 & c_2 & & & \\ & \ddots & \ddots & \ddots & & \\ & & & a_{n-2} & b_{n-2} & c_{n-2} \\ & & & a_{n-1} & b_{n-1} & c_{n-1} \end{bmatrix} \begin{bmatrix} \boldsymbol{d}_1 \\ \boldsymbol{d}_2 \\ \vdots \\ \boldsymbol{d}_{n-2} \\ \boldsymbol{d}_{n-1} \end{bmatrix} = \begin{bmatrix} \boldsymbol{e}_1 \\ \boldsymbol{e}_2 \\ \vdots \\ \boldsymbol{e}_{n-2} \\ \boldsymbol{e}_{n-1} \end{bmatrix} \tag{4-29}$$

其中：

$$a_i = \frac{(\Delta_{i+2})^2}{\Delta_i + \Delta_{i+1} + \Delta_{i+2}}$$

$$b_i = \frac{\Delta_{i+2}(\Delta_i + \Delta_{i+1})}{\Delta_i + \Delta_{i+1} + \Delta_{i+2}} + \frac{\Delta_{i+1}(\Delta_{i+2} + \Delta_{i+3})}{\Delta_{i+1} + \Delta_{i+2} + \Delta_{i+3}}$$

$$c_i = \frac{(\Delta_{i+1})^2}{\Delta_{i+1} + \Delta_{i+2} + \Delta_{i+3}}$$

$$\boldsymbol{e}_i = (\Delta_{i+1} + \Delta_{i+2})\boldsymbol{q}_{i-1}$$

$$\Delta_i = u_{i+1} - u_i$$

$$i = 1,2,\cdots,n-2$$

系数矩阵中首行非零元素 a_1、b_1、c_1 与右端列阵中矢量 $\boldsymbol{e}_1$ 表示首端边界条件；末行非零元素 a_{n-1}、b_{n-1}、c_{n-1} 与右端列阵中矢量 $\boldsymbol{e}_{n-1}$ 表示末端边界条件。常用的边界条件如下：

1) 切矢条件

$$a_1 = 1, b_1 = c_1 = 0, \boldsymbol{e}_1 = \boldsymbol{q}_0 + \frac{\Delta_3}{3}\boldsymbol{q}_0'$$

$$a_{n-1} = b_{n-1} = 0, c_{n-1} = 1, \boldsymbol{e}_{n-1} = \boldsymbol{q}_m - \frac{\Delta_n}{3}\boldsymbol{q}_m'$$

$\boldsymbol{q}_0'$ 与 $\boldsymbol{q}_m'$ 分别为给定的首末数据点 $\boldsymbol{q}_0$ 与 $\boldsymbol{q}_m$ 处的切矢，即端点切矢。

2）自由端条件

$$a_1 = 2 - \frac{\Delta_3 \Delta_4}{(\Delta_3 + \Delta_4)^2}$$

$$b_1 = \frac{\Delta_3}{\Delta_3 + \Delta_4} \left(\frac{\Delta_4}{\Delta_3 + \Delta_4} - \frac{\Delta_3}{\Delta_3 + \Delta_4 + \Delta_5} \right)$$

$$c_1 = \frac{(\Delta_3)^2}{(\Delta_3 + \Delta_4)(\Delta_3 + \Delta_4 + \Delta_5)}$$

$$\boldsymbol{e}_1 = \boldsymbol{q}_0 + \boldsymbol{q}_1$$

$$a_{n-1} = - \frac{(\Delta_n)^2}{(\Delta_{n-1} + \Delta_n)(\Delta_{n-2} + \Delta_{n-1} + \Delta_n)}$$

$$b_{n-1} = - \frac{\Delta_n}{\Delta_{n-1} + \Delta_n} \left(\frac{\Delta_n}{\Delta_{n-2} + \Delta_{n-1} + \Delta_n} - \frac{\Delta_{n-1}}{\Delta_{n-1} + \Delta_n} \right)$$

$$c_{n-1} = \frac{\Delta_{n-1} \Delta_n}{(\Delta_{n-1} + \Delta_n)^2} - 2$$

$$\boldsymbol{e}_{n-1} = - \boldsymbol{q}_m - \boldsymbol{q}_{m-1}$$

3）抛物线条件

$$a_1 = 1 - \frac{\Delta_3 \Delta_4}{(\Delta_3 + \Delta_4)^2}$$

$$b_1 = \frac{\Delta_3}{\Delta_3 + \Delta_4} \left(\frac{\Delta_4}{\Delta_3 + \Delta_4} - \frac{\Delta_3}{\Delta_3 + \Delta_4 + \Delta_5} \right)$$

$$c_1 = \frac{(\Delta_3)^2}{(\Delta_3 + \Delta_4)(\Delta_3 + \Delta_4 + \Delta_5)}$$

$$\boldsymbol{e}_1 = \frac{1}{3} \left[\boldsymbol{q}_0 + 2\boldsymbol{q}_1 \right]$$

$$a_{n-1} = - \frac{(\Delta_n)^2}{(\Delta_{n-1} + \Delta_n)(\Delta_{n-2} + \Delta_{n-1} + \Delta_n)}$$

$$b_{n-1} = \frac{\Delta_n}{\Delta_{n-1} + \Delta_n} \left(\frac{\Delta_n}{\Delta_{n-2} + \Delta_{n-1} + \Delta_n} - \frac{\Delta_{n-1}}{\Delta_{n-1} + \Delta_n} \right)$$

$$c_{n-1} = \frac{\Delta_{n-1} \Delta_n}{(\Delta_{n-1} + \Delta_n)^2} - 1$$

$$\boldsymbol{e}_{n-1} = - \frac{1}{3} (\boldsymbol{q}_m + 2\boldsymbol{q}_{m-1})$$

　　解线性方程组式（4-29），即可求出全部未知控制顶点。至此，由方程式（4-27）所表示的三次 B 样条插值曲线就完全确定。如图 4-8 所示，其给出了一个采用切矢边界条件的三次 B 样条插值曲线的实例。如图 4-9 所示为一根双艉船艉部横剖线采用三次 B 样条方法的插值结果，边界条件采用切矢边界。

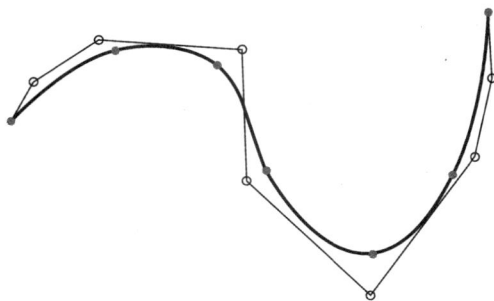

图 4-8　三次 B 样条插值曲线示例

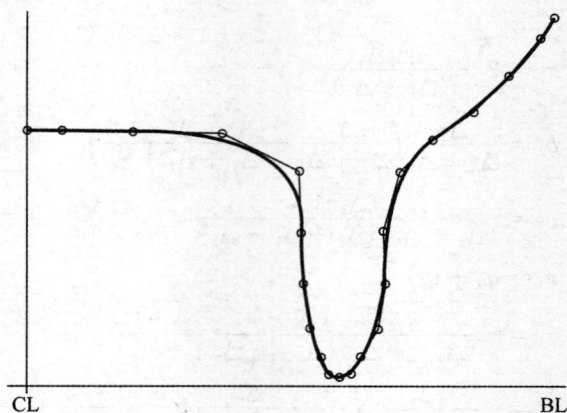

图 4-9 三次 B 样条插值曲线实例:双艉船艉部横剖线

习题和思考题

1. 参数曲线方程的优点主要有哪些?

2. 三次 B 样条函数的推导给曲线插值提出了哪些限制?

3. 根据下表数据用追赶法求解三次 B 样条函数系数。

	P_1	P_2	P_3	P_4	P_5	P_6	P_7	P_8	P_9
x	0	400	800	1 200	1 600	2 000	2 400	2 800	3 060
y	0	130	232.6	320.4	348	389	329.4	165	0
y'	0.361								−0.673

4. 试写出自然边界条件下,求解 $M_i(i=0,1,\cdots,n)$ 的连续性方程组。

5. 试用反算方法建立题 3 中型值点的三次 B 样条插值曲线。

第5章 船体型线光顺的数值方法

5.1 概述

船体放样的主要目的,是将设计图上的型值误差和曲线(面)的不光顺因素予以消除,即对型线进行光顺;此外,还要补充设计图中尚未完全表示的内容,求取船体构件的真实形状和几何尺寸,为后续工序提供施工资料。因此,型线光顺是船体放样中首先必须完成的工作。

按照传统的工艺习惯,船体型线光顺就是根据给定的型值表数据,用样条绘制船体型线,对型线进行光顺性判别,并对不光顺处进行型值调整,使三个投影面上的型线都满足光顺性和型值一致性的要求。此外,在光顺后的型线图上,按肋骨间距插出全部肋骨型线,并根据结构图纸绘出光顺的结构线和板缝线等。

计算机辅助型线光顺,称为"数学光顺",是以计算机进行信息处理代替手工光顺作业的工作。因此,在数学光顺中,主要有定义船体型线或型面的数学模型、用于型线光顺性判别和型值一致性判别的数学方法、不光顺时调整型值的数学方法等内容。其中,上一章介绍的方法可用于定义船体线型。

船体数学光顺的内容很多,由于篇幅限制,本章以研究型线光顺性判别和型值调整的数学方法为主,论述数学光顺方法,使读者掌握有关概念和主要方法。

5.2 船体型线光顺的基本概念

5.2.1 船体型线三向光顺

对曲面进行光顺有两种方式。一种方式是,将曲面的光顺性转换成网格线的光顺性问题进行处理,即只要对曲面上的两族或三族曲线进行了光顺处理,就认为曲面已经光顺,这个过程称为网格线光顺(Fairing of Mesh);另一类方法则根据曲面特有的一些量对曲面进行光顺处理,而并不仅仅考虑曲面的网格线。

船体放样中,按照传统的工艺习惯,只要横剖线、水线和纵剖线三族剖面线所张成的网格光顺了,就认为已达到船体曲面的光顺性要求。因此,船体曲面的光顺性问题就转化成网格的光顺性问题。

所谓网格是光顺的,其含义包含两个方面:

(1)网格的每一条曲线都是光顺的。三族剖面线需要各自独立地进行光顺,即单根曲线光顺。曲线光顺的数学方法很多,文献[2]介绍了最小二乘法、能量法、回弹法、基样条法、圆率法、磨光法等。

(2)要满足网格的协调条件。即分属于两族的每两条曲线在空间是相交的,不允许出现型值不一致。这个过程称为三向光顺。为了满足协调条件，就需要对三族剖面线反复多次地迭代光顺。

采用网格光顺法光顺三维曲面在实践中应用十分广泛，造船、汽车和飞机制造业都有丰富的实践经验。

船体放样中所用的剖面线是用相互正交的三族平面去截船体曲面而得到的，因此需要对三族剖面线迭代光顺。文献[2]介绍了在网格光顺方面的一套独特的方法，只要使曲面的两族等参数曲线光顺了，就认为曲面达到了光顺，即将曲面的光顺转化为对参数曲线网格的光顺。Hosaka 提出的网格能量法和忻元龙提出的网格基样条法等都属于此种情况。限于篇幅，这些内容本书中不做介绍。

5.2.2　光顺的基本概念

在船体等几何外形数学放样中，经常谈论到曲线光顺性的概念。光顺，顾名思义，就是光滑和顺眼的意思。"光滑"通常指曲线曲面的参数连续性或几何连续性，在数学上的意义比较明确，有严格的数学定义。对于曲线，"光滑"是指切线方向的连续性，或者更精确地指曲线曲率的连续性。"顺眼"则涉及美学的范畴，但其判别标准并非不可捉摸。归纳起来，顺眼的曲线应满足两个条件：

（1）没有多余拐点。

（2）曲线的臌瘪变化比较均匀。

所谓臌瘪，就是曲线上曲率局部极值处，是肉眼看到的曲线上的曲率变化。因此，光顺的含义，不仅有数学上连续性的要求，更侧重于功能（如美学、力学、数控加工）方面的要求。

工程上的光顺概念，目前还没有一个确切的定义，而是依靠实际工作者根据生产实践积累的经验，用眼睛观察所绘制的曲线，作出曲线是否光顺的判断。如船体放样中，最后要求船体型线达到"眼观光顺"，即肉眼看起来"舒服"。对同一组型值点列，不同人的放样结果自然不尽相同。因此，光顺的概念具有较浓厚的主观色彩。

但是，光顺性还是有着客观性的一面。对于平面曲线，苏步青、刘鼎元给出了如下光顺准则：

（1）曲线二阶参数连续（C^2 连续，2 阶连续可微）。

（2）没有多余拐点。

（3）曲率变化较均匀。

准则（1）是数学上的光滑概念，只涉及每一点及其一个充分小邻域，因而是一个局部的概念。准则（2）和（3）则是对整条曲线而言，是一个整体概念，处理起来比局部概念要困难和复杂。实用上，整体的光顺性甚至比局部的光滑性更重要。

光顺准则（2）是用来控制曲线的凹凸变化，以期达到拐点尽可能少些的目的。以正弦曲线为例，尽管它是很光滑的，但由于有很多拐点，整条曲线不能被认为是光顺的。

准则（3）的作用在于对曲线臌瘪变化的控制。臌和瘪的地方就是曲线上曲率局部极值处。

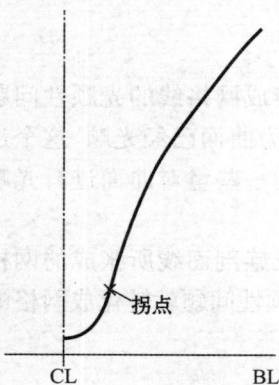

图 5-1　船体艏部肋骨线

这三条准则是人们在从几何外形计算的长期工作实践中归纳出来，普遍适用于几何外形的绝大多数线型。有时也会出现少数例外，如图 5-1 所示的一条船体艏部肋骨线，在叉号处曲率有一个从正到负的拐点,然而人们不但觉得这条曲线是光顺的,还认为这个曲率大跳跃是必需的。假定放到别的场合,很可能将它归入不光顺的一类。对于计算程序中的这种少数例外情形,不难作出个别处理。

5.2.3　船体型线光顺性准则

在船体型线放样中,用于判断船体型线光顺性的方法,完整地体现了工程上的光顺概念,而且在生产中形成了相当完整的人工作业模式。参数三次样条曲线、B 样条曲线等用于表达船体型线时,只解决了根据给定的一组型值点和端点条件,用数学方法定义型线的问题,至于所定义的型线是否满足型线光顺性条件,怎样对型线不光顺的地方进行型值调整,则有赖于判别型线光顺性和对型线进行光顺调整的数学方法才能实现。

在手工放样中,根据长期积累的实践经验,已经总结出以下的型线光顺准则:

(1) 型线上应没有不符合设计要求的间断和折角点。

(2) 型线弯曲方向的变化应符合设计要求,更不允许产生局部凹凸现象。

(3) 型线弯曲程度的变化必须是均匀的。

(4) 型线调整光顺后,各型值点的型值应尽量接近原设计型值。

(5) 型线调整光顺后,型线上任一点在三个投影图上的型值必须相互吻合。

在上述准则中,除了最后一个条件是属于船体三向光顺中的型值一致性要求以外,其余各项都是针对单根船体型线的光顺要求。因此,我们可以根据手工放样的型线光顺准则,结合描述型线的几何属性与曲线特征的关系,得出数学光顺的型线光顺性判别和型值调整准则,即:

(1) 型线的插值或拟合函数应满足函数及其一阶、二阶导数的连续条件。

(2) 型线的曲率符号变化应符合设计要求,没有多余拐点。

(3) 型线的曲率数值变化应该是均匀的。

(4) 调整光顺型线时,应使各型值点的型值偏离达到最小。

5.3　曲线光顺处理的基本方法

在船舶 CAD/CAM 系统中,所生成的曲线、曲面不光顺原因主要有以下几个方面:

(1) 型值点是光顺的,但由于参数化不合理而导致所生成的曲线、曲面不光顺。

(2) 型值点是光顺的,但由于曲线、曲面的生成方式或所采用的曲线、曲面表达形式不理想,因而导致所生成的曲线、曲面不光顺。

(3) 型值点本身不光顺,而导致插值于型值点的曲线、曲面不光顺。

上述中,(1)、(2)是关于选择合适的插值计算方法方面的问题,这在上一章已经讨论过;(3)指的是设计环节给出一组可能不太光顺的型值点列,为了构造一条光顺的插值曲线,需要修改原始型值点列。

因此,为使生成的插值曲线、曲面具有良好的光顺性,通常可采用如下方法:

1. 采用良好的参数化方法

对于分布极不均匀的数据点,采用均匀参数化插值生成曲线时,弦长较长的那段曲线显得扁平,而弦长较短的那段曲线则严重鼓起,甚至出现尖点或打圈自交(二重点)。因而,曲线是不光顺的,如图 5-2(a),但采用累加弦长参数化,则生成的曲线是光顺的,如图 5-2(b)。

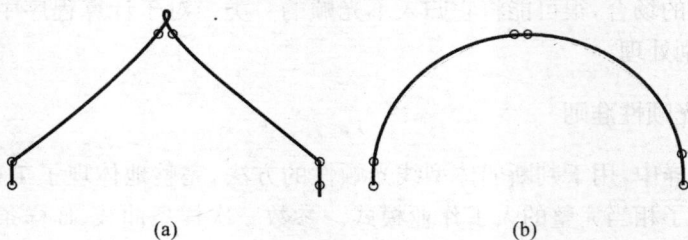

図 5-2　参数化对曲线光顺性的影响

(a) 采用均匀参数化;(b) 采用累加弦长参数化

因此,当型值点分布不均匀时,可以考虑采用累加弦长参数化(Cumulative Chord Length Parametrization)、向心弦长参数化(Centripetal Chord Length Parametrization)或修正弦长参数化(Modified Chord Length Parametrization)来改善曲线的光顺性。

此外,在用参数曲线、曲面对型值点进行最小二乘法拟合时,可采用参数优化的方法,通过迭代来确定与各型值点对应的参数。

2. 采用优良的曲线、曲面生成和表达方式

如可采用几何连续的样条代替参数连续的样条,以增加曲线生成的自由度,通过选择合适的形状控制参数,使生成的插值曲线、曲面更光顺。此外,与整体插值方法相比较,在某些情况下采用局部插值方法生成的曲线、曲面更为光顺。

3. 适当调整型值点(或控制顶点)的几何位置

如果给定的型值点呈锯齿型,则不论采用何种参数化或曲线生成方式,得到的插值曲线都不光顺。对于这种情况,常用的方法是适当调整型值点或控制顶点的位置,使曲线或曲面达到光顺。本章论述的光顺方法都属于这种类型。

根据每次修改型值点的多寡以及所采用的光顺准则,现有的光顺方法可分为两种类型:局部光顺方法和整体光顺方法。如每次仅修改少数型值点,则称为局部光顺方法。各种选点修改法都属于这一类型。如每次修改全部型值点,则称为整体光顺方法。

目前,很多文献中采用优化的方法对曲线、曲面进行光顺,例如最小二乘法、能量法等都属于这一类型。优化法既可用于曲线、曲面的整体光顺,又可用于曲线、曲面的局部光顺。当用于整体光顺时,称为整体优化法(Global Optimization Method),否则称为局部优化法(Local Optimization Method)。

如前所述,曲线光顺的方法主要有选点修改法和优化法等。优化法又可分为整体优化法和局部优化法。本节将依次阐述这几类光顺方法。

1. 选点修改法

如果给定的几何外形在大多数型值点处是好的或比较好的(亦即是光顺或比较光顺的),只在少数型值点处不光顺(称为"坏点"),则可以采用选点修改法。选点修改法的过程是:

(1) 逐次找出"坏点"。

(2) 对"坏点"进行修改。

因此,选点修改法的关键是:

（1）"坏点"的判别。

（2）"坏点"的修改。

现在分别讨论这两个问题。

1）"坏点"的判别

确定"坏点"的方式有两种：

（1）由用户根据观察来决定哪些点是"坏点"，这种方式称为交互方式。

（2）根据一定的光顺准则，建立"坏点"判别准则。由程序自动地确定哪些点是"坏点"，这种方式称为自动方式。寻求自动光顺算法是光顺研究的一个目标，但由于实际问题的多样性和复杂性，很难建立一个对所有情况都适用的"坏点"判别准则，以准确地找出所有"坏点"。因此，在处理实际问题时，自动和交互两种方式相结合是切实可行的。此外，还应针对不同的实际问题分别进行研究。

选点修改法分为初光顺和精光顺两个阶段。

给定平面上一组有序的点列 $P_i(x_i, y_i)(i=0,1,\cdots,n)$。设 $P(t)$ 是插值于 $\{P_i\}$ 的曲线，k_i 是 $P(t)$ 在型值点 P_i 处的相对曲率。通常我们采用如下的"坏点"判别准则：

（1）初光顺阶段。

① k_i 不连续的型值点称为 1 类坏点，跃度最大的点称为最坏点。

② 在曲率的符号序列 $\{\text{sign}(k_i)\}$ 中连续变号的点，即凡使条件

$$\begin{cases} k_{i-1} \cdot k_i < 0 \\ k_i \cdot k_{i+1} < 0 \end{cases}$$

成立的点 P_i，称为 2 类坏点。令

$$\Delta_i = \frac{|\overline{P_i Q_i}|}{|\overline{P_{i-1} P_{i+1}}|} \tag{5-1}$$

式中：$Q_i = \dfrac{(P_{i-1} + P_{i+1})}{2}$，表示在 2 类坏点中，使式（5-1）的值最大的坏点 P_i，称为最坏点。

（2）精光顺阶段。在 k_i 的一阶差分符号序列 $\{\text{sign}(\Delta k_i)\}$ 中连续变号的点，即使条件

$$\begin{cases} \Delta k_{i-1} \cdot \Delta k_i < 0 \\ \Delta k_i \cdot \Delta k_{i+1} < 0 \end{cases}$$

成立的点 P_i，称为坏点。令

$$d_i = \left| \frac{k_{i+1} - k_i}{l_{i+1}} - \frac{k_i - k_{i-1}}{l_i} \right| \tag{5-2}$$

式中：$l_i = |\overline{P_i P_{i-1}}|$ 为弦长。d_i 称作曲线 $P(t)$ 在点 P_i 处的剪力跃度。在精光顺阶段，我们以剪力跃度最大的点为最坏点。

2）"坏点"的修改

数学放样中，修改坏点的方法很多，这里介绍两种。

（1）节点删除与插入法。这种方法是在 B 样条方法基础上提出的，应用了 B 样条方法中的节点插入算法。

给定平面上一组有序的点列 $P_i(x_i, y_i)(i=0,1,\cdots,m)$，其插值三次 B 样条曲线 $P(u)$ 为：

$$P(u) = \sum_{j=i-3}^{i} d_j N_{j,3}(u) \tag{5-3}$$

式中：$d_j (j=0,1,\cdots,m+2)$ 是控制顶点。$N_{j,3}(u)$ 是定义在节点矢量

$$U=[u_0=u_1=u_2=u_3=0,\cdots,u_j,\cdots,u_{m+3}=u_{m+4}=u_{m+5}=u_{m+6}=1]$$

上的三次 B 样条基函数。设 P_j 是坏点，与其对应的参数是 u_{j+3}。

Farin 等提出对坏点 P_j 的处理方法如下：

① 把节点 u_{j+3} 从节点矢量 U 中删除，得到定义在节点矢量

$$U_1=[u_0=u_1=u_2=u_3=0,\cdots,u_{j+2},u_{j+4},\cdots,u_{m+3}=u_{m+4}=u_{m+5}=u_{m+6}]$$

上的 B 样条曲线 $P_1(u)$。

② 对于 $P_1(t)$，再将节点 u_{j+3} 插入 U_1 中，则得光顺后的曲线。

通常把这种光顺方法称为节点删除与插入法。其中，步骤②只是为了保持光顺后曲线的节点矢量和原曲线相同，并不改变步骤①中得到的曲线。因此，如果希望减少光顺后曲线的控制顶点，可以取消步骤②。

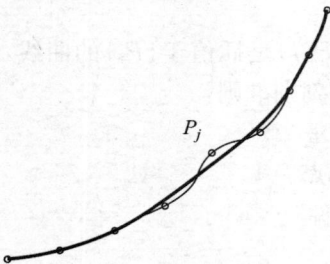

图 5-3 坏点的修改

图 5-3 所示为采用 Farin 的节点删除与插入法对坏点 P_j 的修改。其中细线是原来的曲线，小圆代表原曲线的型值点，粗线是对 P_j 进行修改后的 B 样条曲线。

（2）初光顺修改法。这种光顺方法的主要目标是消除型值点中的坏点。虽然坏点只是极少数，但出现坏点（多余拐点）的情况有多种，所以决定消除坏点的型值修改范围也有两种类型，分别叙述如下：

① 产生的拐点属多余拐点。如图 5-4(a) 所示，使坏点 P_i 两侧的 $\overline{P_{i-2}P_{i-1}}$、$\overline{P_{i+1}P_{i+2}}$ 的延长线，相交于 $\overline{P_{i-1}P_{i+1}}$ 一侧得交点 D，由此构成用阴影线标明的三角形，再过 P_i 点作垂直于横轴的直线，它与阴影线三角形的两边相交于 C 和 C_1，则 $\overline{CC_1}$ 线段上任一点的二阶差商均与相邻两点的二阶差商同号，故可得 C 点为型值修改的下限，C_1 点为型值修改的上限。

② 与坏点相邻的拐点中有一个是设计拐点。如图 5-4(b) 所示，坏点 P_i 两侧的 $\overline{P_{i-2}P_{i-1}}$、$\overline{P_{i+1}P_{i+2}}$ 的延长线，分别处于 $\overline{P_{i-1}P_{i+1}}$ 的两侧，此时可分别过 P_{i-1} 和 P_{i+1} 点作垂直于横轴的直线，它们分别与延长线相交于 D_1 和 D_2 点，由此构成阴影线表示的梯形，再过 P_i 点作垂直于横轴的直线，并与梯形的两边相交得 C 和 C_1 点。则在 $\overline{CC_1}$ 线段上任一点的二阶差商均能与两相邻点之一的二阶差商同号，达到消除坏点而保留设计拐点的目的。

应该注意，这种修改方法应根据设计拐点所在的位置来决定具体修改量。

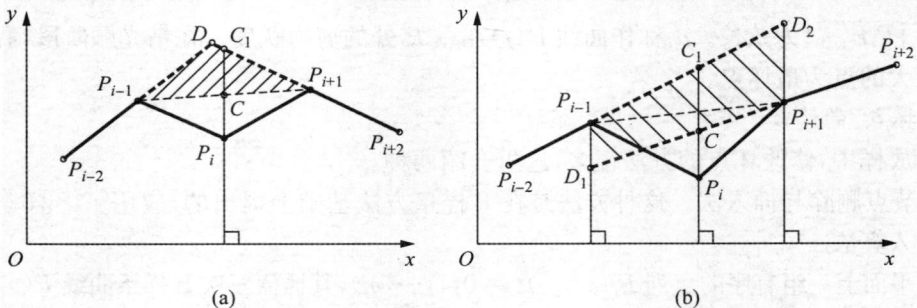

(a)

(b)

图 5-4 坏点型值的修改范围

3）选点修改法的特点

当运用光顺准则进行船体线型的数学放样时,有一个前提需要明确,那就是由设计部门提供的原始型值点,极大多数是好的或比较好的。一般只要修改少数型值点,便能获得一个光顺的几何外形。不能想象,在光顺过程当中,如有三分之一甚至近半数的型值点需要作较多修改时,这样粗糙的原始数据还有什么实际意义。

选点修改法的基础是,承认大多数型值点是好的或比较好的,它的光顺过程就是把少数"坏点"挑出来逐个予以修正。

选点修改法的优点是:

（1）坏点挑得准、好点不受损,需要修改的型值点少。

（2）严格满足三条光顺准则,圆满解决了平直段小波动问题。

（3）修改能力强。

选点修改法的缺点是:当接连出现多个坏点时,往往不容易处理好。虽然也能达到光顺,但收敛速度就慢了。

选点修改法之所以特别适用于几何外形的光顺问题,是因为在这类问题中应该有极大多数的好点。

2. 整体优化法

最优化方法在曲线、曲面光顺中具有重要的应用,例如,能量法和最小二乘法光顺都是将曲线、曲面的光顺问题转化为最优化问题进行求解。如果在光顺时将所有控制顶点（或型值点）均作为未知量,通过求优化问题的解来确定,则称为整体优化法。

通常的能量法和最小二乘法光顺都属于整体优化方法,即将曲线的所有控制顶点均作为未知数,通过求解优化问题的解来确定。这种方法具有很好的整体光顺效果,但计算量大,计算速度慢。

3. 局部优化法

为减少优化计算量,我们自然希望每次光顺处理中只将少数控制顶点（或型值点）作为未知量,采用最优化的方法对其进行调整,而其他控制顶点则保持不变。这类方法称为局部优化法。

1）选点法和优化法的结合

在实际问题中,有时给定的大部分型值点是好的（光顺的）,而只有少数型值点不光顺。如果采用整体优化方法,必然会带来大量不必要的计算耗费,而且会使得一些不应该被修改的型值点也被修改了。如果采用选点修改法,其光顺效果有时又难以满足要求。在这种情况下,若将选点修改法和优化法相结合,扬长避短,无疑是一种可行的方法。该法的原理如下:

（1）采用选点修改法中的"坏点"判别方法找出"坏点"。

（2）把对这些"坏点"有影响的型值点（或 B 样条的控制多边形顶点）作为未知量,保持其他型值点（或控制顶点）不变,求出未知的控制顶点。

若采用选点法和优化法相结合的方法,可称之为局部能量法。

2）分段优化方法

为提高整体优化的计算速度,还可以分段地采用优化方法。其思路是:

（1）将型值点列或控制多边形顶点按点序分为若干组。

（2）对各组依次进行优化。对一组进行优化时，将该组控制顶点作为未知量，其他控制顶点保持不变，调整该组控制顶点。如此完成各组控制顶点的调整。

这种方法需要分组多次调整控制顶点，但每次调整只需解很小的线性方程组，因而总的工作量比整体优化法小。

4．带约束条件的光顺处理

在对曲线光顺时，经常要附加一些约束条件。常见的约束条件有：

（1）光顺时，某些关键型值点不能被修改。

（2）为保持和相邻曲线光滑连接，曲线的边界位置和切矢应保持不变。

采用选点修改法较易实现上述要求。显然，带约束条件的光顺方法在船体线型光顺中有着广泛的用途。

5.4　曲线的光顺性检查

在船舶几何外形设计中，人们对曲面光顺性的要求越来越高，但在屏幕上设计出曲面以后，由于显示屏尺寸及分辨率的限制，很难直接地判断其是否光顺。因此，如何借助计算机分析曲线曲面的光顺性，是光顺性研究的一个重要问题，也是曲面造型系统中应该具备的基本功能。这项工作称为光顺性检查，或光顺性分析。

对于船舶线型的光顺性检查，常用的方法是画出曲线的曲率（对于平面曲线，通常采用相对曲率）随弧长变化的图形，即曲率图；也可以直接在原曲线的外法方向上画出表示曲率半径大小的直线段，然后根据光顺准则进行分析。如图 5-5 所示，是在某船横剖线型上绘制的曲率半径线段，图中的曲率半径很直观地反映了曲线的光顺性。

（1）曲率半径方向反映出曲率符号的变化，可以用来判别曲线弯曲方向是否变化，即是否出现拐点。

（2）曲率半径线段长度的变化反映出曲率数值的变化，可以用来判别曲线曲率数值变化是否均匀。将曲率半径线段的一端用折线顺序连接，即可得包络线，根据包络线可以很直观地判断曲率数值的变化情况。

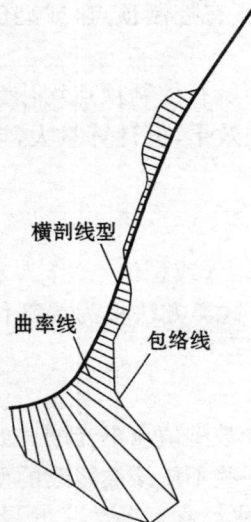

图 5-5　曲率半径线段图

由于屏幕尺寸限制，在屏幕上显示整根曲线及其曲率半径线段时，所用的比例一般较小，不利于准确判断。为了便于观察，通常采用"开窗口"的方法。即用矩形框选所要观察的曲线部分，如图 5-6（a）所示，然后用较大的比例绘制曲率半径线段，如图 5-6（b）所示。或者通过坐标变换，用更大的比例在屏幕上显示矩形框内的部分曲线及其曲率半径线段，从而更清楚地判断曲线的光顺性。关于坐标变换的内容在第 3 章已介绍，这里不再赘述。

由此可见，型线曲率图直观地反映了曲线的光顺性，对于采用人机交互方式进行型线光顺是非常方便的。

对于空间曲线，还可以进一步画出挠率随弧长变化的图形，即对挠率图进行分析。对曲面的光顺性分析则复杂得多。

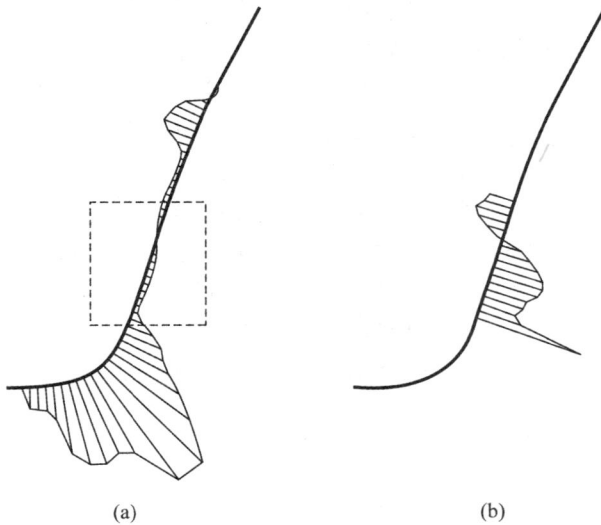

图 5-6　"开窗口"实例

5.5　曲线的光顺方法

　　本节所介绍的曲线光顺方法,主要是为船体等几何外形的数学放样服务的。就是说,在设计部门给出一组可能不太光顺的型值点列之后,为了构造一条光顺的插值曲线,需修改原型值点列,使其光顺。

　　曲线、曲面光顺的数学方法很多,文献[2]介绍了最小二乘法、能量法、回弹法、基样条法、圆率法、磨光法等。国内外造船、汽车和飞机制造业都有丰富的实践经验。各种光顺方法的主要区别在于使用不同的目标函数以及每次调整型值点的数量。

　　早期的目标函数大都建立在模拟弹性梁的样条函数各支点剪力跃度的基础上,后逐渐转向能量法。能量法最早由穗坂卫提出,其主导思想是用曲线曲面的应变势能来代替剪力跃度,由此推出目标函数。

　　光顺方法主要可分为整体光顺和局部光顺两大类。整体光顺是每次调整所有的型值点;局部光顺则是每次调整个别坏点。最小二乘法、能量法都用到全部型值点来修改,是整体修改的办法。基样条法和圆率法则是选点修改,即保留好点,只改动坏点,而且尽可能少改动。

　　本节仅仅介绍两种较有影响的曲线光顺方法:回弹法和圆率法。

5.5.1　回弹法

　　"回弹法"是浙江大学等在船体数学放样的实践中提出的一种光顺方法。该法是对手工放样中的"两借借,自然放"的一种数学模拟,即通过新老两组型值点交替地固定和回弹,使样条的能量渐次减少,以达到光顺的目的。下面首先介绍手工放样中"两借借,自然放"的基本方法。

　　1. 手工放样的基本方法

　　手工放样是按提供给放样车间的比例线型图,以及设计人员从线型图上获取的型值数据,在样台上描出剖面线上的各型值点,然后用样条沿着它们弯曲,并在各型值点用压铁压上,当用眼睛看样条构成一条光顺的曲线时,就沿着样条画上曲线。

由于所提供的线型图可能不光顺,使得放样时,通过这些型值点的样条,不能保证构成一条光顺的曲线,因而实际放样时还需要人工进行调整,称为手工光顺或手工修顺。

手工光顺的大致过程如下:如果由上述方法构成的曲线用眼睛看来不够光顺,则调整各个压铁位置直到曲线光顺为止。调整的原则一般说来是少数服从多数,即总的看来最不光顺的点先进行调整。手工调整的基本方法,即"两借借,自然放"。自然放就是当某型值点看来不光顺时,就把该点压铁拿起,让样条自然均匀,然后再在新的型值点上把压铁压上。当自然放时,样条弹动太多,则把该型值酌量改动,用压铁压住,然后把左右两点自然放,这就是两借借。有时调整到一定程度,就在适当的位置增加一些压铁后,将压铁轮流自然放,让样条弹匀,这样可使曲线更光顺。

2. 回弹法的基本方法

给定平面上一组有序的点列 $P_i(x_i,y_i)(i=0,1,\cdots,n)$ 以及适当的边界条件,回弹法的计算步骤如下:

(1) 对于给定分割:
$$\Delta: a = x_0 < x_1 < \cdots < x_{n-1} < x_n = b$$
以及型值点 $\{P_i(x_i,y_i)\}$,建立插值三次样条函数 $S(x)$。

(2) 取相邻两个节点的中点:
$$\xi_i = \frac{1}{2}(x_i + x_{i+1}) \quad (i = 0,1,\cdots,n-1)$$
记 $\xi_{-1}=a,\xi_n=b$,而且建立插值三次样条函数 $S(\xi_i)$。

(3) 对于另一种分割:
$$\Delta^*: a = \xi_{-1} < \xi_0 < \cdots < \xi_{n-1} < \xi_n = b$$
以及型值点 $\{Q_i(\xi_i,S(\xi_i))\}(i=-1,0,\cdots,n)$,同样建立插值三次样条函数 $S^*(x)$。

(4) 称 $P_i^*(x_i,S^*(x_i))(i=0,1,\cdots,n)$ 为经过一次回弹的新型值点。

(5) 如此反复,直到某一次回弹前后的节点 x_i 处的函数值之差小于定值 ε 为止:
$$| S^*(x_i) - S(x_i) | < \varepsilon \quad (i = 0,1,\cdots,n)$$

最后一次获得的型值点及其插值三次样条即作为光顺型值点和光顺曲线。在船体数学放样中,一般取 $\varepsilon=3$mm。

当构造插值三次样条函数 $S(x_i)$ 和 $S^*(x_i)$ 时,它们的边界条件在回弹过程中不变,都是原来给定的。

上面介绍的回弹法称为插中点回弹法,是回弹法的基础。经过改进后,第(2)步的插节点可改成加权平均形式:
$$\xi_i = \alpha_i x_i + (1-\alpha_i)x_{i+1} \quad (i = 0,1,\cdots,n-1)$$
其中:权因子 $\alpha_i \in (0,1)$,选择原则是使得 $\frac{\alpha_i}{1-\alpha_i}$ 与样条 $S(x)$ 在 x_i,x_{i+1} 两节点处的剪力跃度成比例。

直观地看,经过回弹,样条的能量逐次减少,曲线也就趋向光顺。回弹法可看作是一种迭代逼近的能量法。

　　回弹法力学意义明确,方法简单可行,光顺质量好。但是,如果迭代次数过多的话可能出现光顺型值点与原型值点偏离过大的问题。而且,对平直段小波动往往难以消除,这是整体光顺法的通病。

　　在吸取了选点修改法的长处后,回弹法增加了"直尺卡样",就是把平直段的坏点挑出来加以局部处理,保证曲线的弯曲方向。

5.5.2　圆率序列法

　　圆率法是一种选点修改法。它不需要插值曲线,而从离散型值点分布的几何位置出发直接判断型值点列的光顺性,进而挑出坏点,并求出修改的距离给以光顺修改,有着简单、快速的优点。圆率法在数学处理过程中不必引进坐标系,是完全几何化的,因此不存在大挠度问题。

　　在平面上给定一组有序的点列 $P_i(x_i, y_i)(i=0,1,\cdots,n)$ 和两边界切向 m_0 和 m_n,过相邻三点 P_{i-1}, P_i, P_{i+1} 所作圆的相对曲率 k_i 称为在点 P_i 处的圆率。当圆弧 $P_{i-1}P_iP_{i+1}$ 走向为逆时针时,k_i 取正号,顺时针时则取负号。边界点 P_0 处的圆率 k_0 则以过 P_0、P_1 和 P_0 处的切矢 m_0 所作的圆来确定,k_n 亦然。这样,便可得到对应于型值点列 $\{P_i\}$ 的圆率序列 $\{k_i\}$。

　　圆率法分为初光顺和精光顺两部分:

　　1) 初光顺

　　在符号序列 $\{\mathrm{sign}(k_i)\}$ 中,凡使连续变号的点为坏点,初光顺的目标就是要达到圆率符号序列无连续变号。

　　2) 精光顺

　　在圆率差分 $\Delta = k_i - k_{i-1}$ 的符号序列 $\{\mathrm{sign}(\Delta k_i)\}$ 中,凡使连续变号的点为坏点。精光顺的目标是要达到圆率差分符号序列无连续变号。

　　圆率法的光顺目标是圆率的二次差变成最小。

　　定义　P_i 点处圆率的二次差

$$D_i = \lambda_i k_{i-1} + \mu_i k_{i+1} - k_i \quad (i = 1, 2, \cdots, n-1) \tag{5-4}$$

式中:$\lambda_i = \dfrac{l_{i+1}}{l_i + l_{i+1}}, \mu_i = \dfrac{l_i}{l_i + l_{i+1}}, l_i = \overline{P_{i-1}P_i}$。

　　假定 P_i 是初光顺中的坏点,那么圆率 k_{i-1} 与 k_{i+1} 同号,而与 k_i 异号。因此 $|D_i|$ 较大。这样,圆率的二次差的绝对值 $|D_i|$ 能相对地反映出 P_i 点临近曲线的光顺程度。

　　将坏点 P_i 修改成光顺点 P_i^* 的办法如下:假定在原型值点列中仅用 P_i^* 替代 P_i,而保持其余各点不变。记新型值点列的圆率序列为 $\{k_i^*\}$,修改的原则是使得 $\{k_i^*\}$ 在 P_i^* 处的圆率的二次差

$$D_i^* = 0 \tag{5-5}$$

其目的是使修改后的圆率序列尽量变得均匀些。事实上,式(5-4)可改写成如下:

$$D_i = \frac{l_i l_{i+1}}{l_i + l_{i+1}} \left(\frac{k_{i+1} - k_i}{l_{i+1}} - \frac{k_i - k_{i-1}}{l_i} \right)$$

$D_i = 0$ 意味着,在三点 P_{i-1}, P_i, P_{i+1} 处的圆率差分与所对弦长成比例。

　　应用圆率法到船体数学放样时,型值点以及修改量都取直角坐标系表示。假定坏点 P_i (x_i, y_i) 修改成 $P_i^*(x_i, y_i + \rho_i)$,在做了线性化近似处理后,从式(5-5)得到:

$$\rho_i = -\frac{l_i l_{i+1}}{g_i} D_i$$

式中：D_i 是原型值点列在 P_i 处圆率的二次差，系数

$$g_i = 2\left(\sin\psi_i + \frac{l_{i+1}}{l_{i-1}+l_i}\lambda_i \sin\psi_{i-1} + \frac{l_i}{l_{i+1}+l_{i+2}}\mu_i \sin\psi_{i+1} \right)$$

是一个与 P_i 点纵坐标 y_i 无关的量，而且 $g_i > 0$，如图 5-7 所示。在小挠度和型值点等距分布的场合：

$$g_i \approx 3$$

这里推导从略。

更进一步的文献[2]显示，圆率法的实质在于：通过对圆率二次差 D 的减小而起到减小剪力跃度的作用，从而它具有光顺曲线的功能。

在圆率法中，我们并不希望在每一个点都按照式(5-5)进行光顺修改。因为点点都修改的效果不好，会造成改动点子过多、偏离过大的结果，我们只要对坏点进行修改：首先进行初光顺，之后再精光顺一遍。

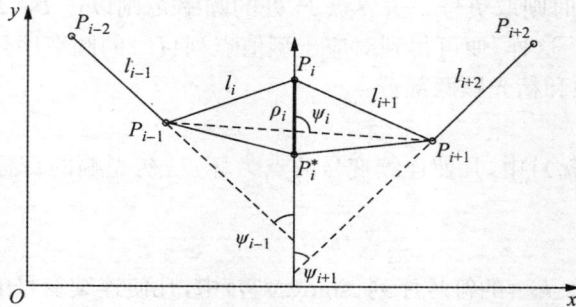

图 5-7   圆率法修改坏点原理示意图

圆率法是山东大学和沪东中华造船集团协作，在船体数学放样的实践中提出来的，经过不断地研究完善，已成为沪东中华船体建造系统(HDSHM)中线型部分的关键技术之一，取得了良好的应用效果。

5.6   船体型线三向光顺方法

1. 三向光顺的任务和方法

前几节讨论的型线数学光顺方法，都是针对某一根型线，根据给定的原始数据进行光顺性判别和光顺调整等光顺计算的，它只解决某一根型线本身的光顺问题，并不考虑型线在三个投影面上的型值一致性问题，所以称为单根曲线的数学光顺。

剖面线法船体型线数学光顺，它实质是对手工放样的模拟，也是根据型值表和型线图准备的原始数据，依次分别对横剖面、水线面和纵剖面上的各族型线，利用计算机进行单根曲线光顺，然后进行三向光顺。所谓三向光顺，就是检验每根型线在三个投影面上的型值是否一致，或者其误差是否在允许范围内，称为型值收敛，若误差超过允许范围，就需要在三个投影面上反复进行修改光顺，直到三个投影图上的全部型线都符合要求为止。最后根据肋骨间距，在半宽水线和纵剖线上插值计算出全部肋骨型值。

在数学光顺中，用于三向光顺的方法主要有以下几种：

1）三向循环光顺法

此法是模拟手工放样的数学光顺方法,它的光顺流程,如图 5-8 所示。首先对横剖面进行单根曲线光顺计算,接着光顺水线,然后光顺纵剖线,最后检查三组型值的收敛性,反复迭代,直至三个投影面上计算所得的型值偏差收敛至允许偏差范围之内。这种方法的主要缺点是收敛性差。

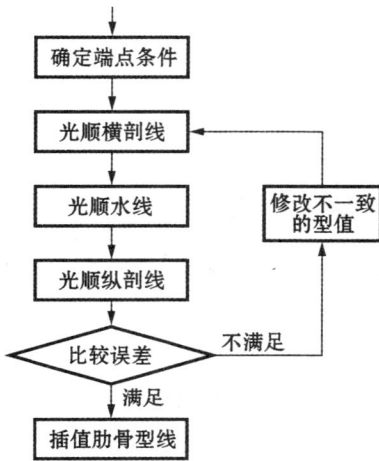

图 5-8　三向循环光顺法

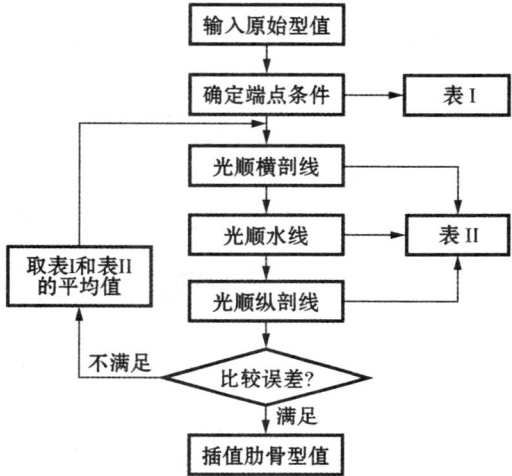

图 5-9　双表格法三向光顺

2）双表格法

上述的三向光顺方法,在光顺过程中都不保留原型值,总是以新型值代替老型值。双表格法的基本思想则是尽可能使光顺后的型值接近原型值,其光顺流程如图 5-9 所示。

这种方法在计算过程中用两套表格,表 I 用于存放确定端点条件后的型值,表 II 用于存放光顺过程中的型值。光顺开始时,三个投影面都是用原始型值进行光顺的,此后的循环乃是取表 I 和表 II 的平均值作为进行光顺的原型值。这样不断迭代,直至收敛为止。

为了便于对照检查以及防止数据丢失,可将原始型值存入外存储器中。双表格法的优点是收敛性好、型值偏离小;缺点是占用单元多,其光顺性在很大程度上取决于原始型值的优劣程度。

3）局部光顺法

在上述三种三向光顺方法中,若只在第一次光顺时,对三个投影面上的每一根型线都进行单根曲线光顺,以后就不再逐根进行光顺,而只是对那些型值不一致的型线,重复进行光顺计算,并修改至全部型线的型值都满足要求为止。这种光顺过程,称为局部光顺。局部光顺的信息,是由三向光顺的程序块给出的。

2. 决定端点条件的边界线

从上述三向光顺的流程框图可看出,在进入单根曲线数学光顺之前,都需要先决定各型线的端点条件。这是因船体型线大部分都是由曲线与直线或曲线与圆弧拼接而成。直线和圆弧分别为一次和二次方程,而船体曲线一般采用三次多项式表示,因此数学光顺中通常将它们分开来处理。

因此,在单根曲线光顺之前,必须将型线的曲线部分与直线(或圆弧)区分开。这部分工作由人工根据设计型线图来确定,即确定其边界条件。所谓边界条件就是曲线两端与其他型线

（直线、圆弧等）拼接的情况，以及端点的坐标值和切线斜率等。在船体表面，这些边界点组成边界线。船体表面适用光顺的是不连续线中间的区域。

　　船体型线上各端点（边界点）的连线称为边界线（Boundary Line），有平边线、平底线、端部切点线和折角线等。由于船体表面是光顺的空间曲面，因此各边界线也应该是光顺曲线。数学光顺中确定端点条件，实际上就是确定并光顺这些边界线，依此最终确定各船体曲线的端点型值和端点条件等。

　　船体的边界线主要有以下几种，如图 5-10 所示。

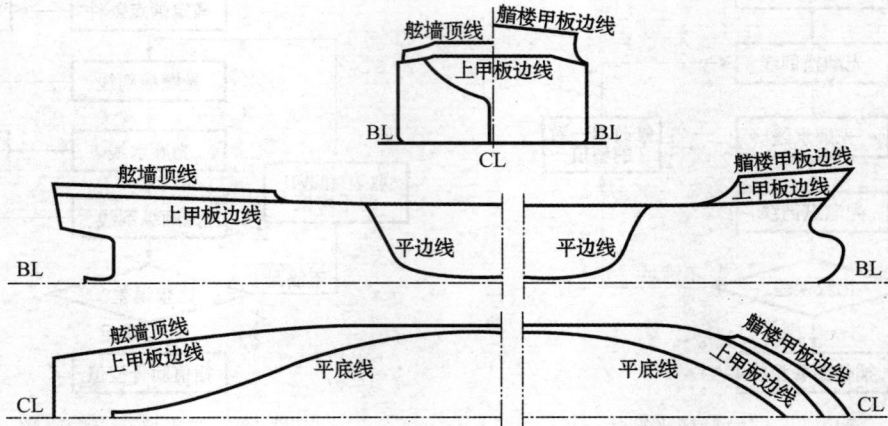

图 5-10　船体表面的边界线示意图

　　1）平边线

　　它是型线图上各横剖曲线与最大半宽相切的各切点，假想连成的一条光顺曲线。是船中舷侧平面与曲面相切的切点线；从平边线可以确定有关水线靠船中部的端值，以及横剖曲线靠最大半宽线的端值。

　　2）平底线

　　它是型线图上各横剖线和纵剖线与船底线相切的各切点，假想连成的一条光顺曲线。它是船底的平面与曲面相切的切点线。从平底线上可决定有关纵剖线靠船中部的端值，以及某些横剖曲线靠船底的端值。

　　3）艏、艉端切点线

　　将艏、艉端各水线与相应的艏、艉圆弧相切的切点连成的光顺曲线，称为艏、艉端切点线。它决定了水线曲线靠艏、艉的端值，以及某些横剖曲线的端值。

　　4）折角线

　　由相应型线的折角点连成的光顺曲线，称为折角线。型线在该点处的切线斜率不连续。通常有底部折角线，舷墙折角线等。

　　除上述以外，甲板边线、舷墙顶线、艏艉轮廓线也属于边界线。

　　3.　端部边界线光顺

　　对于平边线、平底线、折角线及艏、艉轮廓线，只要知道其端点和若干中间点的坐标值，以及它们在端点处的切线斜率，就可进行光顺计算。但是艏、艉端切点线的光顺却比较麻烦，因为它要与艏、艉端处部分船体曲面的光顺同时进行。

　　由于端部边界线数学光顺较为复杂,实用中亦多采用人工借助计算机屏幕进行光顺的方式完成。因此,下面仅简要介绍艏端部分的光顺工作内容,船艉端部分与其类似。

　　从手工放样可知,艏柱与水线面的交线皆为圆弧,故可把艏柱近似看成是圆锥面的一部分,由此可得艏端数学光顺的内容有:

　　(1) 光顺艏柱外形轮廓线。

　　(2) 光顺艏圆弧圆心线(半径曲线)。

　　(3) 光顺切点线。

　　因此,艏端光顺即为水线和横剖线提供了数学光顺所需的端点条件,并为艏柱建立了函数表达式。图 5-11 即为艏端光顺的流程框图。

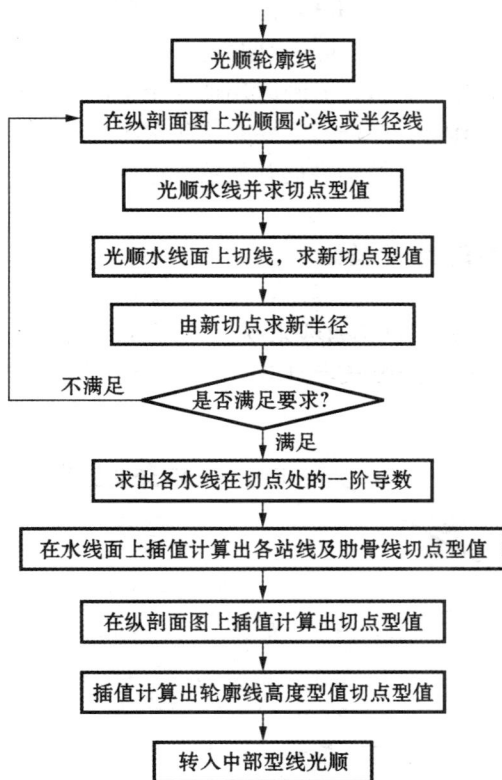

图 5-11　首端光顺流程框图

习题和思考题

1. 试分析船体型线三向光顺的含义。

2. 船舶 CAD/CAM 系统中,所生成的曲线、曲面不光顺原因主要有哪些?

3. 曲线的光顺性检查中,曲率线可以起到哪些作用?

4. 船体型线三向光顺的基本任务是什么? 它主要解决什么问题?

5. 比较分析几种三向光顺方法的优缺点?

6. 船体的边界线有哪些? 光顺边界线的目的是什么? 各种边界线可决定哪些型线的端点条件?

第6章 船体构件展开的数学方法

将那些在投影图上不能表示出真实形状的空间曲面实形求出,并摊开在平面上的过程称为展开。船体构件展开的目的,是为构件加工等后续工序提供施工资料。

空间曲面分为可展曲面和不可展曲面两种。可展曲面可以通过几何作图法精确地求出其展开的真实形状,大部分船体内部构件和舾装件属于可展曲面构件,不可展曲面则不可能运用几何作图法求得其精确的展开图形,船体外板曲面多属于这种。在手工放样中,仍然采用几何作图法近似地将这类外板展开,然后,在号料时用加放余量的方法对展开误差予以补偿。

目前,采用计算机进行船体构件展开,主要是手工展开方法的数学模拟,通过计算机的信息处理能力来提高效率。本章将介绍构件展开的数学方法。

6.1 船体构件展开计算的数学基础

在船体构件展开计算中,常用到两直线求交、直线与圆求交、两圆求交、直线与曲线求交、两曲线求交、曲线与圆求交和曲线弧长等计算,下面介绍解析几何中与上述计算有关的一些内容。

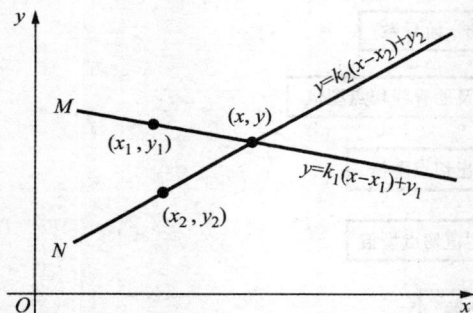

图 6-1 两直线的交点

6.1.1 求交点的数学运算

1. 求两直线的交点

如图 6-1 所示,已知直线 M、N,其斜率分别为 k_1、k_2,已知直线 M、N 分别通过点 (x_1,y_1)、(x_2,y_2),则直线方程分别为:

$$y = k_1(x - x_1) + y_1$$
$$y = k_2(x - x_2) + y_2$$

联立上述两式,消去 y 可得:

$$x = \frac{k_1 x_1 - k_2 x_2 + y_2 - y_1}{k_1 - k_2} \tag{6-1}$$

将 x 值代入任一直线方程可得 y 值,(x,y) 即为两直线交点坐标。当 $k_1 = k_2$ 时,两直线平行,没有交点。

2. 求直线与圆的交点

设直线通过点 (x_0,y_0),其斜率为 k。圆的圆心为 (x_1,y_1),其半径为 R_1,直线与圆的交点为 (x,y),如图 6-2 所示。

直线与圆的方程分别为:

$$y = k(x - x_0) + y_0 \tag{6-2}$$

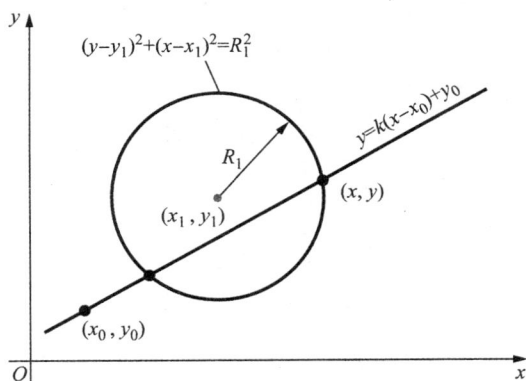

图 6-2　直线与圆的交点

$$(x - x_1)^2 + (y - y_1)^2 = R_1^2 \tag{6-3}$$

由式(6-2)可得：

$$y = kx + y_0 - kx_0$$

令：$b = y_0 - kx_0$，则式(6-2)可写为：

$$y = kx + b \tag{6-4}$$

联立式(6-3)和式(6-4)得：

$$(1 + k^2) \cdot x^2 + 2(kb - ky_1 - x_1) \cdot x + (b - y_1)^2 + x_1^2 - R_1^2 = 0$$

令：

$$E = 1 + k^2$$
$$F = 2(kb - ky_1 - x_1)$$
$$G = (b - y_1)^2 + x_1^2 - R_1^2$$

则有：

$$E \cdot x^2 + F \cdot x + G = 0$$

解方程得：

$$x = \frac{-F \pm \sqrt{F^2 - 4EG}}{2E} = \frac{-F \pm \sqrt{H}}{2E} \tag{6-5}$$

式中：$H = F^2 - 4EG$

因此，由式(6-5)和(6-4)可求得交点 $P(x, y)$。由式(6-5)可知，当 $H < 0$ 时，直线与圆没有交点；当 $H = 0$ 时，直线与圆只有一个交点，直线与圆相切；$H > 0$ 时，直线与圆有两个交点。

3. 求两圆相交的交点

设两圆的圆心分别为(x_0, y_0)、(x_1, y_1)，半径为 R_0、R_1，如图 6-3 所示。其方程分别为：

$$(x - x_0)^2 + (y - y_0)^2 = R_0^2$$
$$(x - x_1)^2 + (y - y_1)^2 = R_1^2$$

上述两个方程分别展开得：

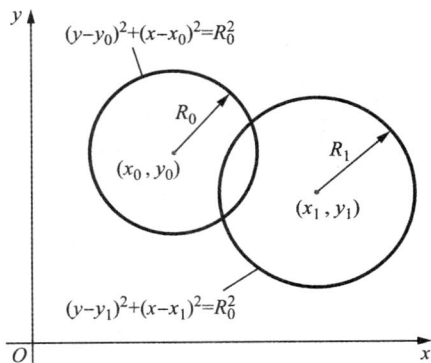

图 6-3　两圆的交点

$$x^2 - 2x_0x + x_0^2 + y^2 - 2y_0y + y_0^2 = R_0^2$$
$$x^2 - 2x_1x + x_1^2 + y^2 - 2y_1y + y_0^2 = R_1^2$$

令：

$$s_1 = R_0^2 - x_0^2 - y_0^2$$
$$s_2 = R_1^2 - x_1^2 - y_1^2$$

将上述两圆方程相减得：

$$2(x_1 - x_0)x + 2(y_1 - y_0)y = s_1 - s_2$$

整理后可得：

$$y = \frac{s_1 - s_2}{2(y_1 - y_0)} - \frac{x_1 - x_0}{y_1 - y_0}x$$

令：

$$a = \frac{s_1 - s_2}{2(y_1 - y_0)}$$

$$b = -\frac{x_1 - x_0}{y_1 - y_0}$$

则可得：

$$y = a + bx \tag{6-6}$$

将 $y = a + bx$ 代入圆方程中得：

$$(1 + b^2)x^2 + 2(ab - x_0 - y_0b)x + a^2 - 2y_0a - s_1 = 0$$

令：$F = 1 + b^2, G = 2(ab - x_0 - y_0b), H = a^2 - 2y_0a - s_1$

则有：

$$Fx^2 + Gx + H = 0$$

解之可得：

$$x = \frac{-G \pm \sqrt{G^2 - 4FH}}{2F}$$

令：$I = G^2 - 4FH$

则可得：

$$x = \frac{-G \pm \sqrt{I}}{2F} \tag{6-7}$$

因此，由式（6-6）和式（6-7）可求得交点坐标。由式（6-7）可知，当 $I < 0$ 时，两圆没有交点；当 $I = 0$ 时，两圆只有一个交点，两圆相切；$H > 0$ 时，两圆有两个交点。

6.1.2　牛顿法求解非线性方程

1. 牛顿法

在科学研究和工程实际问题中，常会遇到求解非线性方程的问题，例如高次方程：

$$x^7 - 8x + 9 = 0$$

这类方程通常没有求根的一般公式，因此很难求出它的精确解。

一般地，可以把这类方程写作：

$$f(x) = 0$$

这个方程的解通常亦称作方程的根,或函数 $f(x)$ 的零点。迭代法是求解非线性方程的一类典型方法,非常适合于计算机编程计算求解。

迭代法是一种逐步逼近的方法,它的基本思想是使用某个固定公式反复校正根的近似值,从而得到一个近似根的序列 $\{x_i\}$,使得该序列的极限就是方程的一个根。牛顿法是一种常用的迭代求根方法,它的求解思路是将非线性方程 $f(x)=0$ 逐步线性化,是解代数方程的有效方法之一。

设已知方程 $f(x)=0$ 的一个近似根 x_0,且函数 $f(x)$ 在 x_0 邻域内是可微的,则 $f(x_0)\neq 0$。把 $f(x)$ 在 x_0 处作泰勒展开:

$$f(x) = f(x_0) + f'(x_0)(x-x_0) + \frac{f'(x_0)}{2!}(x-x_0)^2 + \cdots$$

若取前两项来近似代替 $f(x)$(称作 $f(x)$ 的线性化),则得近似的线性方程:

$$f(x_0) + f'(x_0)(x-x_0) = 0$$

设: $f'(x_0)\neq 0$,解之得:

$$x = x_0 - \frac{f(x_0)}{f'(x_0)}$$

取 x 作为原方程 $f(x)=0$ 的近似根 x_1,即:

$$x_1 = x_0 - \frac{f(x_0)}{f'(x_0)}$$

一般情况下, $f(x_1)\neq 0$。再重复用上述方法得:

$$x_2 = x_1 - \frac{f(x_1)}{f'(x_1)}$$

$$\cdots\cdots$$

一般地,有迭代公式:

$$x_{i+1} = x_i - \frac{f(x_i)}{f'(x_i)}, (i=0,1,2,\cdots) \tag{6-8}$$

式(6-8)称为求解 $f(x)=0$ 的牛顿法的迭代公式。

牛顿法有明显的几何意义。方程 $f(x)=0$ 的根 x^* 在几何上表示曲线 $y=f(x)$ 与 x 轴的交点。当我们求得 x^* 的近似值 x_i 以后,过曲线 $y=f(x)$ 上对应点 $[x_i,f(x_i)]$ 作 $f(x)$ 的切线,其切线方程为:

$$y - f(x_i) = f'(x_i)(x-x_i)$$

求此切线与 x 轴的交点,即得 x^* 的新的近似值 x_{i+1}。 x_{i+1} 必满足方程:

$$f(x_i) + f'(x_i)(x-x_i) = 0$$

这就是牛顿法的迭代公式:

$$x_{i+1} = x_i - \frac{f(x_i)}{f'(x_i)}$$

的计算结果。继续取点 $(x_{i+1},f(x_{i+1}))$,再作 $f(x)$ 的切线与 x 轴相交,又可得 x_{i+2},$\cdots$。由图 6-4 可知,只要初始值取得充分靠近根 x^*,点列 $\{x_i\}$ 就会很快收敛于 x^*。

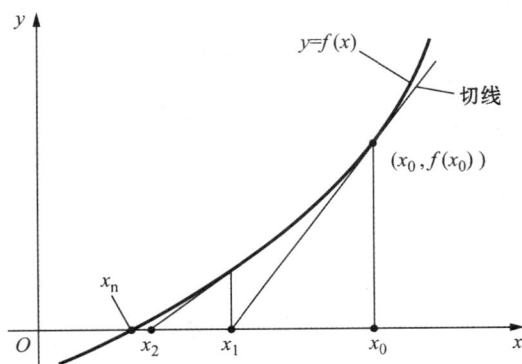

图 6-4　求函数方程 $f(x)=0$ 的根

正因为牛顿法有这一明显的几何意义,所以牛顿法也称为切线法。

2. 牛顿法的应用

1) 求直线与曲线相交的交点

设已知直线通过 (x_0, y_0),斜率为 k,直线方程为:

$$y = k(x - x_0) + y_0$$

曲线 l 采用累加弦长参数三次样条曲线建立插值方程,即曲线表示为 $\boldsymbol{P}(t) = [x(t) \quad y(t)]$,参数轴 t 根据式(4-19)定义。

令直线和曲线的交点为 (x, y),则该点既满足参数样条曲线方程,也满足直线方程,因此:

$$y(t) = k[x(t) - x_0] + y_0$$

令:

$$F = y(t) - k[x(t) - x_0] - y_0$$

则:

$$F' = \frac{dF}{dt} = \frac{dy}{dt} - k\frac{dx}{dt}$$

如此可用牛顿迭代法求解函数方程,即:

$$F = 0$$

其根为问题的解,迭代式如下:

$$u_{i+1} = u_i - \frac{F}{F'}$$

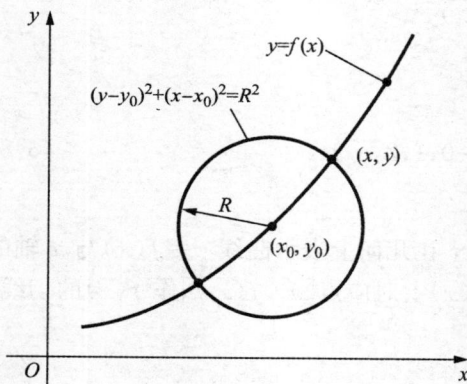

$y = f(x)$

$(y - y_0)^2 + (x - x_0)^2 = R^2$

(x, y)

R

(x_0, y_0)

图 6-5 圆与曲线的交点

2) 求圆和曲线的交点

设圆的圆心为 (x_0, y_0),半径为 R,如图 6-5 所示。圆方程如下:

$$(x - x_0)^2 + (y - y_0)^2 = R^2$$

曲线 l 采用累加弦长参数三次样条曲线建立插值方程,即曲线表示为 $\boldsymbol{P}(t) = [x(t) \quad y(t)]$,参数轴 t 根据式(4-19)定义。

令圆和曲线的交点为 (x, y),则该点既满足参数样条曲线方程,也满足圆方程,因此:

$$[x(t) - x_0]^2 + [y(t) - y_0]^2 = R^2$$

即:

$$[x(t) - x_0]^2 + [y(t) - y_0]^2 - R^2 = 0$$

解此方程所得的根,就是圆和曲线的交点。它的求解可采用牛顿迭代法。

令:

$$F = [x(t) - x_0]^2 + [y(t) - y_0]^2 - R^2$$

则:

$$F' = \frac{dF}{dt} = 2[x(t) - x_0]\frac{dx}{dt} + 2[y(t) - y_0]\frac{dy}{dt}$$

在给定初值的条件下,用牛顿法求解函数方程,即:

$$F = 0$$

其根为所求问题的解。采用迭代法求近似解时,应根据实际问题给定收敛极限 ε,即满足: $F \leqslant \varepsilon$ 时即可结束迭代计算。在造船工程中,一般可取:$\varepsilon = 10^{-2} \text{mm}$。

6.1.3　数值积分

1. 数值积分的辛普森公式

计算连续函数 $f(x)$ 在区间 $[a,b]$ 上的积分,可用牛顿-莱布尼兹(Newton-Leibnitz)公式:

$$\int_a^b f(x) \mathrm{d}x = F(b) - F(a) \tag{6-9}$$

式中:$F(x)$ 是 $f(x)$ 的一个原函数。

实际应用中,使用式(6-9)常常会感觉很不方便,甚至根本无法解决问题。原则上,我们可以从不同角度出发,通过各种途径来构造数值求积公式。多项式插值是一种常用的方式,插值后再求积是很方便的,其中辛普森(Simpson)公式应用较为广泛。

连续函数 $f(x)$ 在区间 $[a,b]$ 上的积分,其几何意义是求曲线 $f(x)$ 在区间 $[a,b]$ 下的面积。辛普森公式的原理是在区间 $[a,b]$ 上除端点 $x_0 = a$、$x_2 = b$ 外增加中点 $x_1 = \dfrac{a+b}{2}$,由插值点 x_0、x_1、x_2 构造二次插值多项式(抛物线):$y = P_2(x)$,用抛物线 $y = P_2(x)$ 围成的曲边梯形面积,近似地代替 $y = f(x)$ 所围成的曲边梯形面积,如图 6-6 所示,因此又称为抛物线求积公式。辛普森积分公式为:

$$\int_a^b P_2(x) \mathrm{d}x = \frac{b-a}{6}[f(x_0) + 4f(x_1) + f(x_2)] \tag{6-10}$$

关于辛普森公式,高等数学等教材中已作详细推导,这里不再重复。

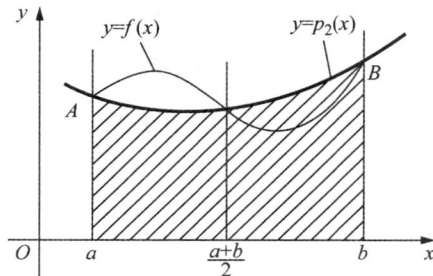

图 6-6　辛普森积分示意图

当积分区间长度较大时,为保证精度,常采用复合求积法。所谓复合求积法,就是先将积分区间分成若干个等长的小区间,并在每个小区间上计算积分近似值,相加起来为整个区间上的积分。

将积分区间 $[a,b]$ 分成 $2n$ 等分,复合辛普森公式表示为:

$$S_n = \frac{b-a}{6n} \Big[f(a) + 4\sum_{i=0}^{n-1} f(x_{i+\frac{1}{2}}) + 2\sum_{i=1}^{n-1} f(x_i) + f(b) \Big]$$
$$(i = 0, 1, \cdots, n) \tag{6-11}$$

其中:$x_{i+\frac{1}{2}}$ 表示 $[x_i, x_{i+1}]$ 的中点。记 $h = \dfrac{b-a}{n}$,则 $x_{i+\frac{1}{2}} = x_i + \dfrac{1}{2}h$。

2. 曲线弧长的计算

曲线实长(弧长)计算是船体构件展开中的基本运算内容之一。关于弧长的计算方法很多,辛普森公式是较为常用的一种方法,具有较高的代数精度。下面介绍辛普森公式计算曲线实长的方法。

设曲线由直角坐标方程

$$y = f(x) \quad (x_a \leqslant x \leqslant x_b)$$

给出,如图 6-7 所示,其中 $f(x)$ 在 $[x_a, x_b]$ 上具有一阶连续导数。根据微积分的基本概念,曲线弧微分等于:

$$\mathrm{d}s = \sqrt{(\mathrm{d}x)^2 + (\mathrm{d}y)^2} = \sqrt{1 + (y')^2}\,\mathrm{d}x$$

以 $\sqrt{1 + (y')^2}\,\mathrm{d}x$ 为被积表达式,在 $[x_a, x_b]$ 上作定积分,得到所求的曲线实长为:

$$s = \int_{x_a}^{x_b} \sqrt{1 + (y')^2}\,\mathrm{d}x$$

上述形式的曲线方程 $y = f(x)$,如三次样条函数,在实际使用时会由于小挠度的限制而受到影响。对于肋骨线等曲线,更为一般的情况下需要采用参数方程来描述曲线。这里,不妨采用累加弦长参数三次样条曲线建立插值方程,参数轴 t 根据式(4-19)定义。设曲线方程为:

$$\begin{cases} x = \varphi(t) \\ y = \psi(t) \end{cases} \quad (t_a \leqslant t \leqslant t_b)$$

取参数 t 为积分变量,积分区间为 $[t_a, t_b]$,则弧微分

$$\mathrm{d}s = \sqrt{(\mathrm{d}x)^2 + (\mathrm{d}y)^2} = \sqrt{(\varphi'(t))^2 + (\psi'(t))^2}\,\mathrm{d}t$$

于是所求曲线实长

$$s = \int_{t_a}^{t_b} \sqrt{(\varphi'(t))^2 + (\psi'(t))^2}\,\mathrm{d}t$$

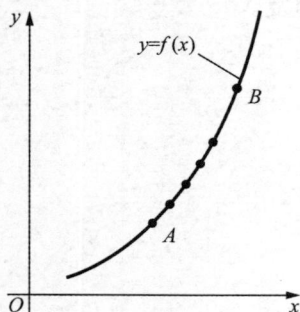

图 6-7 积分法求曲线实长

令 $f = \sqrt{(\varphi'(t))^2 + (\psi'(t))^2}$,则曲线实长可用式(6-11) 计算出来。对于等分点坐标和导数,可在建立插值曲线的参数轴上进行划分计算得到。令计算曲线实长的两端点为 A、B,对应的参数分别为 t_a、t_b,对区间 $[t_a, t_b]$ 进行 n 等分,得到参数轴上的等分序列 $\{t_0, t_1, t_2, \cdots, t_n\}$,其中 $t_a = t_0$, $t_b = t_n$,计算出对应于 $t_i (i = 0, 1, 2, \cdots, n)$ 的积分项,然后由式(6-11) 计算曲线实长 s。

上述可见,等分数 n 是事先确定的。如何确定呢? 一般来说,n 可以由辛普森公式的余项,结合精度要求确定。工程应用中,还可以采用一种简单的方法,即事先初定一个等分数 n_1,计算出对应的曲线弧长 s_1;取 $n_2 = k \cdot n_1 (k > 1)$,算出对应的曲线弧长 s_2;如此计算出 $s_3, s_4, \cdots$。当前后两次的计算结果 s_i、s_{i+1} 的相对误差满足:

$$\left| \frac{s_{i+1} - s_i}{s_i} \right| < \varepsilon$$

时,可结束计算,s_{i+1} 即为所求曲线实长。ε 可根据实际问题确定。

6.2 测地线展开船体外板的数值表示

由于船体曲面多为不可展曲面,因此船体外板的计算展开主要是模拟手工几何作图的展

开过程。归纳扇形板、菱形板采用测地线法进行手工展开操作的过程,一般包括以下四项操作内容:

（1）作测地线,包括作肋骨弦线的垂线,求垂线与相邻肋骨线的交点,量取肋骨线与垂线交点间的肋骨线弧长。

（2）求上下纵接缝和测地线各段实长,求测地线上下侧的各肋骨线弧长。

（3）求中间肋骨的肋骨弯度和转角（扇形板展开时转角为零）。

（4）作展开图。

下面将叙述完成上述操作的基本算法。考虑到船体线型的特点,本节约定凡曲线插值均采用参数样条曲线方法。

1. 作测地线的算法

令上、下纵接缝与各肋骨线的交点坐标为(x_{E_i}, y_{E_i})、(x_{F_i}, y_{F_i}) $(i=0,1,\cdots,n)$,这里 n 为含首尾横接缝在内的板内肋骨数,如图 6-8 所示。

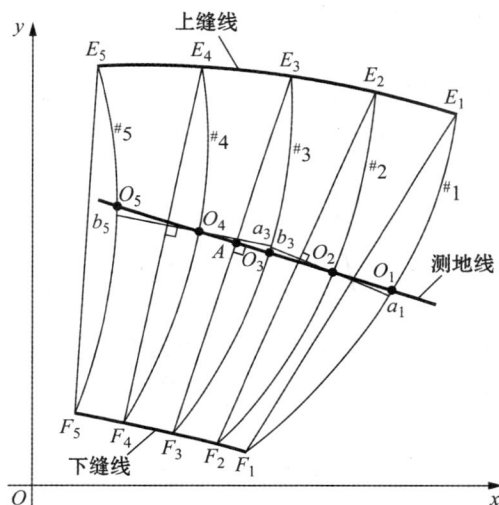

图 6-8　扇形板测地线作法

1）作中间肋骨弦线中点 A 的垂线

首先取板内中间肋骨,其序号 m 为:

$$m = INT\left(\frac{N}{2}+1\right) \tag{6-12}$$

再取弦线中点 A,坐标为 $A(x_{A_m}, y_{A_m})$:

$$\begin{cases} x_{A_m} = \dfrac{x_{E_m}+x_{F_m}}{2} \\ y_{A_m} = \dfrac{y_{E_m}+y_{F_m}}{2} \end{cases} \tag{6-13}$$

过 A 点作垂线,则其直线方程为:

$$y = k(x - x_{A_m}) + y_{A_m} \tag{6-14}$$

式中:斜率 k 等于弦线斜率的负导数,即:

$$k = -\frac{x_{E_m} - x_{F_m}}{y_{E_m} - y_{F_m}} \tag{6-15}$$

2）求垂线与相邻肋骨线交点（与 $m-1$、m、$m+1$ 肋骨的交点）

上述垂线与 $m-1$、m、$m+1$ 号肋骨线的交点分别为 O_{m-1}、O_m、O_{m+1}，其坐标（$x_{O_{m-1}}$，$y_{O_{m-1}}$）、（x_{O_m}，y_{O_m}）、（$x_{O_{m+1}}$，$y_{O_{m+1}}$）可用式（6-14）和肋骨线样条方程联合求解可得，求解方法见 6.1。

3）量弧长的算法

测地线作法中，当中间三点 O_{m-1}、O_m、O_{m+1} 决定后，将以 O_{m-1} 为依据，作自身弦长的垂线（建立垂线方程和求与相邻肋骨交点，均同上）得点 a_{m-2} 和点 b_m，再以此两点为起点量弧长 $\overparen{a_{m-2}O_m}-2 = \overparen{b_mO_m}$ 得测地点 O_{m-2}。由于 b_mO_m 很小，可近似地用 $\overline{b_mO_m}$ 代替建立算法，则其半径为：

$$R = \overline{b_mO_m} = \sqrt{(x_{b_m} - x_{O_m})^2 + (y_{b_m} - y_{O_m})^2}$$

由此可得求 O_{m-2} 点的圆方程为：

$$(x - x_{a_{m-2}})^2 + (y - y_{a_{m-2}})^2 = R^2 \tag{6-16}$$

同样，将式（6-16）与肋骨曲线的插值方程联立，用牛顿迭代法求根，即求圆与曲线交点的算法。但应注意，必须根据测地线的性质，先决定迭代函数的定义域和初值，才能求出所需的 O_{m-2}。

重复上述算法即可算出全部测地点，记为（x_{O_i}，y_{O_i}）（$i = 1, 2, \cdots, N$）

2. 肋骨线弧长、上下纵缝线和测地线各段实长计算

1）肋骨线弧长计算

在肋骨型线图上表示的肋骨线的长度就是实长，可用求弧长的积分公式进行计算。若在 xOy 坐标系中肋骨线插值函数为 $y = f(x)$，且有 E、F 两点分别为上、下纵缝与肋骨线交点，肋骨序号为 i，如图 6-9 所示，则有：

$$FO_i = \int_{x_{F_i}}^{x_{O_i}} \sqrt{1 + [f'(x)]^2}\,\mathrm{d}x$$

$$O_iE = \int_{x_{O_i}}^{x_{E_i}} \sqrt{1 + [f'(x)]^2}\,\mathrm{d}x$$

其计算方法见 6.1。

2）上下纵缝线和测地线各段实长计算

上、下纵缝线和测地线都是平坦（曲线曲率很小）的空间曲线，用空间折线（按肋距分）来近似代替曲线求实长，一般是够精确的。

如图 6-10 所示，A 和 B_1 分别是纵缝与相邻两肋骨线 F_i 和 F_{i+1} 的交点，$\overparen{AB_1}$ 是纵缝在相邻两肋骨间的实长，现以空间直线 $\overline{AB_1}$ 近似代替 $\overparen{AB_1}$，故有：

图 6-9　肋骨线弧长

$$\overline{L_i} = \sqrt{(x_{i+1} - x_i)^2 + (y_{i+1} - y_i)^2 + L^2}$$

式中：L——理论肋骨间距；

x_i, y_i——肋骨型线图上 A 点坐标值；

x_{i+1}, y_{i+1}——肋骨型线图上 B 点坐标值。

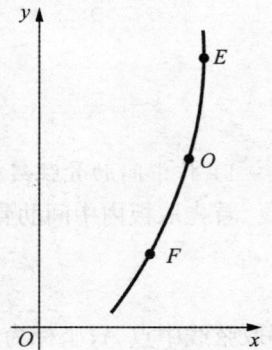

使用上式即可计算出上、下纵缝线和测地线在各档肋骨间距内的实长。

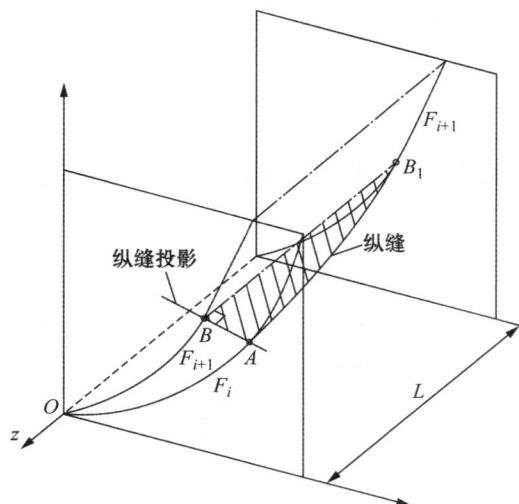

图 6-10　纵缝空间关系

3. 中间肋骨的肋骨弯度及转角计算

1）求中间肋骨的肋骨弯度

如图 6-11(a)所示为一块菱形板在肋骨线型图上的投影，已知中间肋骨序号为 i，根据手工展开时求肋骨弯度的原理有：

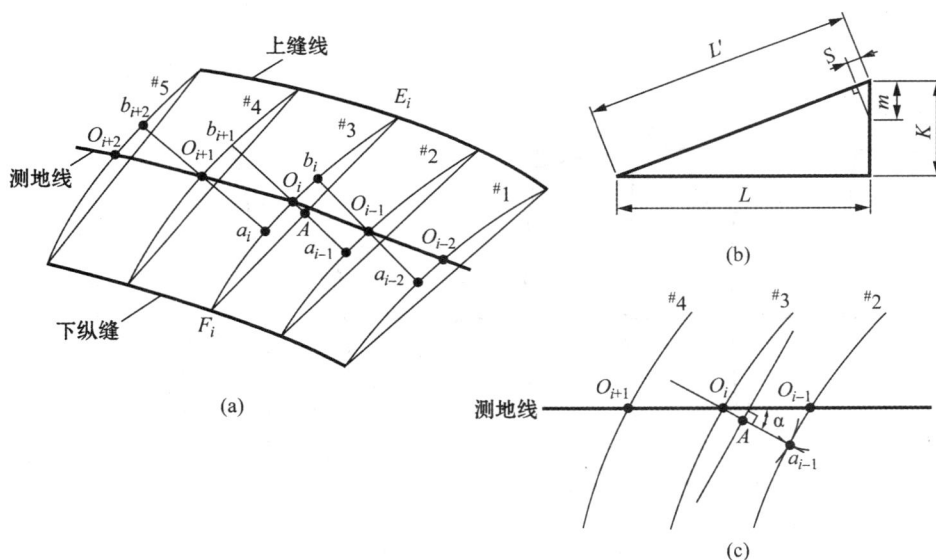

图 6-11　肋骨弯度和转角

$$m = \overline{O_i A} = \sqrt{(x_{O_i} - x_{A_i})^2 + (y_{O_i} - y_{A_i})^2}$$
$$k = \overline{a_{i-1} O_i}$$
$$= \sqrt{(x_{a_{i-1}} - x_{o_i})^2 + (y_{a_{i-1}} - y_{o_i})^2}$$

根据求肋骨弯度的几何关系（图 6-11(b)）得肋骨弯度

$$S = \frac{m \cdot K}{L'} = \frac{m \cdot K}{\sqrt{L^2 + K^2}}$$

式中：L——理论肋距。

2）求转角 α

菱形板展开时，中间肋骨弦线与测地线不垂直，故有转角 α，如图 6-11(c)所示。根据余弦定理得：

$$\alpha = \arccos\left[\frac{(\overline{O_i'O_{i-1}'})^2 + (\overline{O_i'a_{i-1}'})^2 - (\overline{O_{i-1}'a_{i-1}'})^2}{2 \cdot O_i'O_{i-1}' \cdot O_i'a_{i-1}'}\right]$$

式中：$\overline{O_i'O_{i-1}'} = \sqrt{(x_{O_i} - x_{O_{i-1}})^2 + (y_{O_i} - y_{O_{i-1}})^2 + L^2}$，表示测地线上两点 O_{i-1}'、O_i' 之间的实长；
$\overline{O_i'a_{i-1}'} = \sqrt{(x_{O_i} - x_{a_{i-1}})^2 + (y_{O_i} - y_{a_{i-1}})^2 + L^2}$，表示两点 O_i'、a_{i-1}' 之间的实长；
$\overline{O_{i-1}'a_{i-1}'} = \sqrt{(x_{O_{i-1}} - x_{a_{i-1}})^2 + (y_{O_{i-1}} - y_{a_{i-1}})^2}$，表示 $i-1$ 号肋骨线上两点 O_{i-1}'、a_{i-1}' 间弧长的近似值。

4. 外板展开图的数值表示

1）坐标系的选取

首先说明外板计算展开时坐标系的选取。展开扇形板的坐标系是以展开图上的测地线为 x 轴，以中间肋骨的展开弦线为 y 轴，坐标原点取测地线与中间肋骨展开弦线的交点，如图 6-12 所示。而展开菱形板的坐标系同样以展开图上的测地线为 x 轴，但坐标原点取测地线与中间肋骨线的交点，如图 6-13 所示。

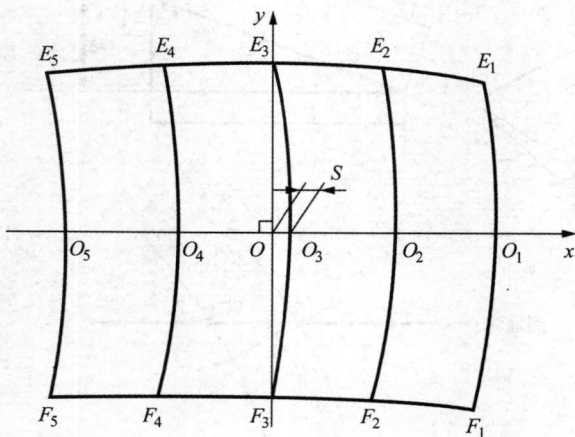

图 6-12　扇形板展开图的坐标系

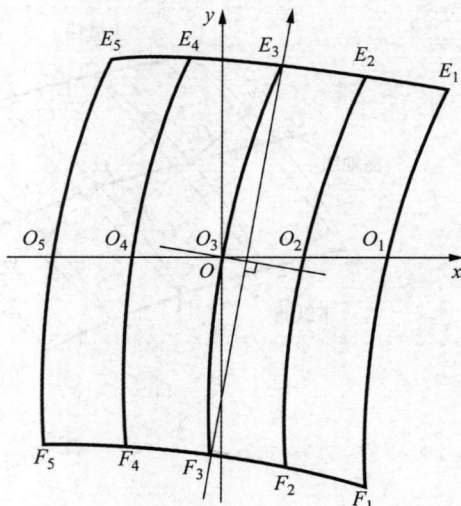

图 6-13　菱形板展开图的坐标系

2）扇形板展开图

现以图 6-12 所示的扇形板展开图为主，讨论建立有关的数学表达式。

（1）展开图中测地线上各点坐标。确定中间肋骨在展开图上各点坐标值时，首先应确定中间肋骨与测地线交点 O_i 的坐标值。由图 6-12 可得 O_i 的坐标值为：

$$x_{O_i} = S$$
$$y_{O_i} = 0$$

其他测地点 $O_j(j=1,2,\cdots,N)$ 的坐标值 (x_{O_j},y_{O_j}) 为:

$$x_{O_i} = \begin{cases} x_{O_i} + \sum_{k=i}^{j} \overline{O_k'O_{k-1}'} & j < i \\ x_{O_i} - \sum_{k=i}^{j} \overline{O_k'O_{k+1}'} & j > i \end{cases}$$

$$y_{O_j} = 0$$

式中:S——中间肋骨的肋骨弯度;

　　$\overline{O_k'O_{k-1}'}$——表示测地线上两点 O_{k-1}'、O_{k-1}' 之间的实长;

　　i——中间肋骨序号。

　　(2) 中间肋骨与上下纵缝的交点。如图 6-14,因为中间肋骨线与上下纵缝线的交点 E_i 和 F_i 都在展开坐标系的 y 轴上,故中间肋骨线与上纵缝线的交点 $E(x_{E_i},y_{E_i})$ 为:

$$\begin{cases} x_{E_i} = 0 \\ y_{E_i} = \sqrt{\overline{E_iO_i}^2 - S^2} \end{cases}$$

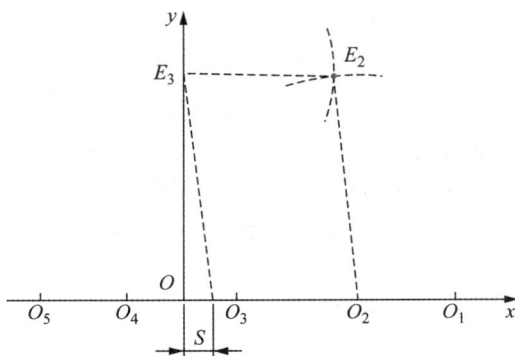

图 6-14　展开图求交点

中间肋骨线与下纵缝线的交点 $F(x_{F_i},y_{F_i})$ 为:

$$\begin{cases} x_{F_i} = 0 \\ y_{F_i} = -\sqrt{\overline{F_iO_i}^2 - S^2} \end{cases}$$

式中:$\overline{E_iO_i} = \sqrt{(x_{E_i}-x_{O_i})^2 + (y_{E_i}-y_{O_i})^2}$——表示中间肋骨线与上纵缝线的交点 E_i 与测地线上 O_i 点之间的连线长度;

　　$\overline{F_iO_i} = \sqrt{(x_{F_i}-x_{O_i})^2 + (y_{F_i}-y_{O_i})^2}$——表示中间肋骨线与下纵缝线的交点 F_i 与测地线上 O_i 点之间的连线长度。

　　(3) 其余肋骨与上下纵缝交点。

　　其他肋骨线与上下纵缝的交点 E_j 和 F_j,在手工展开时,是以已知的上下纵缝线在相应肋距的实长为半径,以相应的纵缝线交点为圆心作圆,再以相应肋骨线在测地线两侧的长度为半径,以相应的测地点为圆心作圆,两圆相交得交点,如图 6-14。求肋骨线与上纵缝的交点 $E(x_{E_j},y_{E_j})$ 的方程组为:

$$\begin{cases} (x - x_{E_{j-1}})^2 + (y - y_{E_{j-1}})^2 = \overline{E_{j-1}E_j}^2 \\ (x - x_{O_j})^2 + y^2 = \overline{E_jO_j}^2 \end{cases} \quad (j = i+1, i+2, \cdots, n)$$

和

$$\begin{cases} (x - x_{E_{j+1}})^2 + (y - y_{E_{j+1}})^2 = \overline{E_{j+1}E_j}^2 \\ (x - x_{O_j})^2 + y^2 = \overline{E_jO_j}^2 \end{cases} \quad (j = 1, 2, \cdots, i-1)$$

求肋骨线与下纵缝的交点 $F(x_{F_j}, y_{F_j})$ 的方程组为：

$$\begin{cases} (x - x_{F_{j-1}})^2 + (y - y_{F_{j-1}})^2 = \overline{F_{j-1}F_j}^2 \\ (x - x_{O_j})^2 + y^2 = \overline{F_jO_j}^2 \end{cases} \quad (j = i+1, i+2, \cdots, n)$$

和

$$\begin{cases} (x - x_{F_{j+1}})^2 + (y - y_{F_{j+1}})^2 = \overline{F_{j+1}F_j}^2 \\ (x - x_{O_j})^2 + y^2 = \overline{F_jO_j}^2 \end{cases} \quad (j = i-1, i-2, \cdots, 1)$$

这些都是求两圆交点的问题，因此可首先解出两个交点的 x 值，并根据展开的几何意义，选取合适的交点为所要求的解，然后依此求得相应的 y 值。由此求出肋骨线和上纵缝、下纵缝交点坐标。

（4）菱形板展开图的相关计算。

下面根据菱形板展开图的特点，作适当的讨论。

由于菱形板的测地线与中间肋骨线不垂直，所以它是以测地线与中间肋骨线交点为原点，以测地线为 x 轴的坐标系 xOy 作为展开图坐标系，如图 6-13 所示。现讨论其中间肋骨线在展开图上各点坐标值的计算方法。

如图 6-11 所示，已知中间肋骨的肋骨弯度为 S，测地线转角为 α，按手工展开的方法是过原点 O_i 作直线，在直线上量取 S 得 A 点，此点就是中间肋骨弦线与该直线的垂足，则 A 点坐标值为：

$$\begin{cases} x_A = S \cdot \cos\alpha \\ y_A = |S \cdot \sin\alpha| \cdot \mathrm{sgn}(y_{a_{i-1}}) \end{cases}$$

式中：$y_{a_{i-1}}$ 为图 6-11(a) 中 a_{i-1} 点 y 坐标值。

中间肋骨弦线的直线方程为

$$y = -\frac{1}{\tan\alpha}(x - x_A) + y_A$$

中间肋骨线与上下纵缝的交点 E_i 和 F_i，是以坐标原点为圆心，分别以测地线两侧的肋骨线弧长为半径作圆与中间肋骨弦线相交的交点。故求解中间肋骨线与上纵缝的交点 $E(x_{E_i}, y_{E_i})$ 的方程组为：

$$\begin{cases} x^2 + y^2 = O_iE_i^2 \\ y = -\dfrac{1}{\tan\alpha}(x - x_A) + y_A \end{cases}$$

求解中间肋骨线与下纵缝的交点 $F(x_{F_i}, y_{F_i})$ 的方程组为：

$$\begin{cases} x^2 + y^2 = O_iF_i^2 \\ y = -\dfrac{1}{\tan\alpha}(x - x_A) + y_A \end{cases}$$

由于上述方程组存在两个根,因此需要根据展开要求选取合适的解。其他点的计算方法与扇形板类似。

6.3　短程线法展开船体外板的数值表示

1. 短程线展开的基本原理

1) 短程线法与其他方法的不同

短程线法不同于一般模拟手工的展开方法(如测地线法或十字线法),主要表现在:

(1)用一般方法展开的外板各边都是曲线,而短程线法则使展开的外板各边均为直线。如图 6-15 所示,图中虚线表示用一般方法展开的外板,实线为用短程线法展开的外板。

用一般方法展开外板过程中,纵接缝在横剖面上的位置由人工来确定,即它与横接缝和各肋骨的交点都预先给定,这样在展开外板过程中纵接缝一般不会是一条直线。

而用短程线法展开外板,纵接缝在横剖面上与横接缝的交点由人工确定,纵接缝和各肋骨的交点在作测地线(或称短程线)过程中自然求得。这样纵接缝在外板展开后一定是条直线。

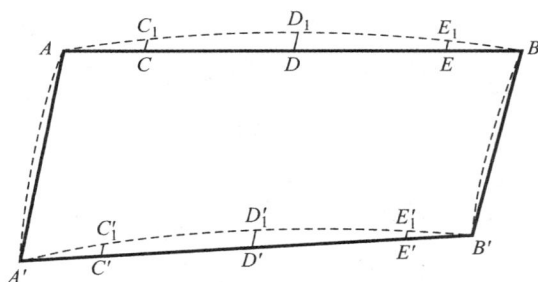

图 6-15　外板展开形状比较

(2)在用一般方法展开外板时,都要先作一条准线(十字线或测地线),而这条准线是模拟手工展开法作出来的。用手工作的准线仅是真正测地线的近似。这条准线展开后一般并不是直线,而在实际外板展开中把它当成直线,这样就不可避免地带来误差,而这个误差是计算不出来的。

通过手工在横剖面上作的测地线一般是 S 形,而大量实践表明,船体曲面任意两点间真正的测地线(即短程线)往往是不带拐点的弧线,很少出现 S 形(该结论是对船体曲面而言,且两点间距离在 12m 以内。至于其他曲面或两点间距离大于 12m 的目前尚未涉及),如图 6-16 所示。

用短程线法求得的两点间的短程线,由于方法本身给予保证,因而是十分准确的。短程线法展开外板并不需要准线,但在求展开后的误差时要用到图 6-16 中 M、N 两点间的短程线,其中 M 点为过 AA' 弦的中点作基线的平行线与首横接缝的交点,N 类同。由于

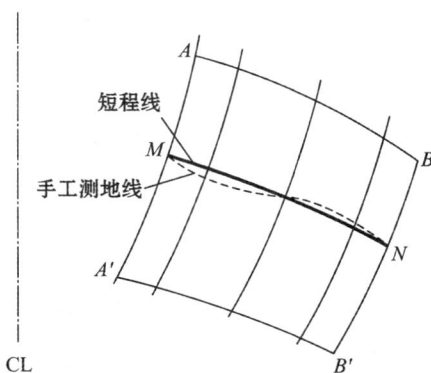

图 6-16　两种测地线的比较

该准线展开之后为直线,因而求出的误差是精确的(这将在后面详细论述)。这样,修正展开的外板就有了可靠的依据,从而保证了展开后外板的几何图形精度。

2)短程线法展开的依据

对可展曲面而言,曲面上任意两点间距离最短的线,在该曲面展开后必定是一条直线,这条距离最短的线称为短程线(在微分几何中称为测地线),如图 6-17 所示。

对于船体外板,大多为不可展曲面,但不可展的程度有大有小。对不可展程度较小的板,展开后的误差较小;对不可展程度较大的板,展开后的误差较大,但这个误差在展板过程中能准确地计算。这样,对误差较大的板,可将误差准确地加到被展的板上。至于误差如何加法,那要视加工过程而定,这将在最后说明。

短程线法展开外板,主要是求上、下纵接缝的短程线,至于首、尾横接缝,只要把横接缝的肋骨弯度加到板宽中,就可用直线代替,这仅仅是个简化问题。

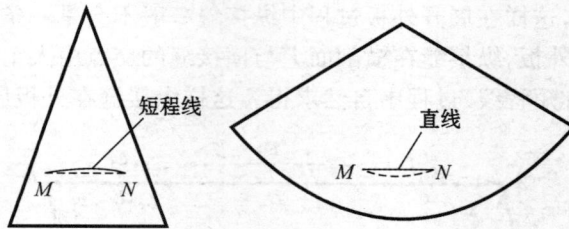

图 6-17　短程线示意图

3)两点间短程线的求得

如图 6-18 所示的外板 $ABB'A'$ 为例,求 A、B 两点间的短程线。

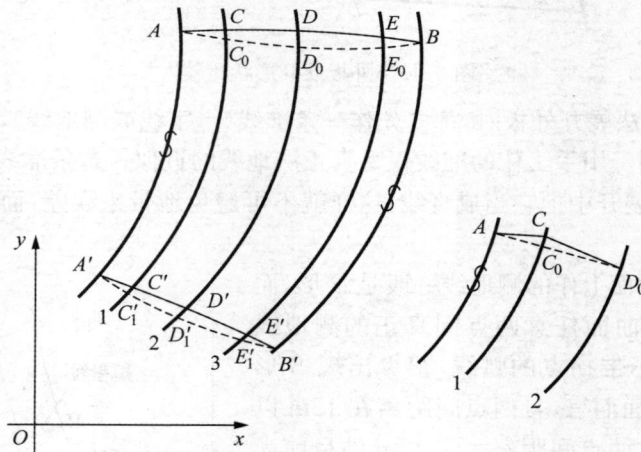

图 6-18　求两点间的短程线

假定外板 $ABB'A'$ 包含三条肋骨 $1^{\#}$、$2^{\#}$、$3^{\#}$,该板在纵剖面上的位置,如图 6-19 所示。

(1)在纵剖面上连接 A、B 两点,与肋骨 $1^{\#}$、$2^{\#}$、$3^{\#}$ 分别交于 C_0、D_0、E_0 点。

已知 A、B 两点的高度,A 点距 $1^{\#}$ 号肋骨和 B 点距 $3^{\#}$ 号肋骨的距离,以及 $1^{\#} \sim 3^{\#}$ 肋骨间的理论肋距,应用线性插值,很容易求得 C_0、D_0、E_0 点的高度。

(2)根据 A、C_0、D_0、E_0 和 B 点的高度值,在横剖面上,在相应的肋骨线上,求出其对应的

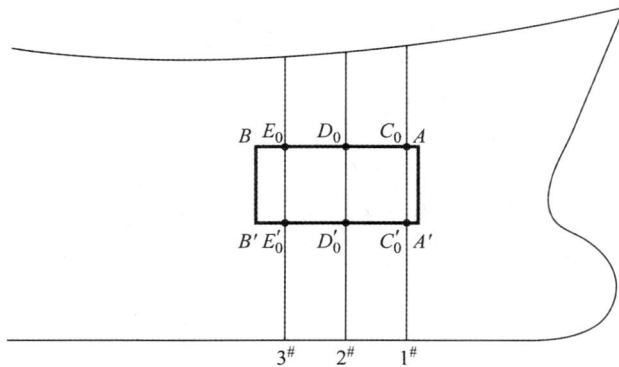

图 6-19　板在纵剖面上的位置

半宽值。利用空间勾股弦定理，求出 $\overset{\frown}{AC_0}$、$\overset{\frown}{C_0D_0}$、$\overset{\frown}{D_0E_0}$ 及 $\overset{\frown}{E_0B_0}$ 弧的实长，作为下一步计算的初值。

（3）在横剖面上，将 C_0 点平行 x 轴向上移动 $h_1=10\text{mm}$，求出与 $1^{\#}$ 号肋骨的交点 C，并计算出 $\overset{\frown}{AC}$、$\overset{\frown}{CD_0}$ 弧的实长。

设

$$\overset{\frown}{AC}\ 实长 + \overset{\frown}{CD_0}\ 实长 = a$$

$$\overset{\frown}{AC_0}\ 实长 + \overset{\frown}{C_0D_0}\ 实长 = b$$

若 $a<b$，则保留 a 值，再以 C 点为基点向上移动 h_1，求其实长之和与 a 值比较，保留小值，以此类推，直至求出最小值（也即求出保证 a 值为最小的 C 点）。

若 $a>b$ 则以 C_0 为基点，向下移动 h_1，求其实长之和与 b 值比较，保留小值，直至求出最小值。

最后，把 $1^{\#}$ 号肋骨上的 C 点确定下来。

（4）固定 C 和 E_0 点，按上述方法决定 D 点。并依此类推，决定 E 点。

应该指出，在求 C、D、E 点的过程中，如果相对前一次其中有一个点改动了，则要从 C 点开始，以同样的步长（h_1）再重复一遍，直到所有的点都不再改动为止。这样就完成了第一个步长 h_1 的迭代运算。

（5）取 $h_i=h_{i-1}/2$（i 为选用步长次数），利用同样方法进行迭代运算，且每次迭代均以上次迭代求得的各点为基点，一直迭代运算至 h_i 小于 0.1mm 为止，最终求出 C、D、E 各点。

连接 A、C、D、E、B 各点，即为所求的通过 A、B 两点间的短程线。

从上述迭代运算中可以看出，当 C、D、E 点确定之后，其高度、半宽以及 A、C、D、E、B 点之间的展开实长和该板的上纵接缝 $\overset{\frown}{AB}$ 总长都随之求出。

2. 短程线法展开计算

1）求该板横接缝型值

在外板展开计算中，为减少原始数据准备的工作量，横接缝型值由程序计算完成。

由于在给定的肋骨型值中包括各水线的半宽值和纵剖线的高度值，而横接缝要作为一条假想肋骨参加展开计算，因而它应具有一般肋骨的同样型值。下面以求首横接缝型值为例，说明其算法，如图 6-20 所示。

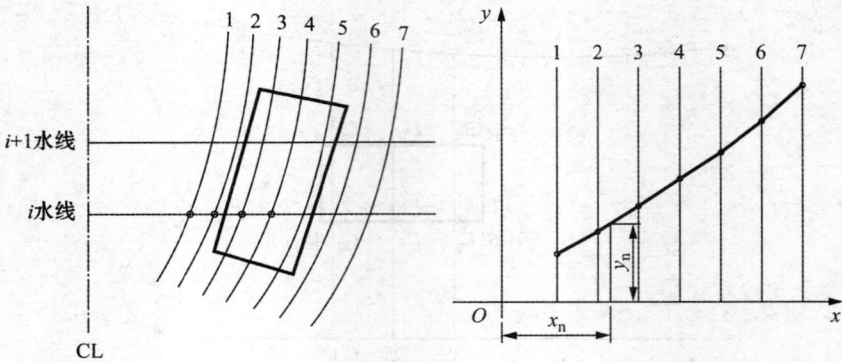

图 6-20　求横接缝型值

若求首横接缝在 i 水线上的半宽值，取该缝左右各两条肋骨，即 $1^\#$、$2^\#$、$3^\#$、$4^\#$ 肋骨在 i 水线的半宽值，以首横接缝距首值 x_0 为插值自变量，求得其函数值 y_0，即首横接缝在 i 水线上的半宽值。其余各水线及各纵剖线上型值的求法均类同。

2）求四个角点的半宽值（或高度值）

根据给出的首、尾横接缝和上、下纵接缝的四个交点 A、A'、B、B' 的高度值（为计算准确，对船底外板的四个角点值以半宽值给出），以及刚求得的首、尾横接缝的型值，利用拉氏插值公式，求出 A、A'、B、B' 点的半宽值（或高度值）。

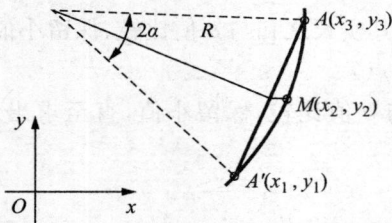

图 6-21　过三点作圆

3）求横接缝实长及肋骨弯度

（1）计算横接缝实长。利用三点作圆代替肋骨实长的方法求出横接缝实长。以首横接缝为例，如图 6-21 所示。

过 AA' 的中点作平行于基线（即 y 轴）的平行线，交 $\overset{\frown}{AA'}$ 于 M 点。取 A'、M、A 点的坐标为 (x_1, y_1)、(x_2, y_2)、(x_3, y_3)，$\triangle A'MA$ 的三条边分别为：

$$a = \sqrt{(x_3 - x_1)^2 + (y_3 - y_1)^2}$$

$$b = \sqrt{(x_2 - x_1)^2 + (y_2 - y_1)^2}$$

$$c = \sqrt{(x_3 - x_2)^2 + (y_3 - y_2)^2}$$

$\triangle A'MA$ 外接圆的半径

$$R = abc/(4\triangle)$$

其中 $\triangle$ 为 $\triangle A'MA$ 的面积。$\triangle$ 的求法如下：

设：

$$S = (a + b + c)/2$$

则

$$\triangle = \sqrt{s(s-a)(s-b)(s-c)}$$

$\overset{\frown}{AA'}$ 对应的圆心角为 2α，其中：

$$\alpha = \arcsin\left(\frac{a}{2R}\right)$$

则 $\overset{\frown}{AA'}$ 的实长

$$2aR = 2R \cdot \arcsin\left(\frac{a}{2R}\right)$$

即为所求的首横接缝实长。

同理可求上半弧长：

$$\overset{\frown}{MA} = 2R \cdot \arcsin\left(\frac{c}{2R}\right)$$

及下半弧长：

$$\overset{\frown}{MA'} = 2R \cdot \arcsin\left(\frac{b}{2R}\right)$$

（2）肋骨弯度计算。短程线法求肋骨弯度与
一般方法略有不同，如图 6-22 所示。

取 △$A'MA$ 外接圆半径为 R，AA' 的直线长度
为 u。过 AA' 中点 E 作其垂线交横接缝上于 F
点，取 EF 的长度为 b，则：

$$b = R - \sqrt{R^2 - \left(\frac{u}{2}\right)^2}$$

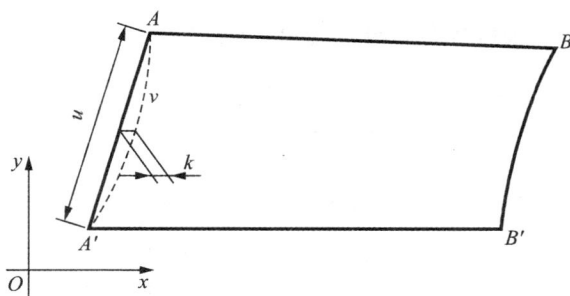

图 6-22　求横接缝的肋骨弯度

过 M 作 EF 的平行线交横接缝右边相邻肋骨
上于 G，取 MG 长度为 a，又设理论肋距为 c，则肋骨弯度为：

$$k = \frac{ab}{\sqrt{c^2 + a^2}}$$

肋骨弯度在展板过程中可将首尾横接缝简化成直线，如图 6-23 所示，设 v 为横接缝实际
长度，即 AA'，u 为展开后 AA' 的直线长度，则有：

$$u = \sqrt{v^2 - 4k^2}$$

图 6-23　横接缝的简化

4）求短程线

应用求短程线的方法，求出上、下纵接缝及一条对角线（A、B' 间）和首、尾横接缝中点间的
短程线。

5）求横接缝

计算供号料用的 e_0、f_0、h_0、g_0，如图 6-24 所示。图中 c_0、d_0 为下、上纵接缝实长，a_0 为 A、

B' 间的对角线实长，b_1、b_3 为首、尾横接缝的直线长度，则所展开的四边形板就唯一地确定了。

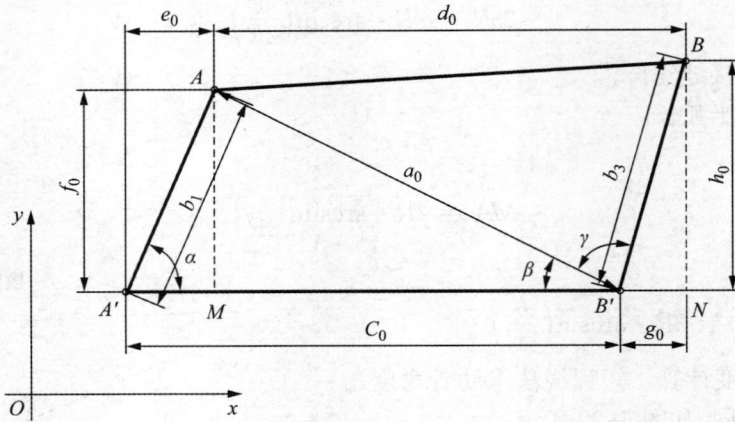

图 6-24 e_0、f_0、h_0、g_0 的位置

但在实际号料中，给出这五个值是很不方便的，故将这五个值转换成 c_0、f_0、e_0、h_0、g_0，其中 f_0、h_0 为上纵接缝两个端点 A、B 到下纵接缝的垂直距离，e_0、g_0 为垂足 M、N 分别到 A'、B' 的距离。

设 $\angle AA'B' = \alpha$，在 $\triangle AA'B'$ 中，由余弦定理知：

$$a_0^2 = b_1^2 + c_0^2 - 2b_1 c_0 \cos\alpha$$

式中：

$$b_1 \cos\alpha = e_0$$

上式可写成

$$a_0^2 = b_1^2 + c_0^2 - 2c_0 e_0$$

则

$$e_0 = \frac{(b_1^2 + c_0^2 - a_0^2)}{2c_0}$$

此处 e_0 有正负之别，首横接缝左倾时 e_0 为负，反之为正。

$$f_0 = \sqrt{b_1^2 - e_0^2}$$

以 B' 点为原点，A、B' 的连线为 x 轴，垂直其连线的直线向上为 y 轴。设 B 点的坐标为 (c,d)，在 $\triangle ABB'$，中，由余弦定理知：

$$d_0^2 = a_0^2 + b_3^2 - 2a_0 b_3 \cos\gamma$$

而

$$c = -b_3 \cos\gamma \quad （当 \gamma < 90° 时，c 为负）$$

故

$$d_0^2 = a_0^2 + b_3^2 + 2a_0 c$$

则

$$c = \frac{d_0^2 - a_0^2 - b_3^2}{2a_0}$$

$$d = \sqrt{b_3^2 - c^2}$$

将 x 轴旋转 β 角使之与 $A'B'$ 重合，即：

$$\beta = \arcsin\left(\frac{f_0}{a_0}\right)$$

则 B 点的新坐标为：

$$g_0 = c \cdot \cos\beta + d \cdot \sin\beta$$
$$h_0 = -c \cdot \sin\beta + d \cdot \cos\beta$$

上式 g_0 也有正负之别，尾横接缝左倾为负，反之为正。

6）误差计算

对可展曲面而言，展开之后一般是没有误差的，但对于不可展曲面，误差就存在了。短程线法的另一个功能就是计算出曲面展开的误差。

如图 6-25 所示为展开后的一块板。以板的左下 A' 点为原点，下纵接缝为 x 轴建立坐标系，求出各肋骨与上、下纵接缝及中间短程线 MN 的交点坐标。以中间短程线为界，根据坐标点求出各肋骨的上、下半段肋骨长度，再和横剖面上对应的肋骨上、下半段实长比较，就可求出各肋骨的上、下半段的误差。下面说明计算过程。

（1）求下纵接缝上各肋骨点的横坐标。由前面展开计算已知，下纵接缝上各肋骨间伸长肋距已经算得，对其累加所得即为各肋骨点的横坐标，记为 x_{1i}，$i=1\sim5$。

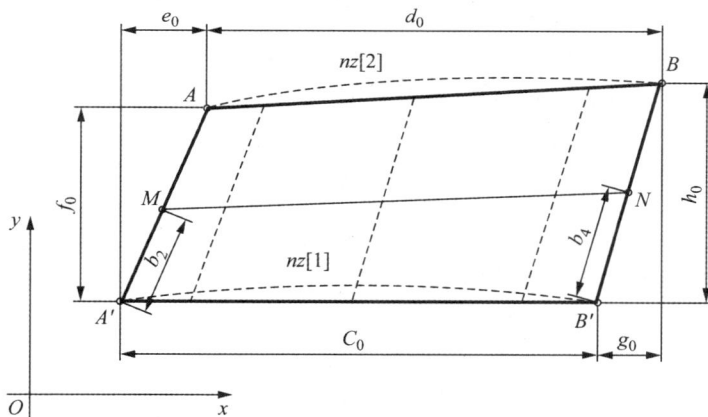

图 6-25　求展开板的误差

（2）求上纵接缝上各肋骨点的横、纵坐标。同下纵接缝，上纵接缝上各肋骨间的伸长肋距已经算得，对其累加所得即为各肋骨点到 A 点的距离，记为 D_i，$i=1\sim5$。

设上纵接缝上 $i^\#$ 肋骨点的横纵坐标为 x_{2i}，y_{2i}。取 $m_0 = c_0 + g_0 - e_0$，根据三角形相似定理，有：

$$\frac{m_0}{\sqrt{m_0^2 + (h_0 - f_0)^2}} = \frac{x_{2i} - e_0}{D_i}$$

故：

$$x_{2i} = e_0 + D_i \cdot \frac{m_0}{\sqrt{m_0^2 + (h_0 - f_0)^2}}$$

$$y_{2i} = f_0 + \frac{h_0 - f_0}{m_0}(x_{2i} - e_0)$$

（3）求中间短程线上各肋骨点的横、纵坐标。设 $M(x_M, y_M)$ 为首横接缝的中点，则：

$$x_M = e_0 \cdot \frac{b_2}{b_1}$$

$$y_M = f_0 \cdot \frac{b_2}{b_1}$$

式中:b_2为首横接缝下半段直线长度,它在求首横接缝实长时已同时求出。

再设 $N(x_N, y_N)$ 为尾横接缝的中点,则

$$x_N = c_0 + g_0 \cdot \frac{b_4}{b_3}$$

$$y_N = h_0 \cdot \frac{b_4}{b_3}$$

式中:b_4为尾横接缝下半段直线长度,在求 b_3 时即可求出。

MN 直线方程为:

$$y = \frac{y_N - y_M}{x_N - x_M}(x - x_M) + y_M$$

图 6-25 中各肋骨的直线方程为:

$$y = \frac{y_{2i}}{x_{2i} - x_{1i}}(x - x_{1i}) \quad (i = 2 \sim 4)$$

求解上述两直线方程,可得中间短程线上各肋骨的交点 $(\bar{x}_i, \bar{y}_i)$,$(i = 2 \sim 4)$。

以中间短程线为界,计算上、下各半段肋骨的展开实长 L_{2i},L_{1i},则有

$$L_{2i} = \sqrt{(x_{2i} - \bar{x}_i)^2 + (y_{2i} - \bar{y}_i)^2}$$

$$L_{1i} = \sqrt{(\bar{x}_i - x_{1i})^2 + \bar{y}_i^2}$$

(4) 求横剖面上各肋骨上、下各半段实长。根据已求得的上、下纵接缝及中间短程线与横剖面上各肋骨的交点坐标,用三点作圆的圆弧代替肋骨实长的方法求得肋骨上、下各半段实长,记为 l_{2i}、$l_{1i}(i = 2 \sim 4)$。

(5) 计算展开误差。

上半段误差

$$\Delta l_{2i} = L_{2i} - l_{2i}$$

下半段误差

$$\Delta l_{1i} = L_{1i} - l_{1i}$$

式中:Δl_{1i}、Δl_{2i}有正负之别,当展开长度大于实际长度时为正、反之为负。

实践表明,误差的计算结果是很准确的,这为对曲度较大的船体外板的修正,提供了可靠的依据。

3. 展板中误差的处理

展板过程中产生的误差如何加到被展的板中去,要视加工过程而定。

1) 手工号料

若根据外板草图直接将外板画在钢板上,可将上、下纵接缝的最大误差直接加在相应的肋骨上。为号料方便,一般以下纵接缝为基准,使它保证是直线,而将下纵接缝的最大误差加在该板的下面一块板上,使每块有误差的板呈五边形,这对号料来说是十分方便的,而且也保证了展板的精度,如图 6-26 所示。其中

$$f = \mathrm{Max}((\Delta l_{2i} + \overline{\Delta l_{1i}}), i = 2 \sim 4)$$

式中：Max——取最大值函数；

Δl_{2i}——该板上纵接缝误差；

$\overline{\Delta l_{1i}}$——该板上面那块板下纵接缝误差。

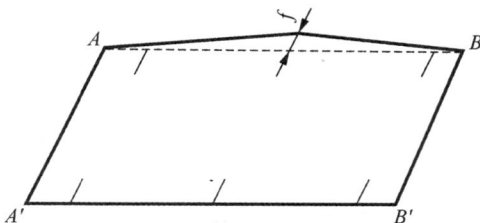

图 6-26　误差的处理

经计算表明，当 $f \leqslant 10\mathrm{mm}$ 时（板长以 6m 计算），这种修正方法在其他肋骨处的误差不超过 2.5mm，这对焊接来说是完全允许的，因而可不加余量。

2）用数控气割机或光电跟踪气割机号料

由于采用了自动号料，因而可将各肋骨的误差直接加在相应的肋骨上，这样，上、下纵接缝可能不是直线了，但这不会给自动号料带来任何麻烦，而确能充分保证精度。

习题和思考题

1. 试编写和调试求交点的几种算法的程序。
2. 试编写和调试用辛普森法计算曲线弧长的程序。
3. 试绘出测地线法计算展开外板流程粗框图。
4. 试绘出短程线法计算展开外板流程粗框图。

第7章　船体加工的数值表示

7.1　数控加工和图形处理

使用计算机进行数学放样,可以精确地计算和输出船体建造所需的各种数据,甚至可以根据这些数据,在数据库中建立描述各种船体构件的船体零件库。

由数学放样提供的船体零件数据,一般不能直接用来控制数控设备进行船体构件加工,其中有设备方面的原因,也有工艺方面的要求,例如:

(1) 现有的数控切割机床一般只有直线和圆弧插补功能,如果船体数学放样中采用样条方法进行处理,则必须这部分数值表示转换为圆弧样条,满足数控切割的编程要求。

(2) 船体构件的数值表示一般只描述构件轮廓等,而没有按工艺要求规定切割起点、切割路线和切割割缝补偿等加工信息,仍不能用它来编制数控程序。

(3) 肋骨线的数值表示是按表达曲线所必需的离散点建立起来的,通常不能直接用于数控肋骨冷弯机弯曲加工肋骨构件,因此,还必须按数控肋骨冷弯机的要求计算出控制冷弯加工的工艺参数。

(4) 为了保证数控机床能正确地进行加工作业,在数控程序中还应具有必要的辅助加工信息(如数控切割的割嘴空走行程、割嘴的提起和下降、割嘴点火等)。

总之,经过放样得到的船体零件数据,必须进行补充计算和数据处理,才能用于数控加工的编程工作。

1. 图形处理的概念

从上述可知,数控程序应包括对图形的几何形状和尺寸的处理、工艺路线和工艺参数、辅助加工信息等全部内容,并依照数控指令的规定格式,逐一按顺序编成控制程序。

数控程序的编程,有人工编码和计算机辅助编程(简称自动编程)两种方法。图形比较复杂时,如果用人工编码的方法编制数控程序,要花费大量的计算工作量和准备工作时间。因此,由计算机来担任这些繁复的信息变换和处理工作,直接完成数控指令的编码和制作指令带等工作,乃是实现船体数控加工的有效方法。目前,自动编程技术较为成熟,已普遍应用于数控系统中。

在采用计算机辅助编程时,需要有一种指挥计算机去完成编制数控程序任务的专门语言和处理程序(或称解析程序)。因它是为解决数控加工而专门对零件图形进行处理的语言,故称为图形处理语言。这种语言系统是在对所要加工的各种零件的图形进行充分调查和分析的基础上建立的,故能使其功能较完善,语言既直观精练,又能充分发挥作用,便于应用程序编制人员使用。

这种图形处理语言系统的研制始于机械制造业,如已广泛使用的 APT(Automatically

Programmed Tools)语言系统。但是,由于船体构件比较复杂,而且造船工艺中还有许多独特的要求,使用机械制造业的语言系统不能完成制作船体构件数控加工指令带的任务,因此必须研究造船业专用的图形语言系统。国内外已研制出许多造船专用的图形处理语言系统。

图形处理语言系统,由图形处理语言和图形处理程序(编译程序或称解析程序)两部分组成。

(1) 图形处理语言的语句,用来定义构件的几何形状、加工机械动作、算术运算和系统控制等,用它可以直接编写出构件的应用程序。

(2) 图形处理程序是用来编译图形应用程序和制作指令带的专用解析程序。它根据构件图形和工艺过程进行信息变换的有关计算和定义等,并根据计算结果自动编制数控程序,输出指令单。图形处理程序的功能决定了图形处理语言的语句种类和语言结构,也就决定该图形处理语言的功能。所以,"图形处理语言—图形处理程序—数控系统"是一个相互联系的系统。

图形处理程序按计算机处理方式的不同大致可分为三种类型。

(1) 标准子程序型。就是把圆、直线和某些常用的几何图形加以标准化,并将它们用算法语言编成子程序。在编制构件程序时,可调用有关的子程序来定义图形。构件的源程序同样用算法语言编制。

(2) 信息处理机型。它用专门的语言编写构件程序,在计算机中由图形处理程序(信息处理机)来处理构件的应用程序,并产生指令。由于信息处理机本身是用算法语言编制的程序包,只要通过编译系统,就可以将源程序转换成目标程序,其处理效率较高。

(3) 编译系统扩充型。将用于一般科学计算的编译系统加以改进和扩充,以增加其图形处理功能。

图形处理程序虽然类型不同,但根据其作用,一般都包含差错检查程序、计算程序和后信息处理三项内容。差错检查程序的主要作用是读取构件程序,检查其内容是否符合图形处理语言的语法规则,并按一定形式将其存贮于指定的区域,然后再按加工顺序配列各数值。后信息处理就是把前面所得的并配列好的数值变换成数控设备的加工指令,并按加工顺序将其编成程序单或制作成数控指令带。

2. 图形处理语言的构成

船体构件具有各种形状,用一个数学表达式从整体上对它们定义是不可能的。但是,对形状各异的构件图形,总可以将其分解为点、直线、圆(或圆弧)和其他形式的曲线。此外,船体构件中有些图形(如人孔、减轻孔以及纵骨开口等),不仅形状基本固定,而且还作为基本图形被重复使用。所以只要运用点、直线、圆弧、曲线和基本图形等五种基本元素,就可以组成任何形状的船体构件,这些基本元素称为图形元素。这样,对任意形状船体构件的图形处理可简化为将构件划分为图形元素并加以定义,再按工艺要求把图形元素串联起来形成连续加工路线的处理过程。

图形处理语言有它本身的语言结构,而且随着所设计的图形处理程序的不同,图形处理语言的语句划分,表达方式和语法规则也不同。通常,图形处理语言的语句,按其作用分为以下几种。

(1) 控制语句。

(2) 几何图形定义语句。

（3）计算语句。

（4）动作语句。

（5）数据存取语句。

（6）其他语句。

由于语言的目的和组成方法的指导思想不同，不同语言的语句种类及其划分也不相同。但是，它所要完成的基本功能，还是差不多的。只不过有些系统把上述几种语句的功能合并在一个语句内，或者把上述一种语句的功能分在几种语句里来完成而已。

不同的图形处理语言系统，其语句表达形式也不相同，但是，它们都要完成几何图形定义、几何定义的基础运算、辅助动作、信息处理、编制和输出数控指令等。因此，它们在建立语言系统时，用来进行几何图形定义和运算等的标准图形，以及这些标准图形描述的功能，却是一致的。如表 7-1 所示列出部分图形定义和几何定义的标准图形和功能，供参考。

表 7-1　标准图形举例表

序号	简　图	功能说明
1		由已知点的坐标定义点，即 $(x,y) \Rightarrow P$
2		由已知点 P_1 和 P_2，定义通过该两点的直线 L
3		定义平行于已知直线 L_1，且相距为 d 的直线 L_2
4		定义 P_1 绕 P_0 点旋转 α 角得到 P_2 点。α 角为有向角
5		定义直线 L_1 与 L_2 的交点 $P(x,y)$，可决定两直线相交的节点

（续表）

序号	简　　图	功能说明
6		定义直线 L 与圆 C 的交点 $P(x,y)$，可决定一段圆弧与直线相交的节点
7		定义由 P_1 点向圆 C 引切线的切点 P_2，可定义直线与圆弧相切
8		定义已知圆心坐标和半径 r 的圆，用于定义基本图形
9		定义已知两圆 C_1 和 C_2 的交点 P_1
10		定义通过一组离散点 $(x_k, y_k)(k=1,2,\cdots,n)$，且满足单调性条件的光顺曲线 S
11		定义直线 L 和曲线 S 的交点 P，用于定义直线与曲线相交的节点
12		定义已知圆 C 和曲线 S 的交点 P，用于定义一段圆弧与曲线相交的图形
13		定义已知圆 C_1 和 C_2 的公切线在圆 C_1 上的切点 P_1

（续表）

序号	简　　图	功能说明
14		定义已知长轴 a，短轴 b，长轴与 x 轴夹角 α 的椭圆，属基本图形
15		定义已知圆心坐标和半径 r 的圆弧，以及连接的一段曲线（或直线）的基本图形
16		定义由简图所示的基本图形，它属纵骨通过的标准切口图形
17		定义已知圆心坐标和半径 r 和圆弧与直线 L 连接的基本图形（圆弧为 1/4 圆）
18		定义已知圆弧半径和两直线相切的基本图形
19		定义已知直线 L、曲线 F 及相交的圆弧半径的基本图形

7.2　数控切割的数值计算

数控装置为了按照要求控制机器自动切割出一定形状的工件,需要作一定的数值计算,把切割工具运动的轨迹抽象为数学公式,并对这些公式采用数值计算的方法实现数字化。这项工作通常称为"建立数学模型",是设计一个数控装置的关键工作。

数学模型建立后,还要把应进行的计算和必要的数据编排成机器能接受的语言,这项工作称为编制程序。根据边缘切割的工艺特点,从数学放样中得到的船体构件的数值表示及数据,不仅不能直接用来控制切割,而且也不适于直接采用图形处理语言进行自动编程。在对其进行割缝补偿、曲线的圆弧化处理及套料之后,重新建立构件几何形状的数值表示,才能进行数控程序的编制工作。此外,还应根据控制方法,建立过程控制的数值表示。

1. 构件的割缝补偿及几何形状处理

用气割方法切割船体构件边缘时,由于切割氧是具有一定直径的圆柱气流,切割出的割缝具有一定的宽度。若按理论形状和尺寸进行数控切割,结果会改变构件理论形状和尺寸。这对不留余量的构件,其后果是严重的,所以要求进行割缝补偿。根据统计资料,割缝补偿值一般取 3mm。为了把割缝补偿值加进船体构件尺寸中去,必须采用正确的计算方法,才能算出构件的正确尺寸,正确表达新的节点位置和构件形状。

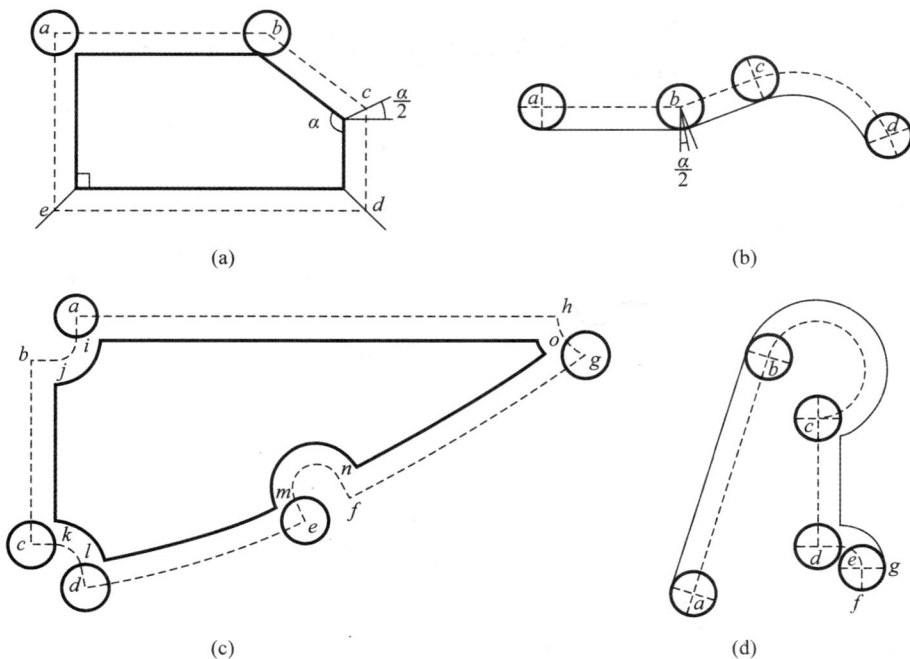

图 7-1　割缝补偿示意图

如图 7-1(a)表示的是一个由若干直线边缘组成的构件,从保证气割质量出发,经加上补偿量后的构件边缘,应由火焰圆心轨迹 $abcdea$ 组成。若以 $\overline{ed}$ 平行于坐标系的 x 轴,$\overline{ae}$ 平行于 y 轴,并设构件两直线所夹的内角为 α,节点坐标为 (x, y),则其组成每个节点的两根直线中,至少有一根直线的斜率处于特殊状态（平行于 x 轴或平行于 y 轴），故不适于导出新节点坐标的一般数学表达式。从图 7-1(a)可以得出一个结论，这类图形经割缝补偿后的新节点必然在两直边交角的角平分线上。此外，在计算新节点坐标值时，还应给出原节点相对于构件的位置信息，节点位置信息分别用 a_1 和 a_2 表示，其取值和含义如表 7-2 所示。下面按图 7-2 所示的一般情况来推导新节点坐标计算式。

表 7-2　节点位置信息表

符号	取值	含义
a_1	1	节点在线段的右边
a_1	-1	节点在线段的左边
a_2	1	节点在线段上部
a_2	-1	节点在线段下部

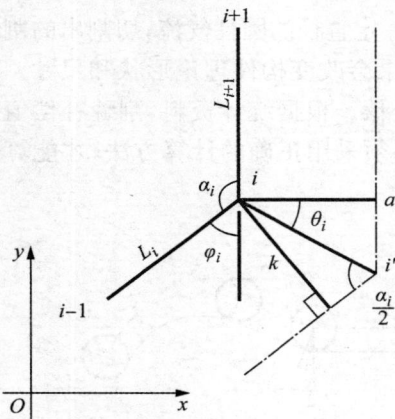

图 7-2　割缝补偿转角状况

若已知相交两直线 L_i 和 L_{i+1} 的斜率分别为 k_i 和 k_{i+1}，则其相交的锐角

$$\phi_i = \arctan\left|\frac{k_{i+1}-k_i}{1+k_ik_{i+1}}\right| \quad \left(0<\phi_i<\frac{\pi}{2}\right) \quad (7\text{-}1)$$

上式中，如果 $k_i \cdot k_{i+1}=-1$，则 $\varphi_i=\dfrac{\pi}{2}$，其内角

$$\alpha_i = \pi - \varphi_i \tag{7-2}$$

令其角平分线的斜率为 $k_H=\tan\theta_i$，则有：

$$\tan\frac{\alpha_i}{2} = \frac{k_H-k_i}{1+k_ik_H}$$

$$k_H = \frac{k_i+\tan\dfrac{\alpha_i}{2}}{1-k_i\cdot\tan\dfrac{\alpha_i}{2}} = \tan\theta_i$$

所以

$$\theta_i = \arctan\frac{k_i+\tan\dfrac{\alpha_i}{2}}{1-k_i\cdot\tan\dfrac{\alpha_i}{2}} \tag{7-3}$$

由图中直角三角形 $\triangle iai'$ 得：

$$\overline{ii'} = \frac{h}{\sin\dfrac{\alpha_i}{2}} \tag{7-4}$$

式中：h——割缝补偿值，一般取 3mm。

根据图 7-2 的几何关系可求得新节点 i' 的坐标值为

$$\begin{cases} x_i' = x_i + \overline{ii'}\cdot\cos(|\theta_i|)\cdot a_1 \\ y_i' = y_i + \overline{ii'}\cdot\sin(|\theta_i|)\cdot a_2 \end{cases} \tag{7-5}$$

通过上述各式可计算割缝补偿中的两直边相交的新节点坐标值。

如图 7-1(b)所示，曲线部分的割缝补偿线，乃是过曲线上各点作切线之法线，并在法线上取 $h=3$mm（补偿值）而得到的。由此可知，若原曲线各节点处一阶导数为 $y'(x_i)$，其法线斜率

k_c 应为：

$$k_c = -\frac{1}{y'(x_i)} = \tan\theta_i$$

$$\theta_i = \arctan\left(-\frac{1}{y'(x_i)}\right) \tag{7-6}$$

当 $y'(x_i)=0$ 时取 $\theta_i = -\frac{\pi}{2}$，而节点 x 值受曲线拱曲方向影响，故可得新节点坐标值为：

$$\begin{cases} x'_i = x_i + h \cdot \cos(|\theta_i|) \cdot a_1 \cdot \text{sgn}[y''(x_i)] \\ y'_i = y_i + h \cdot \sin(|\theta_i|) \cdot a_2 \end{cases} \tag{7-7}$$

在图 7-1(b)中，因为在直线与曲线连接节点处，曲线的一阶导数已知，所以可近似地求取直线与曲线在该节点处的交角 α_i，从而新节点的坐标值为：

$$\begin{cases} x'_i = x_i + h \cdot \sin\left(\left|\dfrac{\alpha_i}{2}\right|\right) \cdot a_1 \cdot \text{sgn}[y''(x_i)] \\ y'_i = y_i + h \cdot \cos\left(\left|\dfrac{\alpha_i}{2}\right|\right) \cdot a_2 \end{cases} \tag{7-8}$$

式(7-8)对 a_1 的取值，是以曲线与直线相切，且以直线在曲线的左边或右边决定的；当曲线与直线成折角相交时，a_1 的取值应相反。

由图 7-1(c)可看出，凡在构件转角处采用圆弧切角和对构件作圆开口时，经割缝补偿后每个圆弧处的轮廓线都要增加两段长度等于 h 的过渡直线，如图 7-1(c)所示的 $\overline{ai}$ 和 $\overline{bj}$ 等。而且根据图 7-1(c)可得新节点坐标计算式为：

$$\begin{cases} x_{a_i} = x_i + h \cdot a_1 \\ y_{a_i} = y_i + h \cdot a_2 \end{cases} \tag{7-9}$$

i、j、m 和 n 等点坐标值为：

$$\begin{cases} (x_i - x_0)^2 + (y_i - y_0)^2 = (R-h)^2 \\ y_i = f(x_i) \end{cases} \tag{7-10}$$

式中：x_i、y_i——新节点坐标；

　　　x_0、y_0——圆弧的圆心坐标；

　　　R——圆弧的半径；

　　　$f(x_i)$——构件原边缘的函数式。

分析图 7-1(d)可知，开口图形割缝补偿线同样可用式(7-9)或式(7-10)计算新节点坐标值。

2. 数控切割过程控制的数值计算

数控切割机与数控绘图机的工作原理基本相同，只是数控切割的数值计算是控制割嘴的运动。船体构件的数控切割属连续轮廓控制系统。尽管构件的轮廓形状很复杂，但都能分解为直线、圆弧和其他二次曲线，这样就可以利用这些曲线的插补运算控制割嘴的轨迹。插补方法有很多种，切割机常用的是逐点比较法。

在逐点比较法控制中，割嘴每移动一步都要把当前位置与模型曲线作一次比较；判断误差，从而确定下一步的走向。所以割嘴每移动一步需四个节拍，即偏差判别、割嘴进给、偏差计算和终点判断。割嘴的进给方向取决于偏差的判别，而判别的依据是偏差计算。因此，如何进行偏差计算是逐点比较法控制的关键。

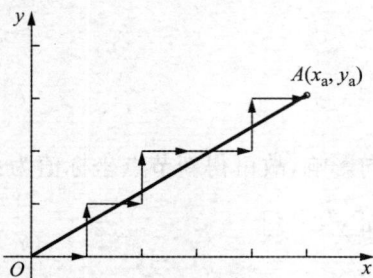

图 7-3　直线插补示意图

1）直线加工偏差及其计算

如图 7-3 所示，以第一象限的直线 OA 为例简述其计算方法。

建立以加工直线的起始点为坐标原点，割嘴的横、纵运动方向为 x、y 轴的坐标系。加工终点为点 $A(x_a, y_a)$，割嘴的加工点为点 $P_i(x_i, y_i)$。当点 P_i 在直线上时有：

$$\frac{y_i}{y_a} = \frac{x_i}{x_a}$$

令：

$$F_{ij} = x_a y_i - x_i y_a$$

显然，F_{ij} 的符号不同，点 P_i 相对于直线 OA 的位置也不同，含义如下：

① $F_{ij} = 0$，表示点 P_i 在直线上；

② $F_{ij} > 0$，表示点 P_i 在直线上方；

③ $F_{ij} < 0$，表示点 P_i 在直线下方。

因此，可以根据 F_{ij} 的不同计算结果执行不同操作。F_{ij} 实际上就是直线加工点 P_i 的加工偏差公式。当 $F_{ij} \geq 0$ 时，可使变量 x_i 增加一个单位脉冲当量，使割嘴沿 x 方向前进一步，并进行 $F_{i+1,j}$ 的判别运算，直到比较函数小于零为止。若 $F_{ij} < 0$，则对 y_i 增加一个单位脉冲当量，使割嘴沿 y 方向前进一步，并进行 $F_{i,j+1}$ 的判别运算，直至比较函数大于零为止。

当在 x 方向进给一个单位脉冲当量时，即：

$$F_{i+1 \cdot j} = x_a y_j - (x_i + 1) y_a = x_a y_j - x_i y_a - y_a = F_{ij} - y_a \qquad (7\text{-}11)$$

当在 y 方向进给一个单位脉冲当量时，即：

$$F_{i \cdot j+1} = x_a (y_j + 1) - x_i y_a = x_a y_j - x_i y_a + x_a = F_{ij} + x_a \qquad (7\text{-}12)$$

上两式中的 x_a、y_a 是终点坐标值，故在求任一点的比较函数时，只需用前一点的比较函数值与终点坐标值进行加法或减法运算就行了。这在使用计算机控制时，编制切割控制程序是很方便的。

从式（7-11）和式（7-12）可以看出，直线的插补运算只有加减运算，并根据前一步的偏差值和终点坐标值，推定下一步的走向，这样每走一步就进行一次计算、判断、直至终点。终点的判断是利用从直线的起点到终点某个方向（x 向或 y 向）坐标的总数进行判别，也可以取 x、y 向总步数之和进行终点判别。

如图 7-3 所示，割嘴所走的轨迹实际上是一根阶梯形折线，其误差小于一个脉冲当量。如果脉冲位移量（即步长）取得适宜，便能获得相当高的切割精度。

例 7-1：加工第一象限直线 OA，进行插补运算。已知起始点 $O(0,0)$，终点 $A(3,5)$。

解：按逐点比较法加工，其插补运算和进给情况见表 7-3 和图 7-4 所示。

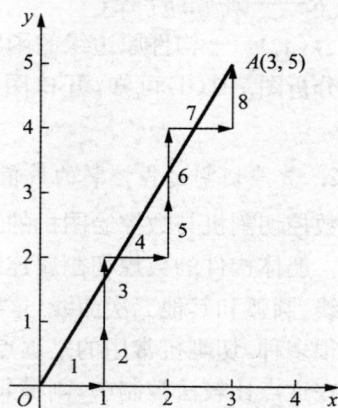

图 7-4　逐点比较法加工的进给示意图

表 7-3　插补运算和进给情况表

步数	工作节拍			
	第一拍判别	第二拍进给	第三拍插补运算	第四拍终点判断
起点			$F=0$	$J=5$
1	$F=0$	$+\Delta X$	$F=0-5=-5$	$J=5$
2	$F=-5<0$	$+\Delta Y$	$F=-5+3=-2$	$J=5-1=4$
3	$F=-2<0$	$+\Delta Y$	$F=-2+3=1$	$J=4-1=3$
4	$F=1>0$	$+\Delta X$	$F=1-5=-4$	$J=3$
5	$F=-4<0$	$+\Delta Y$	$F=-4+3=-1$	$J=3-1=2$
6	$F=-1<0$	$+\Delta Y$	$F=-1+3=2$	$J=2-1=1$
7	$F=2>0$	$+\Delta X$	$F=2-5=-3$	$J=1$
8	$F=-3<0$	$+\Delta Y$	$F=-3+3=0$	$J=1-1=0$ 加工结束

因为 $y_a>x_a$，所以取 y 轴向的总步数 $\sum=5$ 为终点判别式。$\sum_5=5$ 时表示判别的总步数全部走完，到达终点。

上面讨论的仅是第一象限直线的加工。其他象限内的加工情况，可以用第一象限的结论推得。这里就不一一推导了，只是把结论归纳于表 7-4。

表中 L_1、L_2、L_3 和 L_4 分别表示对第一、第二、第三和第四象限内直线的加工。X、Y 分别代表欲加工直线终点坐标的绝对值。

表 7-4　逐点比较法加工的插补运算

加工指令	$F\geqslant0$			$F<0$			插补进给方向
	进给		运算公式	进给		运算公式	
	方向	坐标		方向	坐标		
L_1	$+$	ΔX	$F-Y\to F$	$+$	ΔY	$F+X\to F$	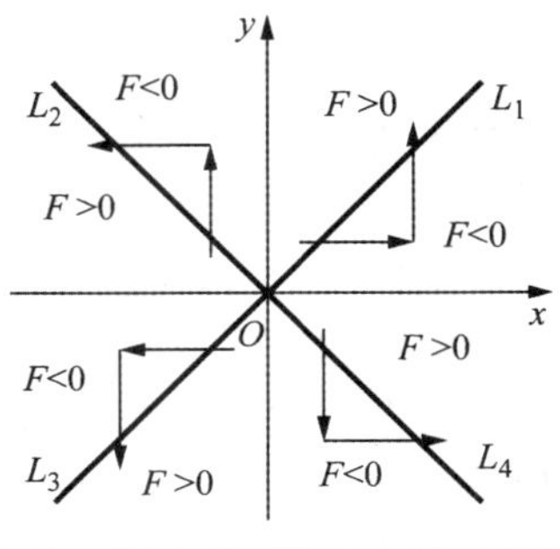
L_2	$-$			$-$			
L_3	$+$	ΔY	$F-X\to F$		ΔX	$F+Y\to F$	
L_4	$-$			$+$			

2）圆弧的加工偏差及其计算

以逆时针方向切割第一象限的圆弧为例，讨论其计算方法。

如图 7-5 所示，设要加工圆弧 PQ 的起点 $P(x_p,y_p)$，半径为 R，$K(x_i,y_i)$ 表示实际加工点，R_i 为加工点到圆心的距离，则可根据加工点与圆的位置关系来决定割嘴的下一步前进方

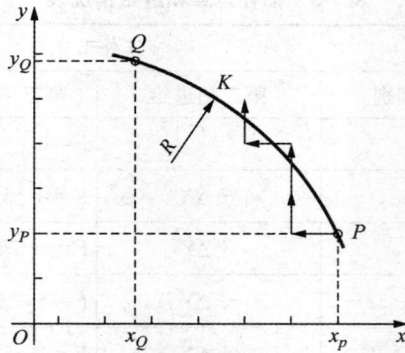

图 7-5　圆弧插补示意图

向。显然用"$R_i - R = 0$"作为加工点 K 的加工偏差判别是比较方便的。

（1）若 $R_i - R > 0$，说明 K 点在圆外。为减小加工偏差和保证逆时针切割，只有走"$-\Delta X$"，即向 x 坐标的负方向进给。

（2）若 $R_i - R < 0$，说明 K 点在圆内。为减小加工偏差和保证逆时针切割，必须走"$+\Delta Y$"。

（3）若 $R_i - R = 0$，说明加工点尺正好在圆弧上。要继续加工仍需进给。按逐点比较法规定，将这种情况并入 $R_i - R > 0$ 一类。

根据上述分析，若加工点 $K(x_i, y_i)$ 在圆弧上，则有：

$$x_i^2 + y_i^2 = R^2$$

于是，我们可以取"$R_i^2 - R^2$"作为点 K 的加工偏差公式，并记作 F_{ij}。即：

$$F_{ij} = R_i^2 - R^2 = (x_i^2 + y_i^2) - (x_p^2 + y_p^2) \tag{7-13}$$

这就是说，加工圆弧时，只要把坐标原点取在加工圆弧的圆心，并给出加工圆弧的起点坐标或半径，则加工偏差就可用加工点的坐标求得。

当 $F_{ij} \geqslant 0$，按规定应使割嘴在 x 方向上向左移动一个步长（1 个脉冲当量），并对 $F_{i+1,j}$ 进行运算，直至偏差判别式小于零为止。在 $F_{ij} < 0$ 时，应使割嘴在 y 方向上向上移动一个步长，并对 $F_{i,j+1}$ 进行判别运算，直至偏差判别式大于零为止。

当在 x 方向上向左移动一个步长（"1"脉冲）时

$$F_{i+1 \cdot j} = [(x_i - 1)^2 + y_i^2] - (x_p^2 + y_p^2) = F_{ij} - 2x_i + 1 \tag{7-14}$$

当 y 方向移动一个步长时

$$F_{i \cdot j+1} = [x_i^2 + (y_i + 1)^2] - (x_p^2 + y_p^2) = F_{ij} + 2y_i + 1 \tag{7-15}$$

从式（7-14）和式（7-15）可知，偏差判别式的判别运算，同样是前一点的比较函数与割嘴位置坐标的加减运算。

其终点判别运算与直线插补完全相同，切割精度及割嘴运动轨迹特征，也和直线插补类似。

例 7-2：现要加工第一象限内半径 $R = 5$ 的圆弧 AB。已知起始点 $A(5,0)$，终点 $B(3,4)$，割嘴逆时针走向。加工计算及过程见表 7-5 和图 7-6 所示。

表 7-5　圆弧插补运算过程举例

步序 起点	偏差判别	走步方向	偏差计算	终点判断
			$F_0=0, x_0=5, y_0=0$	$\sum_0=4$
1	$F_0=0$	$-\Delta X$	$F_1=F_0-2x_0+1=0-2\times5+1=-9$ $x_1=x_0-1=5-1=4$ $y_1=y_0=0$	$\sum_0=4$
2	$F_1=-9<0$	$+\Delta Y$	$F_2=F_1+2y_1+1=-9-0+1=-8$ $x_2=x_1=4$ $y_2=y_1+1=0+1=1$	$\sum_1=4-1=3$
3	$F_2=-8<0$	$+\Delta Y$	$F_3=F_2+2y_2+1=-8+2+1=-5$ $x_3=x_2=4$ $y_3=y_2+1=1+1=2$	$\sum_2=3-1=2$
4	$F_3=-5<0$	$+\Delta Y$	$F_4=F_3+2y_3+1=-5+4+1=0$ $x_4=x_3=4$ $y_4=y_3+1=2+1=3$	$\sum_3=2-1=1$
5	$F_4=0$	$-\Delta X$	$F_5=F_4-2x_4+1=0-8+1=-7$ $x_5=x_4-1=4-1=3$ $y_5=y_4=3$	$\sum_4=1$
6	$F_5=-7<0$	$+\Delta Y$	$F_6=F_5+2y_5+1=-7+6+1=0$ $x_6=x_5=3$ $y_6=y_5+1=3+1=4$	$\sum_5=1-1=0$

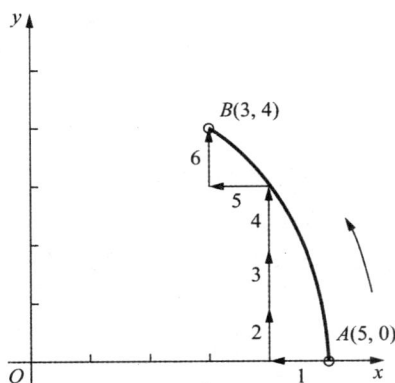

图 7-6　圆弧割嘴逆时针走向示意图

以上讨论的逐点比较法的脉冲分配原理和计算式,是以第一象限内的逆圆弧为依据的。至于其他象限及顺圆弧情况,如何进行判别运算和控制割嘴移动方向,在编制控制程序时需要作什么处理就能使用统一的判别运算等,请读者自己试作。这里只将结论汇集于表 7-6 和图 7-7。

表中公式的坐标值均为绝对值。字母 N 表示逆时针切割,S 表示顺时针切割,R 表示圆弧加工。数字表示的是加工象限。

表 7-6　逐点比较法判别运算和割嘴移动方向表

加工指令	$F \geqslant 0$			$F < 0$		
	进给方向	进给坐标	运算公式	进给方向	进给坐标	运算公式
SR_1	$-$			$+$		
SR_3	$+$		$F-2Y+1 \rightarrow F$	$-$		$F+2X+1 \rightarrow F$
NR_2	$-$	ΔY	$X \rightarrow X$	$-$	ΔX	$X+1 \rightarrow X$
NR_4	$+$		$Y-1 \rightarrow Y$	$-$		$Y \rightarrow Y$
NR_1	$-$			$+$		
NR_3	$+$		$F-2X+1 \rightarrow F$	$-$		$F+2Y+1 \rightarrow F$
SR_2	$+$	ΔX	$X-1 \rightarrow X$	$+$	ΔY	$X \rightarrow X$
SR_4	$-$		$Y \rightarrow Y$	$+$		$Y+1 \rightarrow Y$

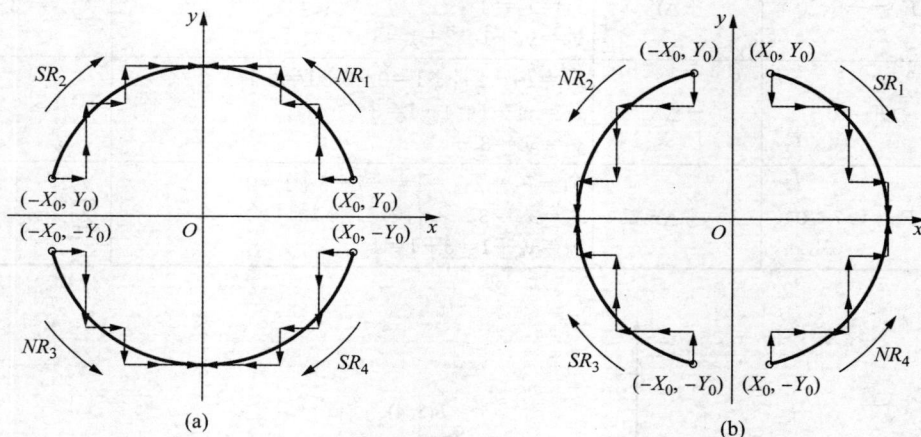

图 7-7　逐点比较法判别运算和割嘴移动方向示意图

3）其他二次曲线的加工偏差及其计算

对抛物线,椭圆,双曲线等二次曲线,可用同样的原理进行偏差计算和判别。现以抛物线为例说明如下。

设抛物线方程为 $y^2 = ax$,则其偏差判别式为:

$$F_{ij} = y_j^2 - ax_i \tag{7-16}$$

当 $F_{ij} \geqslant 0$ 时,向 $+x$ 方向进给;当 $F_{ij} < 0$ 时,向 $+y$ 方向进给。

同理,可对上式进行简化。

当 $F_{ij} \geqslant 0$ 时,向 $+x$ 方向进给,新坐标为 (x_{i+1}, y_j),则:

$$F_{i+1 \cdot j} = y_j^2 - a(x_i+1) = y_j^2 - ax_i - a$$

即:

$$F_{i+1 \cdot j} = F_{ij} - a \tag{7-17}$$

当 $F_{ij} < 0$ 时,向 $+y$ 方向进给,新坐标为 (x_i, y_{j+1}),则:

$$F_{i \cdot j+1} = (y_j+1)^2 - ax_i = y_j^2 + 2y_j + 1 - ax_i$$

即：

$$F_{i,j+1} = F_{ij} + 2y_j + 1 \qquad (7\text{-}18)$$

上述两式表明，当 $F_{ij} \geqslant 0$ 时，与直线插补公式类似；当 $F_{ij} < 0$ 时，与圆弧插补公式相同。因此，抛物线的加工计算可以认为是直线与圆弧的组合。

对于椭圆和双曲线，可用同样方法处理，不再赘述。

7.3　型材数控冷弯的数值计算

船体型材构件的成形加工，是以冷弯成形为发展方向，所以造船界都致力于研究数控肋骨冷弯机等数控加工设备，以提高加工自动化程度。型材构件成型控制的方法主要有端点测量控制法、适应控制法和弦线测量控制法等。这三种方法都应用于按逐段进给加工方式弯制型材构件的设备中。

数控冷弯型材，同样存在解决计算机辅助编制数控指令的数值表示和过程控制中的数值表示的问题。本节将分别讨论上述成形控制方法的数值表示及其计算模型。

1. 端点测量控制法

用端点测量控制法数控冷弯型材，是英国格拉斯哥大学研究成功的。它在三支点肋骨冷弯机上弯制肋骨的原理，如图 7-8 所示。图中 G、B、C 三点表示冷弯机的三个顶弯柱；DE 为平移小车，它在轨道上沿 x 方向作平移运动；D 点表示夹紧被加工型材的夹头，由于冷弯机的工作要求，在型材的端点必须留有一定长度的加工余料（甩头）$\overline{DF}$，故夹头实际上是夹紧型材甩头的端部 A。在加工过程中，夹头随着型材弯曲引起的端点运动，沿着平移小车作 y 方向移动；$\overline{BE}$ 表示在弯制中的型材段之弧形最大点 B 所作的切线，它与型材端点 A 的有向距离（垂直于切线 $\overline{BE}$）用 y'_{hj} 表示。那么，若事前给出相应的值 y_{hj}。使通过夹头带动 A 点的移动值 y'_{hj} 等于给定的值 y_{hj}，则该段型材弯制合格。否则，就要继续进行加工。故称它为端点测量控制法。

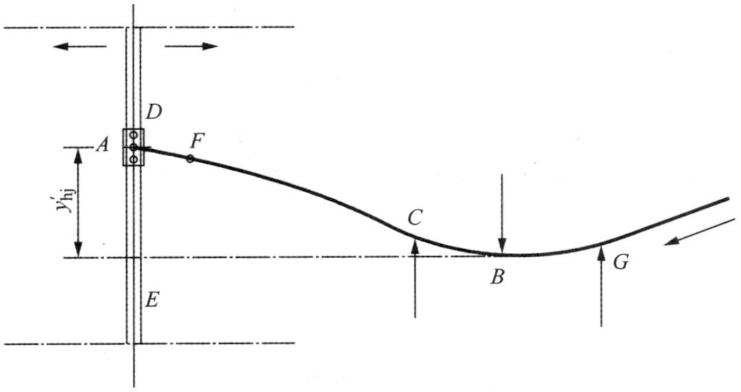

图 7-8　端点测量控制法示意图

1）数控加工控制参数的数值表示法

端点测量控制法数控冷弯型材的控制参数，由进料长度 ΔL_i 和有向距离 y_{hj} 组成。计算时使用的坐标系，如图 7-9 所示。其型线可用样条方法插值且直接由数学放样给出，现统一用 F

(x)表示曲线的插值函数。

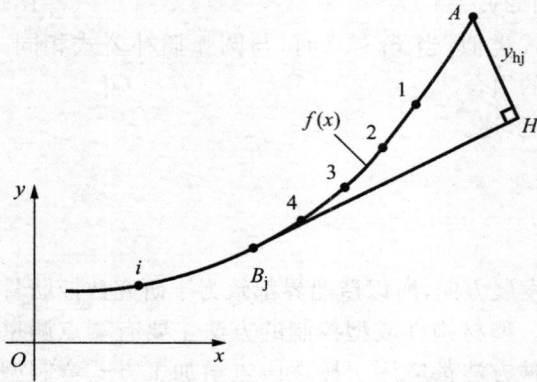

图 7-9　控制参数示意图

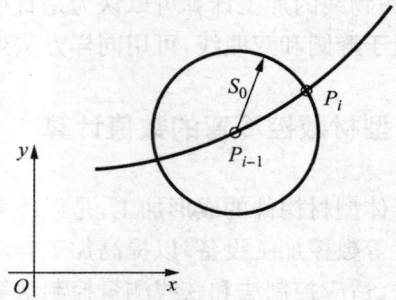

图 7-10　曲线与圆的交点

（1）关于进料长度的数值计算。

数控肋骨冷弯机每次能弯制的有效弧长（应能光顺连接）ΔS_i，它和肋骨冷弯机的规格、型材腹板高度、该弯曲段曲线的曲率等有关。但是，当冷弯机规格和型材腹板高度已给定时，实际上可近似地认为，弯制每段有效弧长所对应的弦长 S_0 是常数，由此可用定长弦 S_0 作为对型材曲线划分加工段的依据。从几何作图法可知，若用定长弦 S_0 为半径，前一个已知分点为圆心作圆，则此圆与曲线的交点，即为所求。因此，对曲线划分加工段和求分点坐标的问题，便简化成计算曲线与圆的交点问题，如图 7-10。

在图 7-10 中，其圆心坐标为 $P_{i-1}(x_{i-1}, y_{i-1})$，半径为 S_0，其圆方程

$$(x - x_{i-1})^2 + (y - y_{i-1})^2 = S_0^2 \tag{7-19}$$

已知曲线插值方程

$$y = F(x) \tag{7-20}$$

由式（7-19）和式（7-20），采用第六章所介绍的计算方法即可计算出交点(x_i, y_i)。

按上述方法即可依次计算出各分点 $P_i(i=1,2,\cdots,n)$ 的坐标值，并将曲线划分成 $j=1$, $2,\cdots,n-1$ 段。

为了计算各段进料长度，应首先计算出与型线各分点 $P_i(x_i, y_i)$ 相对应的中性轴位置点坐标 $G_k(x_k, y_k)(k=1,2,\cdots,n)$，如图 7-11 所示。现设型材曲线（即型材腹板边缘）到中性轴的距离为 h，则可导得 G_k 的表达式

$$\begin{cases} y_k = -\dfrac{1}{F'(x_i)}(x_k - x_i) + y_i \\ (x_k - x_i)^2 + (y_k - y_i)^2 = h^2 \end{cases} \tag{7-21}$$

式中：$F'(x_i)$ 是型材曲线上 x_i 点处的一阶导数。

由式（7-21）中的第二式得：

$$x_k = \pm\sqrt{h^2 - (y_k - y_i)^2} + x_i$$

将上式代入式（7-21）的第一式，经整理得：

$$y_k = \frac{h}{\sqrt{1 + [F'(x_i)]^2}} + y_i$$

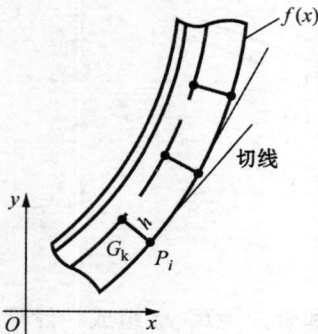

图 7-11　型材中性轴曲线

令：

$$K = \frac{1}{\sqrt{1 + \left[F'(x_i) \right]^2}} \quad (i = 1, 2, \cdots, n) \tag{7-22}$$

则可得：

$$y_k = Kh + y_i \quad (i = 1, 2, \cdots, n) \tag{7-23}$$

将式(7-23)代入式(7-21)的第一式,经整理得：

$$x_k = x_i - F'(x_i)Kh \quad (i = 1, 2, \cdots, n) \tag{7-24}$$

利用上述三式可算出一组中性轴分点 $G_k(x_k, y_k)(i = 1, 2, \cdots, n)$ 的坐标值,随即可建立中性轴曲线的插值曲线方程 $g(x)$。

同时,各加工段的相对进料长度 $\Delta L_i(i = 1, 2, \cdots, n-1)$,可用弧长积分公式算得,即：

$$\Delta L_i = S_{k-1 \cdot k} = \int_{x_{k-1}}^{x_k} \sqrt{1 + \left[g'(x) \right]^2} \, \mathrm{d}x \tag{7-25}$$

（2）有向距离 y_{hj} 的数值计算。

如图 7-9 所示,欲计算有向距离 y_{hj} 则应首先计算出甩头端点 A 的坐标值 (x_A, y_A)；其次,再计算出各段切点 $B_j(j = 1, 2, \cdots, n-1)$ 的坐标值 (x_j, y_j)。

由于可把型材的一个加工段近似为一段圆弧,故可以过相邻两分点作该段型材曲线的弦线,再过该弦线中点作弦线的垂线 S_k,把垂线 S_k 与型材曲线的交点作为切点 B_j。因此,计算各加工段切点 B_j 的问题,就转化为计算已知直线 S_k 和曲线 $F(x)$ 的交点问题。令弦线中点 E 的坐标值 (x_E, y_E),则

$$x_E = \frac{x_i + x_{i+1}}{2}, \quad y_E = \frac{y_i + y_{i+1}}{2}$$

因此,垂线 S_k 的斜率

$$k = -\frac{x_{i+1} - x_i}{y_{i+1} - y_i}$$

其方程

$$y = k(x - x_E) + y_E$$

将上述直线方程与曲线插值函数 $y = F(x)$ 联立,即可求解出 B_j。其计算方法和关系式已在 6.1 中讨论过。

至于甩头端点 A 的坐标值,从图 7-9 可看出,甩头直线的斜率 K 等于型材曲线 $F(x)$ 端点的一阶导数。设甩头长度为 l,则 A 点坐标表达式为：

$$\begin{cases} x_A = -l \cdot \cos\left[\arctan(F'(x_1)) \right] \\ y_A = -l \cdot \sin\left[\arctan(F'(x_1)) \right] \end{cases} \tag{7-26}$$

在图 7-9 中,由于有向距离 $\overline{AH}$ 与切线 $\overline{B_jH}$ 相互垂直,而且 B_j 的坐标及过该点曲线的一阶导数 $F'(x)$ 均可求得,则可得过 B_j 点的切线方程

$$y - y_j = F'(x_j) \cdot (x - x_j)$$

改写为：

$$y - F'(x_j) \cdot x + \left[F'(x_j) \cdot x_j - y_j \right] = 0$$

则有向距离 y_{hj} 可用已知点 $A(x_A, y_A)$ 到切线 $\overline{B_jH}$ 的距离公式进行计算,即：

$$y_{hj} = \frac{\left| y_A - y_j - F'(x_j)(x_A - x_j) \right|}{\sqrt{1 + \left[F'(x_j) \right]^2}} \tag{7-27}$$

根据上述计算得到的 $\Delta L_i(i=1,2,\cdots,n-1)$ 和 $y_{hj}(i=1,2,\cdots,n-1)$，再通过后信息处理程序和规定的数控指令格式，即可编制和输出数控加工程序。

2）过程控制中的几个问题

由于型材冷弯乃是型材产生弹塑性变形的过程，在卸载后型材将产生回弹。倘若直接使用上述计算所得的 y_{hj} 控制冷弯加工，将因型材回弹而使每一个加工段都产生远远超出技术要求的偏差值。而对整个型材而言，将因各加工段偏差值的累积，而产生更大的形状误差，由此完工后的型材将不可能满足技术要求。再者，对于加工后型材的回弹量，在量值上目前尚不能在事前进行精确计算，故还不能采用预加回弹量的方法。

由于上述原因，所以目前一般都采用逐步逼近的控制方法进行数控冷弯型材（具体方法在后述的弦线测量法中介绍），在编制控制程序时，应充分注意逐步逼近法的具体要求。

其次，在加工检测过程中，实际上不可能要求各加工段弯制到完全准确的程度，而在它们达到允许误差范围内时，就认为该段加工合格而转入下一段，这样，势必存在各加工段的加工误差处理问题。一种方法是控制程序将上一段的加工误差，加进该段的加工控制量 y_{hj} 值中去。

2. 适应控制法

经冶炼和轧制后的型材一般存在着材质不均匀、残余内应力分布不均匀等问题，前者使得材料的弹性模量 E 不是常数。此外，型材在运输过程中因受各种外界影响而产生残余变形，使型材具有初挠度等。这些变化的因素使得目前尚无一种理想的计算方法，可以事先精确地计算出某段型材加工后的回弹量。日本造船界为了避免事先计算回弹量，而又能一次控制加工成形，提出了数控冷弯型材的适应控制法。

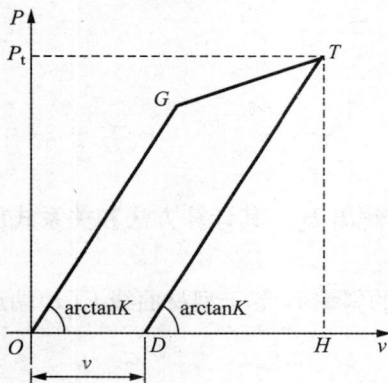

图 7-12　$P\text{-}v$ 曲线图

这种控制方法是以型材在受力弯曲过程中的载荷-挠度曲线为原理，如图 7-12 所示。在加工一小段型材时，首先根据支点和加工前型材载荷点的位置以及测出的进给量，设计出该段的控制曲线；再根据控制曲线和测出的型材初始挠度，计算出该段弯曲加工量；最后在对该段进行加载弯制的同时，不断测量所加的载荷和型材的挠度，并依此作出载荷-挠度曲线，根据此曲线确定弯曲量，以控制该段型材的弯曲加工。

若从理论出发，则图 7-12 表示了载荷 P 和加载点处的挠度 v 之间的关系。假定材料加载至超过屈服点 G 后在 T 点卸载，则卸载前 T 点的挠度是 OH，卸载时按 $\overline{TD}$ 线变化，卸载后仅产生了 OD 的永久挠曲变形，则 DH 就是回弹量。此时，$\overline{TD}$ 是 $\overline{OG}$ 的平行线。若已知直线 $\overline{OG}$ 的斜率 K 以及 T 点处的载荷 P_i，则可求得回弹量 DH。

按上述理论分析，我们可以把加工每一小段型材的受力状态，简化为图 7-13 所示的受集中力作用的简支梁，为了求得弹塑性变形状态下的 K 值，我们可根据材料力学先导出图 7-13 所示简支梁挠度计算公式。由该图可得：

$$R_A = -\frac{P_r}{l+r}$$

当 $0 \leqslant x \leqslant l$ 时

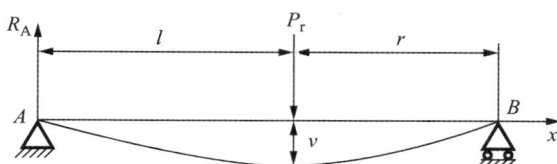

图 7-13　受集中力的简支梁

$$M_1(x) = -\frac{P_r}{l+r}x$$

当 $l \leqslant x \leqslant l+r$ 时

$$M_2(x) = -\frac{P_r}{l+r}x + P(x-l)$$

将上两式通过积分和确定端点条件,即可求得在 $0 \leqslant x \leqslant l$ 时

$$v = \frac{P \cdot r \cdot x}{6EI(l+r)}[(l+r)^2 - x^2 - r^2]$$

令 $x = l$,则得:

$$v = \frac{P \cdot l \cdot r}{6EI(l+r)}[(l+r)^2 - l^2 - r^2] = \frac{P \cdot (l \cdot r)^2}{3EI(l+r)} \tag{7-28}$$

经变换得:

$$P = \frac{3EI \cdot (l+r) \cdot v}{(l \cdot r)^2} \tag{7-29}$$

从图 7-12 可得

$$K = \frac{P}{v} = \frac{3EI \cdot (l+r)}{(l \cdot r)^2} \tag{7-30}$$

式中:E——材料的弹性模量;

I——型材剖面的惯性矩。

在理论上,通常是按材料种类对 E 取某一确定值。但即使是同种材料,可能因其材质不均匀,其 E 值不是常数,且在载荷条件不同时,其数值也有所变化。同时,惯性矩 I 由于受型材轧制精度的影响,I 的计算结果与实际情况也不可能充分吻合。所以用式(7-30)计算的 K 值,一般与实际情况不符。其次,图 7-12 中 G、T 之间的 P 与 v 的关系,在理论上也很难正确地表示出来。

综上所述,欲以理论的载荷-挠度曲线为基础,通过 K、P_i 的理论计算来求出回弹量,则其结果将是不符合实际情况的,因而提出适应控制法。

在适应控制法中,采纳了上述载荷-挠度曲线和卸载回弹的基本原理,舍去了通过理论方法计算回弹量的做法,在弯制每小段型材时,不断测量载荷 P 和挠度 v 而得到 P-v 曲线,依此来决定加工完成时所要求的加工量。其原理如图 7-14 所示。

具体做法是,首先测量材料在弹性状态($P_0 < P_j < P_a$)时的 (v_j, p_j),用最小二乘法算出 $\overline{OG}$ 直线的 K 值。设理论载荷值为

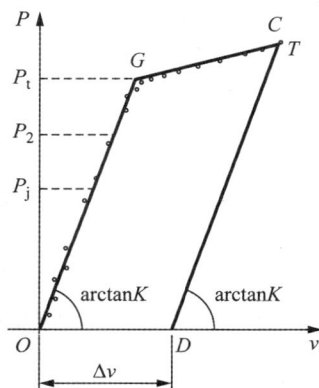

图 7-14　测量得到的 P-v 曲线

P_j，实测值为 p_j，且 P_j 与 p_j 之偏差为 R_j，则有

$$K = \frac{P_j}{v_j}$$

即：

$$P_j = K \cdot v_j$$

则：

$$R_j = p_j - P_j = p_j - K \cdot v_j$$

由最小二乘法原理可得：

$$\sum_{j=1}^{n} R_j^2 = \sum_{j=1}^{n} (p_j - K \cdot v_j)^2 \rightarrow \min$$

令：

$$\Delta = \sum_{j=1}^{n} R_j^2$$

则可得：

$$\Delta = \sum_{j=1}^{n} (p_j - K \cdot v_j)^2 \rightarrow \min$$

欲使上式达到最小，则应对 Δ 求极值。对上式求导且令导数为零，有：

$$2\sum_{j=1}^{n} (p_j - K \cdot v_j) \cdot v_j = 0$$

经整理得：

$$K = \frac{\sum_{j=1}^{n} p_j \cdot v_j}{\sum_{j=1}^{n} v_j^2} \tag{7-31}$$

从数理统计可知，在用最小二乘法拟合一组离散点时，以测量值的算术平均值作为新的坐标原点，对计算有许多方便之处。v_j 的算术平均值为：

$$\overline{v} = \frac{\sum_{j=1}^{n} v_j}{n} \tag{7-32}$$

对式(7-31)进行坐标平移变换得：

$$K = \frac{\sum_{j=1}^{n} (v_j - \overline{v}) \cdot p_j}{\sum_{j=1}^{n} (v_j - \overline{v})^2} \tag{7-33}$$

由式(7-33)可见，K 只是 p_j 和 v_j 的函数，使用该式可以避免式(7-30)中的 E 和 I 所引起的误差。

在确定 K 值后，可用已知的弯曲加工量 Δv 作为加工段的永久挠度，把直线 $\overline{OG}$ 沿 v 轴平移 Δv，求出卸载直线 $\overline{DC}$ 的方程，显然有：

$$v = \frac{1}{K}(P - P_0) + \Delta v \tag{7-34}$$

若在载荷超过屈服限后继续加载，当 (v_j, p_j) 的测量值与式(7-34)计算的值一致时（达到

T 点),即进行卸载,经回弹后得到 Δv 的永久挠度。

以上所述,仅解决了程序设计中的数值表示和处理方法。从其控制原理可知,在加载过程中需要对测量的 (v_j, p_j) 进行实时采集和处理,进而根据实时计算结果对加工进行实时控制。

另外,由于这种控制方法是直接由计算机控制的,所以只需对其输入型材的型值和端点条件,由其建立插值函数,并进行进料长度 ΔL_i 和加压点处的永久挠度值 Δv_i 的计算。

从图 7-13 可知,Δv_i 的计算实质是计算加工段加压处的弦线与型材曲线间之距离 v_j。若已知加压点在弦线上的坐标 (x_k, y_k) 和弦线的斜率,那么,v_j 是很容易计算的。

必须注意,程序中所用的已知值 Δv_i 应该是加上了型材初挠度以后的值。其初挠度值是在弯曲加工前通过实测提供的。

因此,只要把计算得到的 Δl_i 和 Δv_i 作为数控加工控制参数,直接输送给控制程序,即可进行数控加工。

3. 弦线测量控制法

弦线测量控制法是我国首创的一种控制方法。它由武汉理工大学(原武汉水运工程学院)提出控制模型,并与湖北船厂合作研制成功。弦线测量法经多年使用,证明是正确而有效的,目前该原理已得到了很好的推广应用。

弦线测量控制法的控制原理见图 7-15 所示。过肋骨首端甩头端点 A,向各加工段的分点 i 作弦线 $L_i(i=1,2,\cdots,n)$。那么,由每个加工段两端分点的弦 L_i、L_{i+1},与定长弦 S_0(加工段所对的弦)组成一个三角形。例如,由 L_1、L_2 和 S_0 组成△1A2;由 L_2、L_3 和 S_0 组成△2A3 等。由于甩头端点 A 以及各加工段分点的坐标值为已知的定值,则三角形三边 L_i、L_{i+1} 与 S_0 为已知,故其每个三角形的形状是唯一的。因此,过这些三角形顶点 $(1,2,\cdots,n)$ 作一根曲线也是唯一的。

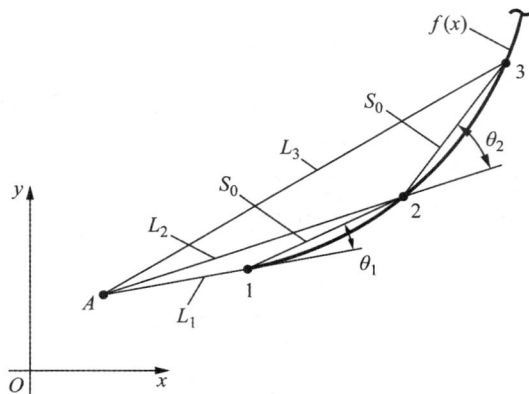

图 7-15　弦线测量控制法原理图

可以设想,在弯制第 i 段型材时,使其进料至弦长达到 L_i,此时可以用△$L_i A L_{i+1}$ 的外角 θ_i(弦线 L_i 与定长弦 S_0 的夹角)作为加工控制量(见图 7-15),直接检测 θ_i 的大小。当 θ_i 达到给定值时,第 i 段型材的另一端就达到 $i+1$ 点的正确位置,即完成了该段型材的成形加工。

为了便于检测和控制,可将控制该段型材成形的 L_i 和 S_0,平移到机床的外面,如图 7-16。从图 7-16 和图 7-15 可以看出,型材的进料长度完全可由 L_i 的变化量来决定。

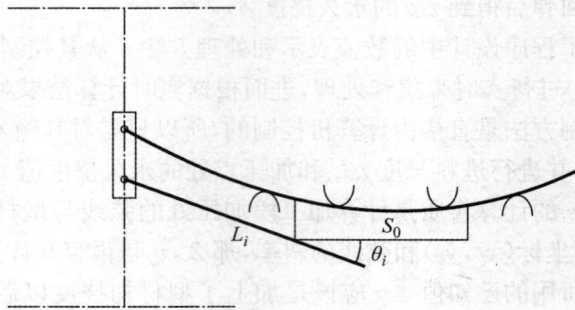

图 7-16　弦线法检测原理图

1）控制参数的数值计算

弦线测量控制法的加工控制参数，由进料长度 ΔL_i 和弯曲控制角 $\theta_i (i=1,2,\cdots,n)$ 组成。

为了求出控制参数 L_i 和 $\theta_i (i=1,2,\cdots,n)$，程序中首先应根据给定的型材曲线型值和端点条件，建立曲线的插值函数 $F(x)$；对曲线划分加工段和计算各分点坐标；进而计算肋骨首端甩头端点 A 的坐标等。

上述内容的数值表示和数值计算，和端点测量控制法中所述的相同，只是在对曲线划分加工段和计算分点坐标时应该用定长弦 S_0 为半径作圆。

（1）进料长度 ΔL_i 的计算。在已知甩头端点 A 和各分点坐标值的条件下，从图 7-15 可得计算 $L_i (i=1,2,\cdots,n)$ 的表达式为：

$$L_i = \sqrt{(x_A - x_i)^2 + (y_A - y_i)^2} \quad (i=1,2,\cdots,n) \tag{7-35}$$

从图 7-15 可看出，在弯制第一段时的进料长度 ΔL_1，实际上就是甩头长度 L_1，即：

$$\Delta L_1 = L_1$$

从第二段起弯曲每一个加工段的相对进料长度

$$\Delta L_i = L_i - L_{i-1} \quad (i=2,3,\cdots,n) \tag{7-36}$$

（2）弯曲控制角 θ_i 的计算。从图 7-15 可以看出，θ_i 是 $L_i (i=1,2,\cdots,n)$ 与相对应的定长弦 S_0 之间的夹角。而且从弦线测量控制法的原理可知，θ_i 都是锐角，同时也是有向角，即以 L_i 为基准轴向定长弦 S_0 旋转，逆时针为正，反之为负。

求两直线的夹角，可通过两直线的斜率进行计算。L_i 弦线的斜率

$$k_{A\cdot i} = \frac{y_i - y_A}{x_i - x_A}$$

弦线 S_0 的斜率

$$k_{S\cdot i} = \frac{y_{i+1} - y_i}{x_{i+1} - x_i}$$

故：

$$\theta_i = \arctan \frac{k_{S\cdot i} - k_{A\cdot i}}{1 + k_{S\cdot i} \cdot k_{A\cdot i}} \quad (i=1,2,\cdots,n) \tag{7-37}$$

（3）弯曲方向的确定。型材进行第一段弯制时，其弯曲方向可由 θ_i 的符号来决定，就是 θ_i 为正值时为正弯，为负值时为反弯。当第 i 段进料结束进行弯曲加工之前，设 L_i 的初始角度为 θ_{ci}（过 i 点曲线之切线 T_2 与 L_2 的夹角），在已知切线 T_i 的斜率时，则可用式（7-37）算出 θ_{ci}，那么实际弯曲加工角

$$\gamma_i = \theta_i - \theta_{ci} \quad (i = 1, 2, \cdots, n) \tag{7-38}$$

式中:θ_i、θ_{ci}都是有向角,故 γ_i 亦为有向角。由此可用 γ_i 的符号来判断弯曲方向,当 γ_i 是正值时为正弯;负值时则为反弯。

在实际生产中,为了简化施工工艺,要求型材不经过矫直就投入加工。型材各加工段在加工前常具有初挠度,因此,实际的 θ_{ci} 并不等于理论计算结果,在 θ_i 相当小时,还有可能出现理论计算和实际情况完全相反的结果;再者过程控制本身就需要根据实测的 θ_{ci} 求出实际弯曲控制量 γ_i,因此,直接由控制程序来进行弯曲方向的判断是最合适的。

2) 过程控制中的数值计算

在弦线测量控制法的控制系统中,除了应该完成上述的实际弯曲控制角 γ_i 和确定弯曲方向的简单计算之外,为了克服型材回弹对成形加工的影响,还采用了逐步逼近弯曲的成形控制方法,如图 7-17 所示。图中 $OS258$ 所表示的折线,乃是实测所得的逐步逼近弯曲的回弹量与弯曲角间的关系,该图实际是逐步逼近弯曲法原理图。

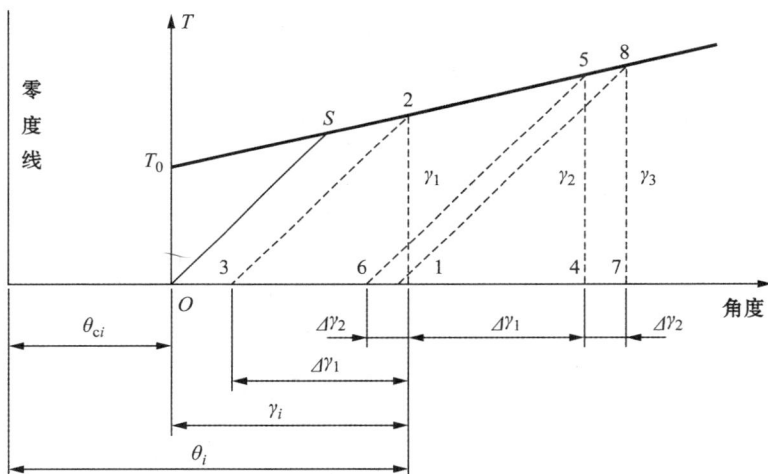

图 7-17　逐步逼近弯曲法原理图

图中各种符号的含义为:

θ_i——弯曲角度控制量,由数控指令给出;

θ_{ci}——进料结束时 L_i 的初始角度实测值;

γ_i——实际弯曲角度控制量;

T_i——每次逐步逼近弯曲后的回弹量;

$\Delta\gamma_j$——每次逐步逼近弯曲回弹后的角度偏离值;

i——进料次数;

j——逐步逼近弯曲次数。

由图 7-17 可以导出各次逼近弯曲的实际弯曲角度控制量 γ_{ij} 为:

$$\gamma_{i\cdot1} = \gamma_i$$
$$\gamma_{i\cdot2} = \gamma_i + \Delta\gamma_{i\cdot1}$$
$$\gamma_{i\cdot3} = \gamma_i + \Delta\gamma_{i\cdot1} + \Delta\gamma_{i\cdot2}$$
$$\cdots\cdots$$

当逐步逼近弯曲至角度偏离值小于规定的允许误差时,弯曲后的加工段即合格。

对于进料误差和弯曲角度控制量误差的补偿,可采用将前一段的误差加进数控指令给出的控制参数中,作为本段的数控加工控制参数来控制本段的进料和弯曲加工。

习题和思考题

1. 船体构件加工中,数控设备一般不能直接使用数学放样所提供的船体零件数据,请分析原因,并讨论解决方法。
2. 试分析割缝补偿的原因和解决方法。
3. 请分析型材数控冷弯的三种控制方法的特点有哪些?
4. 请用型材在弯曲加工中的型线变化图形来说明回弹和逐步逼近弯曲的原理。

第 8 章　计算机辅助工程分析

船舶制造过程中的一个重要环节是分析、计算,主要包括以下方面:

(1) 从产品的方案设计阶段开始,按照实际使用的条件进行仿真和结构分析。

(2) 按照性能要求进行设计和综合评价,以便从多个设计方案中选择最佳方案。

(3) 在造船生产技术准备工作中,对零件加工、吊运、装配等进行分析、评价,以获得稳定、可靠、高效的工艺方案。

目前,计算机辅助工程分析已成为船舶 CAD/CAM 技术中不可缺少的重要环节。工程分析包括的内容很多,主要包括:有限元方法、优化设计、仿真技术等方面。

下面首先介绍工程分析的基本概念。

8.1　工程分析概述

在实际工程问题中,大都存在有多个参数和因素间的相互影响和相互作用,依据科学理论,建立反映这些参数和因素间的相互影响和相互作用的关系式并进行分析,称为工程分析。工程分析的作用主要有以下三方面:

(1) 工程分析本身就是设计工作的一部分,有些设计需要进行复杂计算,有些设计需要进行实验研究来进行决策。

(2) 工程分析为设计提供有效的验证,说明设计的可行性和正确性。

(3) 工程分析为设计方案的确定进行探索和比较,为方案评估提供有效依据。

现代设计理论要求采用尽可能符合真实条件的计算模型进行分析计算,其内容包括静态和动态分析计算,由于计算工作量非常大,往往无法用手工完成。

计算机辅助工程分析(Computer Aided Engineering,CAE)是迅速发展中的计算力学、计算数学、相关的工程科学和现代计算机技术相结合而形成的一种综合性、知识密集型的科学。

CAE 是一个很广的概念,可以是包括各种工程分析和与制造业信息化相关的所有方面。但是传统的 CAE 主要是指,用计算机对工程和产品进行性能和安全可靠性分析和优化;对产品未来的工作状态和运行行为进行模拟,及早发现设计缺陷,并证实未来工程、产品功能和性能的可用性与可靠性。国际制造工程学会(Society of Manufacturing Engineering,SME)将 CAE 作为计算机集成制造(CIM)技术的一部分,定义为:分析设计和进行仿真,以决定它的性能特征和对设计规则的遵循程度。计算机辅助工程分析的关键是在三维实体建模的基础上,从产品的方案设计阶段开始,按照实际使用的条件进行仿真和结构分析;或者按照性能要求进行设计和综合评价,以便从多个设计方案中选择最佳方案。

从对产品性能的简单校核,逐步发展到对产品性能的优化和准确预测,再到产品运行过程的精确模拟,CAE 发挥着越来越重要的作用。计算机辅助工程分析在工程实践中的广泛应用已经证实其具有支撑产品发展关键领域的工程价值,并从根本上改变传统产品开发与设计的方法和模式。

事实证明,在设计过程中的早期引入 CAE 来指导设计决策,能减少在下游发现问题时重新设计而造成的时间和费用的浪费,从而产生巨大的经济效益。

在 CAD/CAM 系统中,典型的计算机辅助工程分析工作包括:

(1) 对承受载荷作用的产品零部件进行强度分析;计算已知零部件尺寸在载荷作用下的应力和变形,或根据已知许用应力和刚度要求计算所需的零件尺寸;如果所承受的载荷为变动载荷,还要计算系统的动态响应。

(2) 对作复杂运动的机构进行运动分析,计算其运动轨迹、速度和加速度。

(3) 对系统的温度场、电磁场、流体场进行分析求解。

(4) 按照给定的条件和准则,寻求产品的最优设计参数,寻求最优的加工规则等。

(5) 对已形成的产品设计方案和加工方案进行仿真分析,即按照方案的数学描述,通过分析计算,模拟实际系统的运行,预测和观察产品的工作性能和加工生产过程。

目前,计算机辅助工程分析已经是 CAD/CAM 系统中不可缺少的重要组成部分。只有借助计算机辅助工程分析,才能使设计制造工作建立在科学理论基础之上,满足高效、高速、高精度、低成本等现代设计要求。在 CAD/CAM 系统中的计算机辅助工程分析,其工作特点是以产品三维实体模型为基础,并能和 CAD/CAM 其他系统方便地进行数据交换和连接。因此,从方案制订开始,随着 CAD/CAM 技术的进程,可以和其他 CAD/CAM 系统联合协同工作,进行分析决策。目前,一些著名的商品化集成 CAD/CAM 系统,如 Pro/Engineer、UGⅡ、CATIA 等都已将工程分析软件集成在系统内部。

在计算机辅助工程分析工作中,最主要的技术包括有限元分析、优化设计和仿真技术等。本教材中仅涉及结构有限元分析方面的内容。

8.2　结构有限元分析概述

有限元法,又称有限单元法,是结构工程师和应用数学研究人员共同智慧的结晶。1956年,Turner、Clough 等人首次将刚架分析的位移法推广到弹性力学平面问题,并应用于飞机结构的分析中。他们首次给出了三角形单元求解弹性平面应力问题的正确解答。1960 年,Clough 第一次提出"有限单元法"(Finite Element Method,FEM)的名词。经过数十年的发展和完善,有限单元法已经成为解决各类工程实际问题的有效途径,可供选用的单元类型、算法类型非常丰富。目前,商用有限元计算机软件功能十分完善,具备友好的用户界面、强大的计算分析和前后处理功能,并为多种图形软件提供了接口。

现在,有限单元法已成为计算机辅助设计和制造的重要组成部分,有限元理论及相关软件的应用也正在成为越来越多理工科专业的必修或选修课程。以前只能由专家进行的有限元分析,已经被大多数工程技术人员用于解决工程实际问题,广泛地应用于航空、航天、汽车、船舶、水利、医学和生物等各个领域。在船舶工业领域,有限元技术被应用于结构设计、可靠性分析和结构评估等方面。

有限元分析软件的作用在于,它架起了有限元方法与工程结构计算机辅助分析之间的桥梁。有限元分析软件不同于一般的应用软件,它要求使用者不仅具有操作经验,而且对相关理论背景要有必要的了解,否则难以正确有效地利用软件解决各种实际工程问题。

本节围绕结构有限元分析的基本思想及其在有限元软件中实现的基本流程进行介绍,旨在帮助读者建立工程结构有限元分析的概念,对有限元方法的基本框架有一个初步的认识。

8.2.1　有限元分析的基本原理

在科学技术领域内,对于许多力学问题和物理问题,人们已经得到了它们应遵循的基本方程(常微分方程或偏微分方程)和相应的定解条件。但能用解析方法求出精确解的只是少数方程比较简单,且几何形状相当规则的问题。对于大多数问题,由于方程的某些特征的非线性性质,或由于求解区域的几何形状比较复杂,使得不能得到解析的答案。这类问题的解决通常有两种途径。一是引入简化假设,将方程和几何边界简化为能够处理的情况,从而得到问题在简化状态下的解答。但是这种方法只在有限的情况下可行,因为过多的简化可能导致误差很大甚至错误的解答。因此人们多年来寻找和发展了另一种求解途径和方法,即数值分析法。特别是近 30 多年来,随着电子计算机的飞速发展和广泛应用,数值分析方法已成为求解科学技术问题的主要工具。有限元方法的出现,是数值分析方法研究领域内重大突破性的进展。

有限元方法求解力学问题的基本思想是:将一个连续的求解域离散化,即分割成彼此用节点(离散点)互相联系的有限个单元,如图 8-1(a)所示托架模型,通过离散化可以建立图 8-1(b)所示的有限元模型。一个连续弹性体被看做是有限个单元体的组合,根据一定精度要求,用有限个参数来描述各单元体的力学特性,而整个连续体的力学特性就是构成它的全部单元体的力学特性的总和。基于这一原理及各种物理量的平衡关系,建立起弹性体的刚度方程(即一个线性代数方程组)。求解该刚度方程,即可得出欲求的参量。有限元方法提供了丰富的单元类型和节点几何状态描述形式来模拟结构,因而能够适应各种复杂的边界形状和边界条件。由于单元的个数是有限的、节点数目也是有限的,所以称为有限元法。

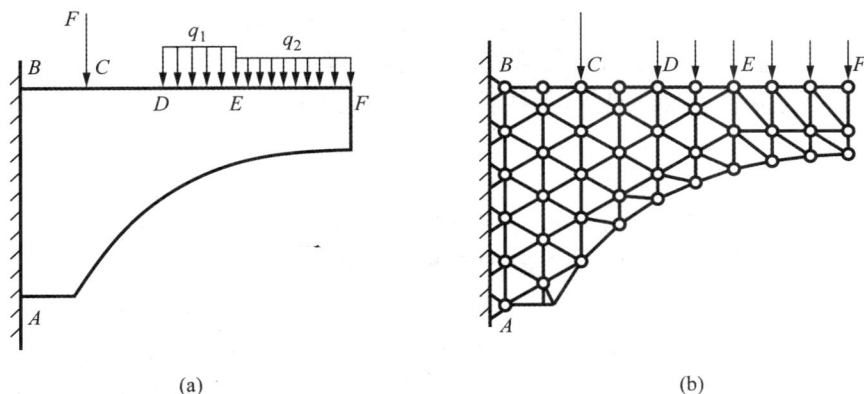

(a)　　　　　　　　　　　　　(b)

图 8-1　弹性体结构的单元剖分

(a) 托架简化模型;(b) 托架的有限元模型

有限元方法按照所选用的基本未知量和分析方法的不同,可分为两种基本方法。以应力分析计算为例,一种是以节点位移为基本未知量,在选择适当的位移函数的基础上,进行单元的力学特征分析,在节点处建立平衡方程即单元的刚度方程,合并组成整体刚度方程,求解出节点位移,可再由节点位移求解应力,这种方法称为位移法;另一种是以节点力为基本未知量,在节点上建立位移连续方程,解出节点力后,再计算节点位移和应力,这种方法称为力法。一般来说,用力法求得的应力值较位移法求得的精度高,但位移法比较简单,计算规律性强,且便于编写计算机通用程序。因此,在用有限元法进行结构分析时,大多采用位移法。

机械产品的零部件,特别是复杂零部件,根据其结构特点及受力状态,一般情况属于空间问题求解。对大型复杂结构,若不作任何简化,将导致计算工作复杂化,需花费大量人力和财力,有时甚至难以实现,因此在保证计算精度的前提下,应尽可能地进行简化。由于有限元方法中的单元能按不同的联结方式进行组合,且单元本身又可以有不同形状,因此可以对几何形状复杂的求解域进行建模。

有限单元法作为数值分析方法的另一个重要特点,是利用在每一个单元内假设的近似函数来分片地表示全求解域上待求的未知场函数。单元内的近似函数,通常由未知场函数或其导数在单元的各个节点的数值及其插值函数来表达。这样一来,一个问题的有限元分析中,未知场函数或及其导数在各个节点上的数值就成为新的未知量(即自由度),从而使一个连续的无限自由度问题变成了离散的有限自由度问题。一经求出这些未知量,就可以通过插值函数计算出各个单元内场函数的近似值,从而得到整个求解域上的近似解。显然随着单元数目的增加,即单元尺寸的缩小,或者随着单元自由度的增加及插值函数精度的提高,解的近似程度将不断改进。如果单元是满足收敛要求的,近似解最后将收敛于精确解。

8.2.2　相关基本概念

为了帮助读者了解结构有限单元法的基本思想,首先介绍一些相关的基本概念。

1. 弹簧

弹簧(Spring)作为力学分析中的最基本元件之一,其特性是在一定外力作用下将产生变形。如果作用力不超过弹簧的弹性极限,则撤除作用力之后弹簧的变形可以完全消失,这种特性在力学中被称为弹性;相反,如果作用力超过其弹性限度,即使作用力完全撤除也将形成一定的永久变形。大量实验证实,在弹性限度内,弹簧的弹力 F 与其长度的变化量 Δl 成正比,这一特性被称为虎克(Hooke)定律,是线性弹性力学学科体系(包括弹性结构分析)的理论基础:

$$F = k \cdot \Delta l$$

其中,比例系数 k 称为弹簧的刚度系数,表示单位伸长(或缩短)引起的弹簧内力的绝对值。

对于多个弹簧并联组成的弹簧,其刚度系数等于各弹簧刚度系数之和,这一点可以从图8-2 所示的简单弹簧并联模型中清楚地得出。

并联弹簧的模型,实际上已经包含了结构有限元计算的核心思想,即:各个弹性元件的刚度系数都作为系统刚度系数的一部分,各个元件共同抵抗外力的作用且变形保持协调(即几何条件),各个弹簧元件的内力之和等于作用外力(即平衡条件)。

2. 刚度

刚度(Stiffness)是弹性结构分析中最为重要的概念之一,其实质就是弹簧的刚度系数。它可以是弹性结构中

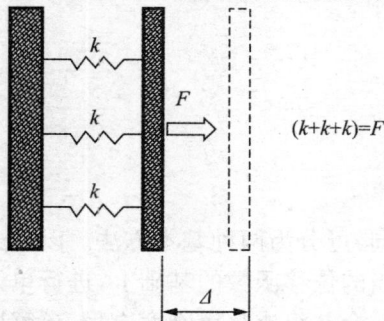

图 8-2　简单弹簧并联模型示意图

任意一点沿任意一个方向(平移或者转动)发生单位微小位移所需施加的力(力矩)。它表征结构或构件的力与变形之间的比例关系。

图 8-3 为一些结构的刚度及其物理意义的图示。

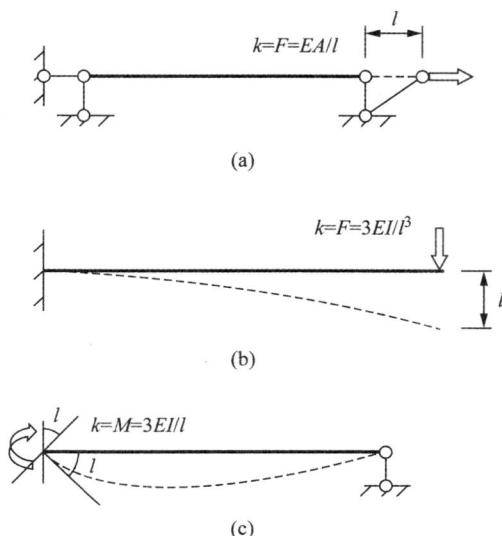

图 8-3　刚度概念的图示

在图 8-3(a)中,拉压杆的右端发生单位微小轴向位移时所需施加的力为 $F=EA/l$,因此该拉压杆的轴向抗拉(压)刚度为 EA/l。

在图 8-3(b)中,悬臂梁的自由端发生单位微小竖向挠度时,需要施加的端部集中力为 $F=3EI/l^3$,因此悬臂梁的抗侧向变形刚度为 $2EI/l^3$。

在图 8-3(c)中,一次超静定梁的固定端发生单位微小的转角时,需要施加的力矩为 $M=3EI/l$,因此该超静定梁固定端的平面内转动刚度为 $3EI/l$。

由上面这些例子可以看出,弹性结构中的元件(杆件、板件、壳体等)与弹簧的实质是相同的,其共同特征在于力与变形(作广义的理解)之间满足某种线弹性比例关系。

3.　单元

单元(Element)是组成有限元分析模型的基本元件,一定数量的大小、形状和力学特性等各异的单元连接在一起就组成了结构有限元分析的模型。通常意义下的结构单元由节点连接而成,具有各种几何外形(如点、直线段、三角形、六面体等)。

4.　节点

节点(Node)是构成单元的要素,不同类型的单元,其节点具有不同意义和数量的运动学自由度。相邻的单元之间通过公共节点连接在一起(可以只是耦合线位移的铰接,也可以是耦合线位移和转动的刚性连接),位移边界上的单元通过边界节点与地基相连。

5.　自由度

自由度(Degree of freedom)指的是节点所具有的各种运动学自由度,例如:空间梁单元的一个节点具有 6 个自由度,即 3 个平动自由度(一个轴向、两个横向线位移)和 3 个转动自由度(一个扭转角、两个弯曲转角),而平面三角形单元一个节点具有 2 个自由度(线位移)。

8.2.3　结构有限元分析的主要内容

在上述概念的基础上,下面介绍结构有限单元法的主要内容。

有限单元法实质上是一种数值计算方法,首先将实际的结构,划分为一系列的离散单元(这些单元之间通过公共节点连接到一起),然后对这些单元的组合体进行分析。通常的结构有限单元分析过程包括如下具体步骤。

1. 结构离散化

通过这一步骤将实际结构划分为一系列单元的组合体,这也是一切数值方法求解过程的共同之处,即将连续问题离散化。

对于杆件结构系统,由于结构本身存在着自然的节点连接关系,因此杆件结构系统是自然离散系统。

但是对于各种实体结构来说,必须经过一个离散的过程,将连续体划分为一系列离散单元的组合体,才能形成有限单元分析的模型。

2. 单元特性分析

这一步骤是有限单元分析的基础,其目的在于通过分析得到单元节点力与节点位移之间的力学关系,即计算单元刚度矩阵,简称单刚。

对于力学特性和几何形状都相似的单元,通过单元分析得到其力学特性上的共性,于是这种单元成为一类可构成有限元模型的标准元件。

杆件单元的刚度矩阵可通过直观的力学概念得到,而各种实体单元的单元刚度矩阵需要先假设单元内部的位移插值模式,再通过变分原理(最小势能原理)得到。需强调的一点是,单元刚度矩阵是奇异矩阵。

通过单元特性分析,得到各种类型单元刚度矩阵的一般形式,以便于计算机编程过程中的标准化和规范化处理。

3. 结构分析

有限单元计算中的基本原则之一,就是满足相邻单元在公共节点上的位移协调条件。于是,相邻单元在公共节点对应位移自由度上的刚度系数(即单位变形所需施加的力)被叠加到一起,共同抵抗公共节点的变位。

这一步骤的具体数学处理形式为:在一个结构总体刚度矩阵中单元刚度矩阵元素之间的分块叠加,如果与一个节点对应的刚度矩阵元素被作为一个子块,则结构刚度矩阵一共包含节点总数个子块。与之相对应的,所有节点载荷也按照结构中的节点编号次序,组成结构的节点载荷列向量。这样做的结果,是建立起整个结构的所有节点载荷与节点位移之间的关系,实际上就是结构的总体刚度方程,其系数矩阵被称为结构的总体刚度矩阵,简称总刚。

通过结构分析,实际上得到了离散化之后的平衡方程(结构的总体刚度方程)。但其中的总体刚度矩阵是奇异的,这是因为单元刚度矩阵的奇异性造成的,外在表现为结构整体发生刚体位移的任意性。

4. 引入边界条件

在总体刚度方程中引入边界条件,是在求解之前必须进行的步骤。通过边界约束条件的施加,排除了结构发生整体刚性位移的可能性,使得在一定载荷作用下的结构位移可唯一地确定。

5. 求解线性方程组

引入边界条件之后的方程组具有唯一的解,通过各种线性代数方程组的数值求解方法均可得到其解,即得到结构各节点的位移。单元内部任意点的位移通过节点位移插值得到,而应变、应力等参量可通过位移导出。

6. 后处理与计算结果的评价

得到节点位移之后,可进一步得到应变、应力等参量并进行结果的可视化后处理。目前,成熟的商用程序一般都提供了功能强大的后处理程序,如 ANSYS 程序中包含了专门的后处理器,可进行各种物理量的图形以及动画显示等实用的操作。

以上就是结构有限元分析的基本过程,这一分析过程的基本思路可以概括为:通过各种标准元件(单元)的组合构造出任意复杂的离散结构分析模型,然后由相邻单元公共节点处的平衡条件,集成总体刚度方程,引入边界条件建立结构平衡方程并求得位移解。

上面介绍的仅仅是结构线性静力有限元分析的基本过程,但其中的一些基本概念和原理在非线性分析或动力分析中同样适用,可以说静力分析是动力分析的基础、线性分析是非线性分析的基础。

8.2.4　有限元法中的常见单元类型

由于实际机械结构往往较为复杂,即使对结构进行了简化处理后,仍然很难用某种单一的单元来描述。因此在用有限元法进行结构分析时,应当选用合适的单元进行连续结构体的离散化,以便使所建立的计算力学模型,能在工程意义上尽量接近实际工程结构,提高计算精度。目前常见的有限元分析软件都备有丰富的单元供用户使用。实际上,当使用有限元法进行分析时,用户需要做出的重要决策之一,就是从有限元软件中提供的有限单元库中选择具有适当节点数和适当类型的有限单元。下面介绍常见的几种单元类型。

1. 杆状单元

一般把截面尺寸远小于其轴向尺寸的构件称为杆状结构件,杆状构件通常用杆状单元来描述(如图 8-4),杆状单元属于一维单元。根据结构形式和受力情况,用杆状单元模拟杆状结构件时,一般还具体分为杆单元、平面梁单元和空间梁单元 3 种单元形式。

图 8-4　杆状单元

2. 薄板单元

薄板结构件一般是指厚度远小于其他轮廓尺寸的构件。薄板单元主要用于薄板结构件的处理,但对于那些可以简化为平面问题的承载结构也可使用这类单元(见图 8-5 所示),薄板单元属于二维单元。按其承载能力薄板单元又可分为平面单元、弯曲单元和薄壳单元 3 种。

3. 多面体单元

多面体单元是平面单元向空间的推广。图 8-6 所示的两个多面体单元,即四面体单元和

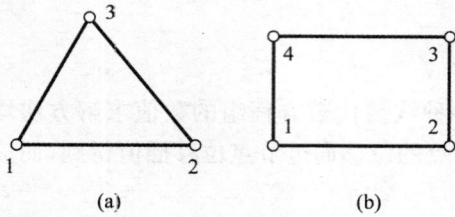

图 8-5　平面单元
(a) 三角形平面单元；(b) 四边形平面单元

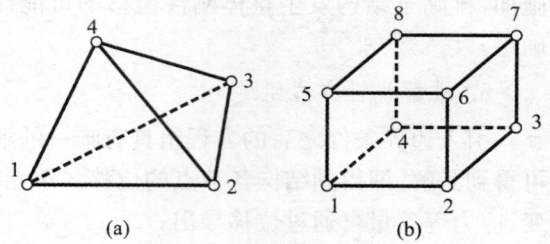

图 8-6　多面体单元
(a) 四面体单元；(b) 六面体单元

长方体单元都属于三维单元，它们分别有 4 个和 8 个节点，每个节点有 3 个沿坐标轴方向的自由度。多面体单元可用于实心三维结构的有限元分析，如轴承座、支承件及动力机械的地基等结构件，其中四面体单元在三维结构问题分析中应用最广。

4. 等参元

在有限元法中，单元内任意一点的位移是用节点位移通过插值求得的，其位移插值函数一般称为形函数。如果单元内任一点的坐标值，也用同一形函数按节点坐标进行插值来描述，则这种单元就称为等参元。

等参元可用于模拟任意曲线或曲面边界，其分析计算的精度较高。有限元分析法中等参元的类型较多，常见的有 4～8 个节点的平面等参元和 8～21 个节点的空间等参元。

8.2.5　结构有限元分析流程

近 20 年来，计算机技术发展迅猛，有限元技术也如鱼得水，走向发展的快车道，许多商业软件不断问世，如：ANSYS，MSC/NASTRAN 等。这些软件具有丰富的单元库、材料特性库，有较强的载荷、边界条件处理能力。下面以 ANSYS 为例，介绍结构有限元分析的一般流程。

一般地，一个完整的 ANSYS 结构分析过程包括下面一些基本操作步骤和环节。

1. 前处理

前处理是整个分析过程的开始阶段，其目的在于建立一个符合实际情况的结构有限单元分析模型，一般分为如下几个操作环节：

1) 设置分析环境

进入 ANSYS 分析环境界面后，指定分析的工作名称以及图形显示的标题，开始一个新的结构分析项目。

2) 定义单元以及材料类型

定义在分析过程中需要用到的单元类型（杆件单元、板单元、实体单元等）及其相关的参数（如：梁单元的横截面积、惯性矩，板壳单元的厚度等），指定分析中所用的材料模型以及相应的材料参数（如线性弹性材料的弹性模量、泊松比、密度等）。

3) 建立几何模型

建立几何模型，就是建立一个与实际结构外形大致相同的几何图形元素的组合体。简化程度视计算精度要求，按照结构的简化原则而定。

在 ANSYS 中，所有问题的几何模型都是由关键点、线、面、体等各种图形元素（简称图元）

所构成,图元层次由高到低依次为体、面、线及关键点。

可以通过自底向上(Bottom-Up Method)或者自顶向下(Top-Down Method)两种途径来建立几何模型。自底向上的建模方式首先定义关键点,再由这些点连成线,由线组成面,由面围合形成体积,即由低级图元向高级图元的建模顺序。自顶向下的建模方式直接建立较高层次的图元对象,其对应的较低层的图元对象随之自动产生,这种方式建模将用到布尔运算,即各种类型对象的相互加、减、组合等操作。

4)进行网格的划分

在几何模型上进行单元划分,形成有限单元网格(Mesh)。一般情况下,在 ANSYS 中划分有限元网格分为三个步骤:定义要划分形成的单元属性(属于何种单元类型、实参数类型以及材料类型)、指定网格划分的密度、执行网格划分等。

5)定义边界及约束条件

在上述有限单元模型上,引入实际结构的边界条件,自由度之间的耦合关系以及其他的一些条件。

注意:在 ANSYS 建模过程中,也可采用逐个定义节点和单元的直接建模方法。这种方法适用于建立单元数较少的有限元分析模型。比如建立简单的平面刚架模型时,可先定义节点,然后连接节点形成梁和柱单元。

2.施加载荷、设置求解参数并求解

这一步骤的目的在于为分析定义载荷,指定分析类型以及各种求解控制参数,一般分为以下几个实际操作环节:

1)定义载荷信息

ANSYS 结构分析的载荷包括位移约束、集中力、表面载荷、体积载荷、惯性力以及耦合场载荷(如热应力)等,可以将结构分析的载荷施加到几何模型上(关键点、线、面)或者有限元模型上(节点、单元)。

施加在几何模型上的载荷独立于有限单元网格,就是说可以改变结构的网格划分而不影响已施加的载荷。而施加于有限元模型上的载荷,在网格修改时将会失效,必需删除以前的载荷并在新的网格上重新定义载荷。

程序在开始求解之前,将会自动地将施加于几何实体模型上的载荷转换到有限元模型上,但转换过程中可能出现几何模型与有限元模型之间,坐标系方向不一致而引起的加载方向偏差的问题。

2)指定分析类型和分析选项

ANSYS 提供了很多的结构分析类型,实际分析中可以根据问题的性质选择不同的分析类型。

对于各种分析,需要设置相应的参数,比如分析所用的求解器类型、非线性分析选项和迭代次数设置、模态分析的模态提取方法和模态提取数等各种分析选项。这些选项的具体设置方法,请参考相关资料。

3)执行求解计算

在施加了载荷并设置了相关的分析选项之后,即可调用求解程序开始求解。在求解过程中,可通过屏幕输出窗口获取计算过程的一些实时信息。

3. 后处理

这一步骤对计算的结果数据进行可视化处理和相关的分析,可以利用 ANSYS 的通用后处理器 POSTl 和时间历程后处理器 POST26 完成。一般的后处理包括如下操作环节:

1) 进入后处理器并读入计算结果

进行结果的后处理之前,需要先进入相应的后处理器。进入通用后处理器之后,第一步就是把计算结果文件读入数据库。而当进入时间历程后处理器时,结果文件会自动载入。

2) 进行后处理操作

利用通用后处理器程序可以显示结构变形情况、各种物理量的等值线分布图形等,对各种数据信息进行列表操作,并可以动画显示各种量的变化过程。利用时间历程后处理器可以绘制各种变量的时间历程变化曲线,或者一个变量相对于另一个变量的变化曲线。

3) 输出后处理操作的结果

后处理操作得到的一些图形或动画结果可以输出到计算机文件,也可被组织成多媒体形式的分析报告。

上面对 ANSYS 结构分析的基本实现过程进行了简单的介绍,希望所介绍的内容能使读者对于 ANSYS 分析的基本过程有一个初步的认识。

8.3 实例

为了缩短造船周期、提高船舶产品质量,造船企业已全面推行分段总组建造法、上层建筑整体吊装法等措施。但是,船舶大型化使得总组段、上层建筑等的尺寸、重量越来越大,吊装变得困难。

应用有限元技术,可以对大型总组段在吊装过程中的各种状态进行分析,通过计算找出结构易变形的部位,并对变形较大的区域进行合理的修改或加强,使结构的变形量控制在各专业要求的范围内,为快速、安全地完成分段吊装提供科学的依据。因此,应用结构有限元技术,进行大型总段吊装强度分析,已成为船舶制造业中一项重要工作。

下面以某 18 万吨级散货船货舱区总组段吊装和上层建筑整体吊装为例,介绍其结构有限元分析的内容。

8.3.1 实例 1:上层建筑整体吊装强度有限元分析

缩短造船周期的关键之一是提高分段预舾装的完整性,加快中间产品的成品化。船舶上层建筑作为相对独立的结构模块,确保其完整性与成品化,对缩短码头周期意义重大。

船舶上层建筑是船舶中最大、最主要的航行指挥、生活居住模块,它集最先进的通信导航系统、无线电控制、电子指挥、生活起居、餐饮、娱乐、医疗等于一体,是一个相当考究、重要的模块,它对船员良好的休息、船舶的安全可靠航行起到积极的作用,所以船东对上层建筑的建造过程要求很高。上层建筑建造过程中涉及船体制造、电气施工、管系安装与铁舾件、木舾件安装与空调冷藏、卫通导航等作业,工种多达几十种,因此上层建筑建造对船舶的建造周期产生重要影响。采用整体吊装技术后,上层建筑总组以及其预舾装都可以在大型分段组装区域或水平船台上完成,极大地提高了效率。更重要的是,由于其占用龙门吊、船坞(台)等船厂核心生产资源的时间大为缩短,从而为缩短造船周期创造了有利条件。

所谓完整性整体吊装就是在吊装上船之前,将上层建筑内的房间装修、内部系统、设备设施安装全部完成,实现上层建筑的"精装修",通电可以"亮起来",设备安装调试"响起来",应急发电机"动起来"。整体吊装后,短期内就可进行码头调试、空船测重试验,以期达到区域封闭生产的目的,最终实现壳、舾、涂一体化造船的总目标。

但船舶大型化使得上层建筑的分段尺寸、重量越来越大,而刚性则相对较弱,这使得上层建筑的整体吊装变得更加困难。上层建筑整体吊装逐渐被各大船厂视为一项重要的攻关课题。

在研究上层建筑整体吊装工艺时,需要重点解决以下问题:

(1) 合理的吊装方案。

(2) 对上层建筑进行受力分析,对结构进行必要的加强。

(3) 根据结构吊装响应对吊装方案进行评估,制定最佳吊装方案。

(4) 对实际的吊装应力以及变形进行测量,对比受力分析时的理想状态,为整个吊装方案提供理论与实际支持。

由此可见,对上层建筑整体吊装过程进行有限元分析可以为这项工艺的成功实施提供科学的依据。下面以某 18 万吨级散货船上层建筑整体吊装为例,介绍其结构有限元分析的内容。有限元分析采用 MSC/Nastran 软件计算,其前后处理软件为 MSC/Patran。

1. 上层建筑整体吊装概述

该船上层建筑共 7 层,自下而上分别为 COMPASS DECK、NAV. Bridge DECK、E DECK、D DECK、C DECK、B DECK、A DECK,上层建筑长 15.2m,外围壁宽 23.72m,高 21.35m。各层甲板均采用横骨架式,肋骨间距 800mm,纵骨间距 840mm,全船上层建筑结构全部采用船用普通 A 级碳钢,最小屈服应力 235N/mm²。

根据承造厂的吊装能力以及上层建筑的整体重量,确定了吊装方案为:将上层建筑分为两部分吊装,即 A 平台以上部分和 A 平台及其以下部分。因此计算分别模拟校核了两部分的吊装。

2. 有限元模型

1) 几何模型

几何建模是网格划分的基础,它对网格划分和网格形式都有直接影响,所以在几何建模时对原有结构进行合理的简化处理,这样既能保持一定的精度,又能使网格划分和计算过程得到简化。

2) 有限元模型的网格划分

根据中国船级社《船体结构强度直接计算指南》,关于船体构件有限元模型规定如下:

(1) 船体构件的有限元网格沿船体纵向按肋距划分,沿船体横向按船底纵骨间距划分,舷侧也应按肋距划分。

(2) 船体的各类板、壳构件,强框架、纵桁、平面舱壁的桁材等的高腹板以及槽型舱壁用四节点板壳单元模拟,尽量少用三角形单元。对于承受水压力的甲板、内外底板上的纵骨、舱壁的扶强材等用梁单元模拟,肋骨和肘板等用杆单元模拟。

参照以上规定,上层建筑有限元建模时各构件的单元类型和网格划分如下:甲板、围壁及强桁材的平面模型采用板单元模拟。甲板横梁、纵骨、纵桁和围壁扶强材采用梁单元模拟。有限元模型如图 8-7 所示。

(a)

(b)

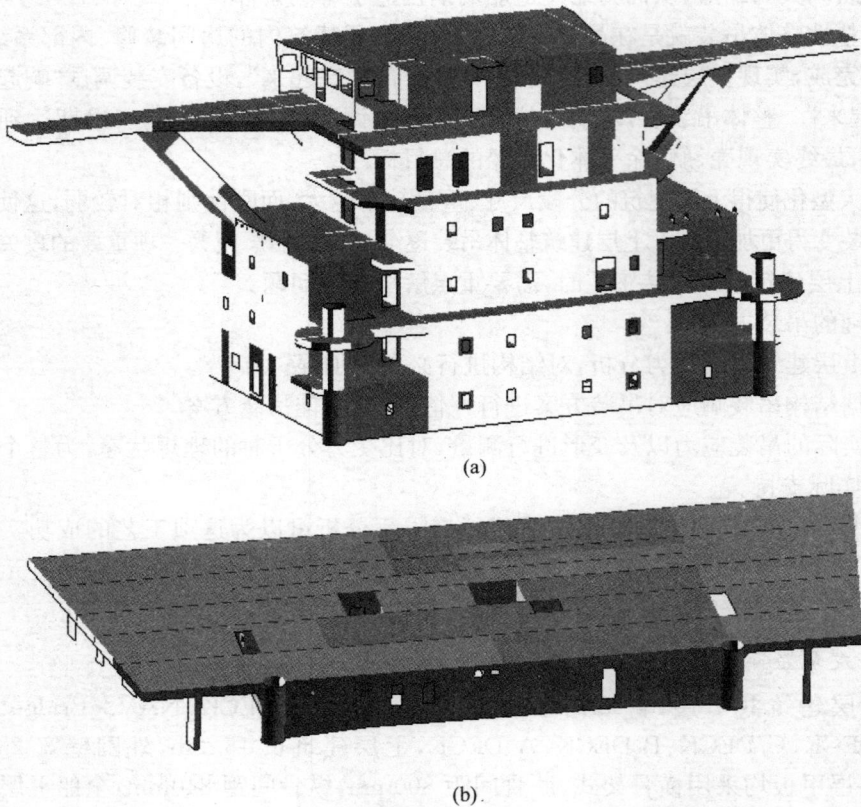

图 8-7　上层建筑整体结构有限元模型
（a）A 平台以上部分；（b）A 平台及其以下部分

3）质量模型

吊装过程中船体结构在承受船体、舾装件、居装件等重力的作用下会产生应力与变形。通过定义结构有限元模型中构件单元的尺寸和密度，可以由程序自动计算结构件钢材自重；舾装以及居装重量通过计算实际重量以分布力的形式施加到各层甲板上；其余重量相对较小，以密度的形式均匀施加于结构。调整模型的整体重量重心，尽量使其与上层建筑实际吊装时的重量重心保持一致。

在研究各层甲板的结构响应时，忽略了吊装过程中吊耳的局部影响，认为吊耳完全符合吊装要求，考虑冲击载荷的影响，施加的惯性载荷在重力方向取 $a_z = 1.3g = 12.74 \text{kg} \cdot \text{m/s}^2$，其余方向为零。

4）边界条件

（1）对于 A 平台以上部分，吊耳布置在左右舷围壁上，围壁上进行加厚处理。有限元模型中，约束处理为：左舷围壁上缘约束 x、y、z 三方向的位移；右舷围壁上缘约束 x、z 方向的位移。

（2）对于 A 平台及其以下围壁部分，采用在 A 平台上布置吊耳的方式。有限元模型中，约束处理为：左舷约束 x、y、z 三方向的位移；右舷约束 x、z 方向的位移。

5）结构材料物理特性

该船上层建筑采用 A 级普通钢材钢,最小屈服应力 235N/mm²,所有材料应满足 CCS 规范要求。

3. 上层建筑整体吊装结构有限元计算结果

由上述有限元模型经计算后,可得到上层建筑结构在整体吊装过程中结构的应力与变形。部分计算结果如图 8-8 所示。

4. 上层建筑整体吊装结构强度分析总结

通过对计算结果的分析与研究,可对本船上层建筑整体吊装时的结构强度特点、吊装方案、临时加强措施等进行分析总结,并进一步提出优化建议。主要的结论包括:

（1）上层建筑在吊装过程中结构的应力最大值为 89.2N/mm²,结构强度满足要求。

（2）吊装过程中结构内的高应力主要出现在以下区域:门窗开孔角隅及附近、纵横强构件（围壁、强横梁、强纵桁等）间断处、悬臂构件的根部等。因此,建议对这些应力、变形水平相对较高的区域采取必要的临时加强措施。

上层建筑整体吊装过程中舾装所受到的影响,是很重要的一项研究内容。显然,上层建筑舾装件是由多种不同类型材料的构件、部件、设备等组成,不同舾装件对结构变形适应能力是不同的。根据计算结果,主要的分析结论包括:

（1）上层建筑的外部舾装件主要是由斜梯、直梯和栏杆等组成,这类舾装件抗变形的能力很强,整体吊装对其影响可忽略不计。

（2）上层建筑内管系、电缆、木质墙壁顶棚及装饰、固定式家具、体积重量不太大的设备等,对结构变形均有较好的适应能力。

（3）各层水密门、窗户因自身的加强和尺寸较小,受力后变形也很小。

（4）在驾驶室大型矩形舷窗玻璃处,此处的结构变形最大为 1.4mm,舷窗的加厚玻璃衬有橡胶,在吊运过程中是安全的。

（5）结构变形影响最大的是甲板敷料。国内某船厂对 TQ-1 型轻型甲板基层敷料进行破坏性试验的结果表明,甲板变形在 5mm 以内时敷料不开裂。根据变形计算结果,局部甲板变形较大,因此建议该层甲板变形超过 5mm 的局部部位在吊装前不做敷料。

8.3.2　实例 1:C 型总组段整体吊装强度有限元分析

分段总组建造法指的是造船生产中通过分段总组,减少船坞（台）中分段搭载工作量,缩短船坞（台）周期。

散货船货舱区结构占全船壳体工程量的 60%,因此,该区域的建造方法对于缩短船台周期具有重要的意义。现在,大型散货船货舱区的主体结构多采用 D/C 型总组段建造技术,生产实践表明,这种技术能有效缩短船台周期。

D/C 型总组段指的是,除主甲板外,将顶边水舱、横舱壁、舷侧和底边水舱斜内底板部分组成总组段,带横舱壁的,构成"D"型总组段;不带横舱壁的,构成"C"型总组段,如图 8-9（a）和（b）所示,然后上船台总装。造船生产实践中,也有将整个底边舱参与组成 D/C 型总组段的,如图 8-9（c）所示。D/C 型总组段的分布范围是在艉部机舱区前壁到艏部货舱平行舯体和线型过渡区。通过 D/C 型总组段建造法的采用,可以明显降低船台作业量,充分压缩船台周期。

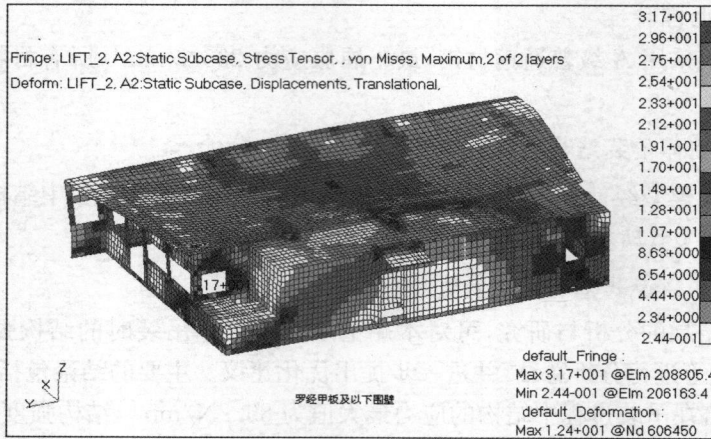

(a)

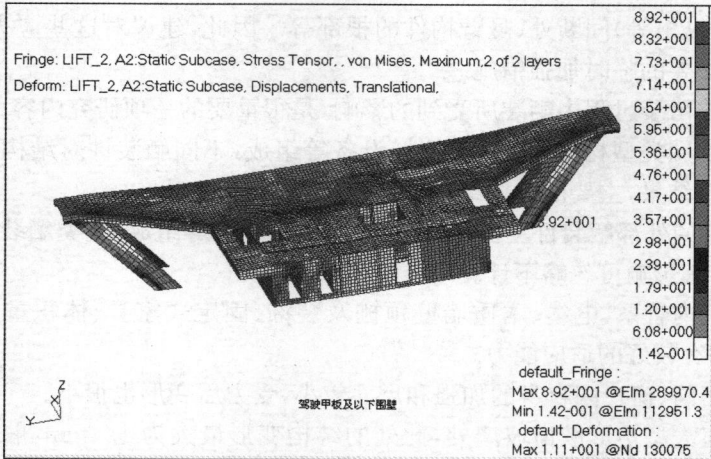

(b)

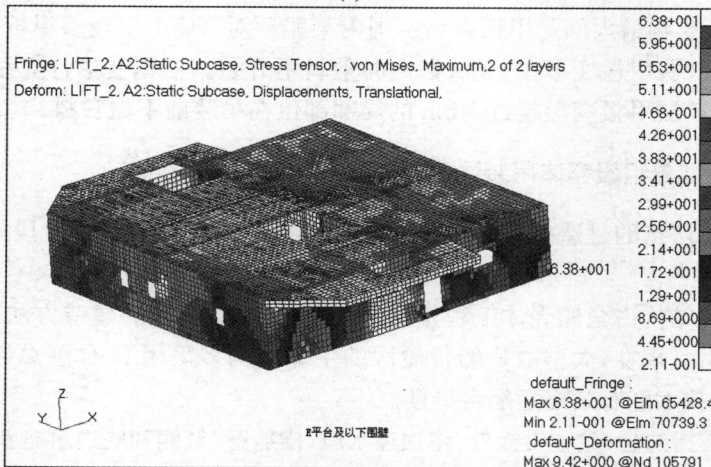

(c)

图 8-8　吊装引起的上层建筑结构应力云图
（a）罗经甲板及其以下围壁；（b）驾驶甲板及其以下围壁；（c）E平台及其以下围壁

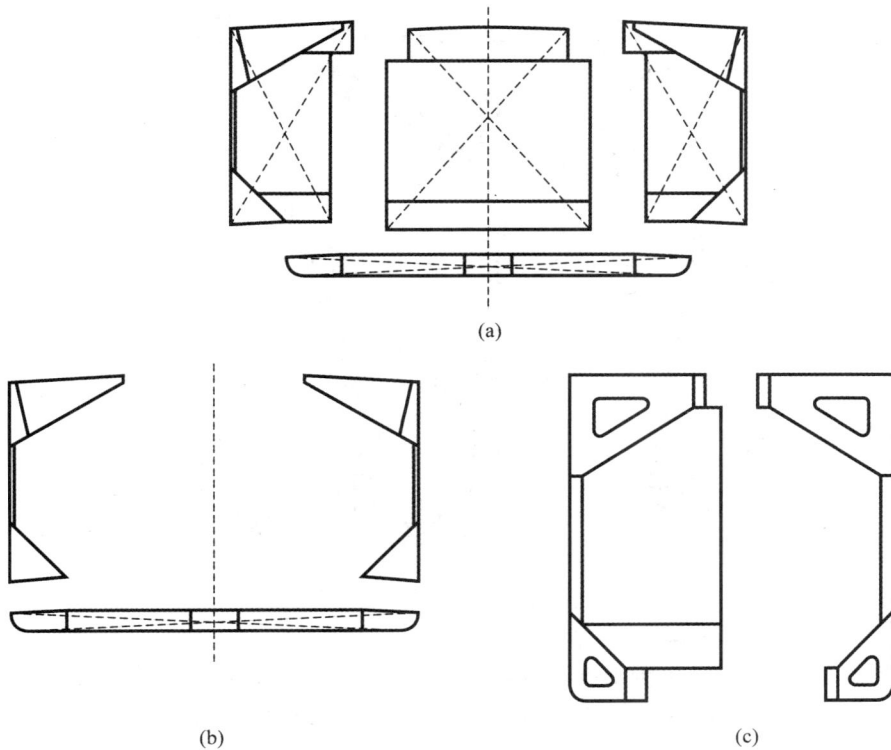

(a)

(b)　　　　　　　　　　　　(c)

图 8-9　D/C 型总组段示意图

但是,船舶大型化使得总组段重量较大,总组段在吊装搭载过程中可能会产生大的应力以及变形。D 型总组段由于中部有槽型横舱壁的支持,其在船台吊装时有足够的刚度。但是 C 型总组段刚性较差,其在翻身吊装时,会产生弹性和塑性变形,因此必需采取总组段加强,才能保证吊装定位的型值精度。因此,通常采用有限元方法对其吊装过程进行计算分析,为其吊装过程中的加强方案提供科学的依据。

下面以某 18 万吨级散货船货舱区域 C 型总组段为例,介绍其有限元强度校核分析的内容。有限元分析采用 MSC/Nastran 软件计算,其前后处理软件为 MSC/Patran。

1. 舷侧总组段整体吊装概况简介

计算选择该船在 FR196～FR218 肋位,货舱段左舷舷侧不带横舱壁的总组段为例。该总组段由顶边水舱、舷侧和底边水舱斜内底板部分在水平船台上总组,翻身后吊装。校核时选取翻身吊装过程中的几个典型状态,即以总组时舷侧处于水平状态,定义为 0°,翻身到位后舷侧处于竖直状态,定义为 90°,每隔 15°作为一个计算状态,即依次对总组段处于 0°,15°,30°,…,90°状态时进行计算。吊装方案中,对总组段进行了加强,加强方式是在总组段艏艉部各设一根钢管。吊装方案如图 8-10。

2. 舷侧总组段的有限元模型

1) 几何模型

如前所述,几何建模时对原有结构进行了适当的简化处理。

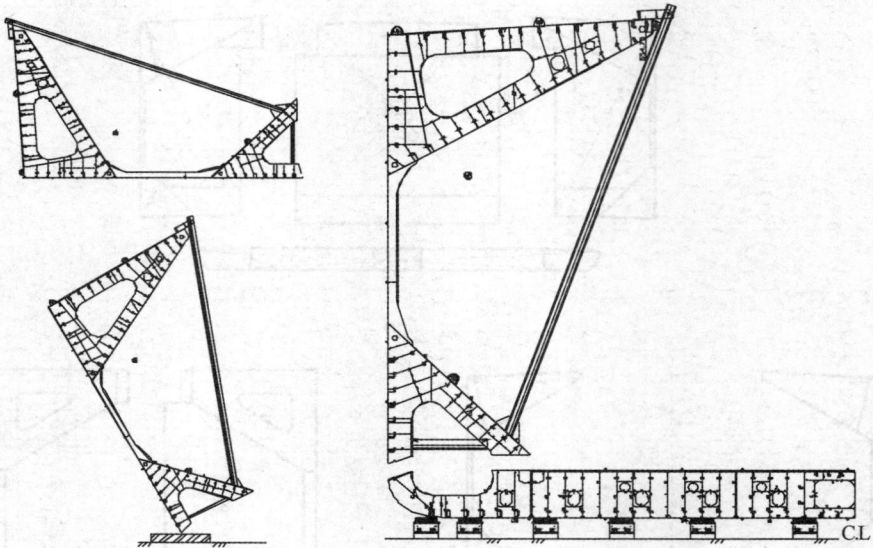

图 8-10　舷侧总组段翻身吊装示意图

2）有限元建模的网格划分

参照中国船级社《船体结构强度直接计算指南》中关于船体构件有限元模型的规定，舷侧总组段有限元建模时各构件的单元类型和网格划分如下：板材均采用四节点四边形单元；横梁、纵骨、纵桁、扶强材采用梁单元。

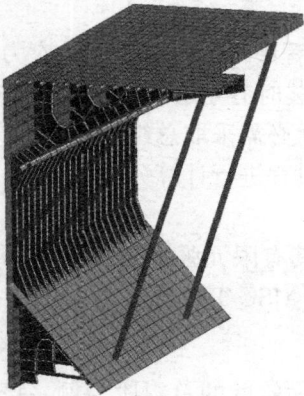

图 8-11　舷侧总组段结构
有限元模型

有限元模型如图 8-11 所示。

3）质量模型

吊装过程中船体结构在承受船体构件等重力的作用下会产生应力与变形。通过定义结构有限元模型中构件单元的尺寸和密度，可以由程序自动计算船体结构构件钢材自重。

4）边界条件

根据舷侧总组段吊装方案，在有限元模型中采用约束吊点处 x、y、z 三方向的位移。在吊装状态从 0°度开始到 75°，采用甲板边及底边舱上吊点；在达到 90°度时，全部采用甲板上吊点。

5）材料物理特性

该船采用普通钢（Mild）和部分高强度钢（AH/DH32、AH/DH36），其材料换算系数 K 分别为 1.0、0.78、0.72。

根据共同规范第 7 章第 2 节 3《分析衡准》中许用应力的规定，考查应力为有限元分析中得到的平面单元（壳或膜）中心的 Von Mise 相当应力。所用材料的许用应力如表 8-1。

表 8-1　材料许用应力

材料	许用应力/N/mm²
Mild	235
AH/DH32	301
AH/DH36	326

6) 主要支撑构件的挠度

根据 CSR 结构共同规范第 7 章第 2 节 3.4 主要支撑构件的挠度的规定,有限元分析中得到的双层底和前部(或后部)横舱壁之间的最大相对挠度应不超过以下衡准:

$$\delta_{max} \leqslant \frac{i}{150}$$

式中:δ_{max}——双层底和前部(或后部)横舱壁之间的最大相对挠度,mm;

　　i——双层底平坦部分的相对长度或宽度,mm,取较小者。

3. 有限元计算结果

有限元计算结果如表 8-2、表 8-3 和图 8-12。计算结果显示,通过临时加强,舷侧总组段结构在翻身和吊运过程中的应力和变形均满足要求。

表 8-2　各工况最大应力结果汇总

校核部位	最大屈服应力/N/mm²	对应的最危险工况	结果
甲板(AH/DH36)	35.3	LC 90°	合格
舱口端横梁(Mild、AH32)	10.9	LC 90°	合格
舷侧肋骨(AH32)	38.6	LC 45°	合格
顶边舱斜板(AH32、AH/DH36)	24.4	LC 0°	合格
顶边舱强框架(Mild)	78.8	LC 90°	合格
底边舱斜板(AH32)	39.3	LC60°	合格
底边舱强框架(Mild)	75.8	LC60°	合格
外板(AH/DH32、AH/DH36)	21.2	LC75°	合格
支柱 1(Mild)φ406×20	59.2	LC0°	合格
支柱 2(Mild)C20	94.5	LC0°	合格

表 8-3　各工况最大变形结果汇总

校核部位	最大挠度/mm	对应的最危险工况	校核衡准	结果
甲板(AH/DH36)	11.1	LC 15°	86	合格
舱口端横梁(Mild、AH32)	8.49	LC 30°	86	边界
舷侧肋骨(AH32)	4.95	LC 0°	66	合格
顶边舱斜板(AH32、AH/DH36)	10.1	LC 15°	100	合格
顶边舱强框架(Mild)	6.21	LC 30°	100	合格
底边舱斜板(AH32)	15	LC45°	66	合格
底边舱强框架(Mild)	9.9	LC0°	66	合格
外板(AH/DH32、AH/DH36)	11.3	LC60°	50	合格
支柱 1(Mild)φ406×20	63.5	LC90°	149	合格
支柱 2(Mild)C20	9.05	LC0°	25	合格

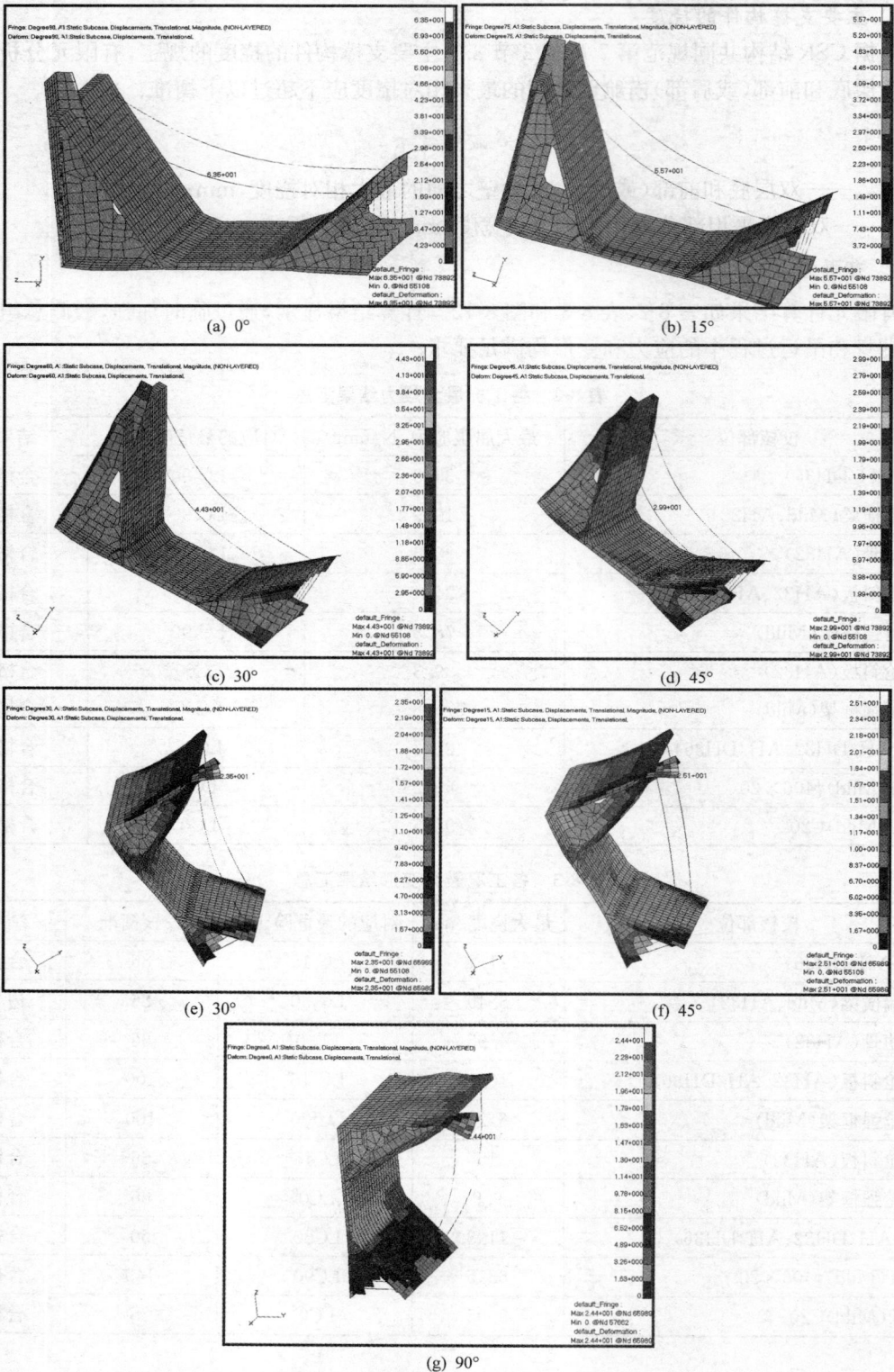

(a) 0°

(b) 15°

(c) 30°

(d) 45°

(e) 30°

(f) 45°

(g) 90°

图 8-12　舷侧总组段结构翻身过程中变形的计算结果

8.4　优化设计

根据现代造船的特点,船舶设计一般分为初步设计、详细设计、生产设计和完工设计四个阶段。传统的船舶设计方法通常是在调查分析的基础上,参照母型船,通过估算、经验类比或必要的试验等方法来确定产品的初步设计方案,然后对产品的设计参数进行经济和技术指标分析计算,检查各项性能是否满足要求。如果不能满足要求,则根据经验或直观判断对设计参数进行修改。因此,传统设计的过程是一个人工试凑和定性分析比较的过程。实践证明,按照传统方法得出的设计方案,可能有较大改进和提高的余地。当然,在传统设计中也存在"选优"的思想,设计人员可以在有限的几种合格设计方案中,按照一定的设计指标进行分析评价,选出较好的方案。但是由于传统设计方法受到经验、计算方法和手段等条件的限制,得到的设计方案可能不是最佳的,甚至不是较好的。因此,传统设计方法只是被动地重复分析产品的性能,而不是主动地设计产品的参数。

优化设计(Optimal Design)技术提供了一种在解决产品设计问题时,能从众多的设计方案中寻找到尽可能完善的,或最为适宜的设计方案的先进设计方法。优化设计是在进行产品设计时,根据规定的约束条件,优选设计参数,使某项或几项设计指标获得最优值。产品设计的"最优值"或"最佳值",是指在满足多种设计目标和约束条件下所获得的最令人满意和最适宜的值。最优值的概念是相对的,随着科学技术的发展及设计条件的变动,最优化的标准也将发生变化。优化设计反映了人们对客观世界认识的深化,它要求人们根据事物的客观规律,在一定的物质基础和技术条件之下,得出最优的设计方案。

优化设计是在计算机广泛应用的基础上发展起来的一项设计技术,力求在给定技术条件下获得最优设计方案,保证产品具有优良性能。目前,优化设计方法已广泛地应用于各个工程领域,如船舶总体设计、结构设计、生产设计等环节中。船舶制造中,如:板材套料、数控切割路径、船台(坞)吊装顺序等方案的制定,可以通过优化技术提高方案的水平,从而提高材料利用率或者提高生产效率。

8.4.1　优化问题的基本概念及数学模型

1. 基本概念

在阐述优化问题的基本概念前,先用一个简单的实例来说明这种设计方法的基本思想。

例如,要设计某一体积为 5m³ 的包装箱,其中一边长度不小于 4m,在包装箱各个面使用的板材厚度相等的情况下,要求使用板材最少,那么包装箱的长 a、宽 b 和高 h 各为多少才最节省材料?通过分析可知,包装箱的表面积 S 与它的长 a、宽 b 和高 h 三个尺寸有关,取包装箱的表面积 S 作为设计目标。按照传统设计方法,先固定包装箱某一边长度为 4m。在满足包装箱体积为 5m³ 设计要求的前提条件下,有表 8-4 所示的多种设计方案。

表 8-4　包装箱板材使用方案

	设计方案	1	2	3	4	5	…
包装箱尺寸参数	高度 b/m	1.0	1.1	1.2	1.3	1.4	…
	高度 h/m	1.25	1.136	1.042	0.962	0.893	…
	表面积 S/m²	20.5	20.391	20.433	20.592	20.843	…

　　如果取包装箱一边长度为 $a \geqslant 4$m 的某一个固定值,则包装箱的宽度 b 和高度 h 又有许多种结果,再从多种可行方案中选择出包装箱表面积 S 最小的设计方案。如果采用优化设计方法,该问题可以描述为:在满足包装箱的体积为 5m³、长度 $a \geqslant 4$m、宽度 $b > 0$ 和高度 $h > 0$ 的约束条件下,确定设计参数 a、b 和 h 的值,使包装箱的表面积 $S = 2(ab + bh + ha)$ 达到最小。然后选择合适的优化方法对该问题进行求解,得到的优化结果是:$a = 4$m,$b = h = 1.118$m,$S = 20.385$m²。

　　由此可见,优化设计可解决设计方案参数的最佳选择问题。这种选择不仅保证多参数的组合方案满足各种设计要求,而且又使设计指标达到最优值。因此,求解优化设计问题就是一种用数学规划理论和计算机自动选优技术来求解最优化的问题。

　　对工程问题进行优化设计,首先需要将工程设计问题转化成数学模型,即用优化设计的数学表达式描述工程设计问题。然后,按照数学模型的特点选择合适的优化方法和计算程序,运用计算机求解,获得最优设计方案。随着设计过程的计算机化,自然要为设计过程能自动择取最优方案,建立一种迅速而有效的方法,优化设计就是在这种情况下,产生和发展起来的一种自动寻优的方法。

　　在优化设计中,设计必须参数化,以便通过改变这些参数的数值来得到不同的设计方案。例如,设计一个圆柱形压力容器,参数可以是平均直径、厚度、高度和所用的材料。通过使用不同参数值的集合可以生成多个可供选择的压力容器设计方案。然而,根据具体情况,某些参数因为某个约束的存在也许没有任何自由度。压力容器设计中,或许要求使用采购清单中某一种特定的材料,因此只能调整平均直径、厚度和高度,以得到较好的性能,或优化这些参数获得最佳的性能。对于压力容器,可以用最大容许压力除以重量来作为其性能的度量指标,平均直径、厚度和高度作为可以改变的设计参数。因此应尽量找到这些设计参数的最优值,以得到性能指标的最大值。实际工作中,我们可以根据材料强度的有关知识,把性能指标表示为设计参数的函数。这些将被优化的设计参数被称为优化变量,用这些优化变量表示的性能指数被称为目标函数。很明显,我们根据设计意图来选择优化变量和目标函数。

　　用一组设计变量描述优化设计对象的设计内容,即描述优化意图和有关限制条件的数学表达式,称为优化设计的数学模型。它是优化设计的基础及优化设计成败的关键。正确的数学模型加合适的优化方法,才能获得满意的优化结果。

　　优化设计要解决的关键问题主要包括:一是建立优化设计数学模型;二是选择适用的优化方法。优化设计的数学模型包含三个要素,即设计变量、目标函数和约束条件,下面分别对此进行介绍。

　　2. 设计变量

　　一个优化设计方案是用一组设计参数的最优组合来表示的,这些设计参数可概括地划分为两类:一类是可以根据客观规律、具体条件或已有数据等预先给定的参数,称为设计常量,如材料的力学性能、机器的工作情况系数等;另一类是在优化过程中不断变化、最后使设计目标达到最优的独立参数,称为设计变量。优化设计的目的,就是寻找设计变量的一种组合,使某项或某几项设计指标最优。

　　设计中常用的设计变量有:几何外形尺寸(如长、宽、高、厚等)、材料性质、速度、加速度、效率、温度等。

优化设计时,作为设计变量的基本参数,一般是一些相互独立的参数,它们的取值都是实数。根据设计要求,大多数设计变量被认为是有界连续变量,称为连续量。但在一些情况下,有的设计变量的取值是跳跃式的,凡属这种跳跃式的量称为离散变量。对于离散变量,在优化设计过程中常常先把它视为连续量,在求得连续量的优化结果后再进行圆整或标准化,以求得一个实用的最优方案。

设计变量的个数就是优化问题的维数。例如,有 2 个设计变量的优化问题的维数为 2;有 3 个设计变量的优化问题的维数为 3;一般地说,有 n 个设计变量 $x_1, x_2, \cdots, x_n$ 的优化问题,其维数为 n。由 n 个设计变量为坐标所组成的实空间称为设计空间。

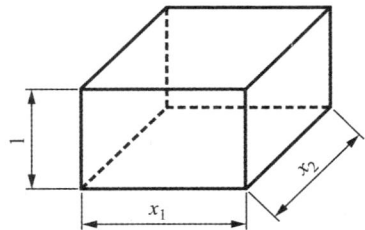

图 8-13 无盖货箱示意图

例 8-1:欲用薄钢板制造一体积为 6m³,高度为 1m,长度不小于 3m 的无盖货箱,如图 8-13 所示,试确定货箱的长 x_1 和宽 x_2,使耗费的钢板最少。

如例 8-1 中的货箱,由两个设计变量组成一个二维设计空间,即 $n=2$,空间内任一点的坐标对应着一个二维设计变量 $X=[x_1, x_2]^T$。这里,向量 X 代表了一个设计方案。

以此类推,当 $n>3$ 时,其 n 个设计变量 $x_1, x_2, \cdots, x_n$ 组成的空间称为超越空间。

所有设计方案均属于设计空间,表示为:

$$X \in R^n \tag{8-1}$$

3. 目标函数

优化设计是要在多种因素下寻求使人最满意、最适宜的一组设计参数。这里的"最满意"是针对某一特定目标而言的。根据特定目标建立起来的、以设计变量为自变量的、一个可计算的函数称为目标函数,它是评价设计方案的标准。

优化设计的过程实际上是寻求目标函数最小值或最大值的过程。因为求目标函数的最大值可转换为求负的最小值,故目标函数统一描述为:

$$\min F(x) = F(x_1, x_2, \cdots, x_n) \tag{8-2}$$

目标函数与设计变量之间的关系可以用几何图形形象地表示出来,例如:

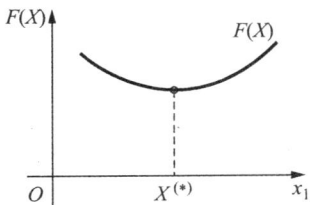

图 8-14 一维问题的目标函数

（1）一维问题有一个设计变量,其目标函数是二维平面上的一条曲线,曲线的最低点就是最小值,如图 8-14 所示。

（2）二维问题有两个设计变量,其目标函数是三维空间的一个曲面,如图 8-15 所示。曲面上具有相同目标函数值的点构成的曲线称为等值线(或等高线)。在等值线 a 上的所有的点,其目标函数值均为 15;在等值线 c 上的各点(设计点),目标函数值均为 25,等等。将其投影到基平面形成等值线图,它们共同的中心点就是最优点(如图 8-15 中的 p 点)。形象地说,优化设计就是近似地求出这些共心椭圆的中心。若有 n 个设计变量时,目标函数是 $n+1$ 维空间中的超曲面,难以用平面图形表示。

例 8-1 中货箱优化设计的目标函数可表示为:

$$\min f(x) = 2x_1 + 2x_2 + x_1 \cdot x_2 \tag{8-3}$$

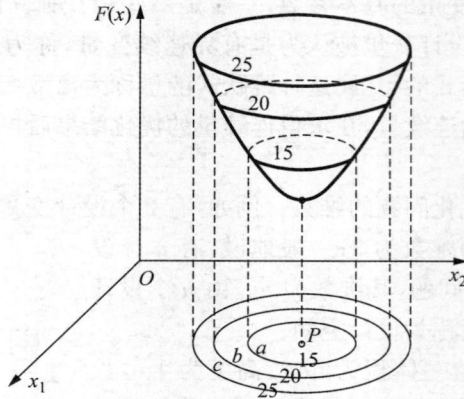

图 8-15 二维问题的目标函数与设计变量之间的关系及等值线

4. 约束条件

在实际问题中，设计变量不能任意选择，必须满足某些规定功能和其他要求。为产生一个可接受的设计而对设计变量取值施加的种种限制称为约束条件。约束条件一般表示为设计变量的不等式约束函数：

$$g_i(X) = g_i(x_1, x_2, \cdots, x_n) \geqslant 0 \quad 或 \quad g_i(X) = g_i(x_1, x_2, \cdots, x_n) \leqslant 0$$
$$(i = 1, 2, \cdots, m)$$

和等式约束函数形式：

$$h_j(X) = h_j(x_1, x_2, \cdots, x_n) = 0 \quad (j = 1, 2, \cdots, p < n) \tag{8-4}$$

式中：m, p 分别表示施加于该项设计的不等式约束条件数目和等式约束条件数目。

约束条件一般分为边界约束和性能约束两种。

1) 边界约束

又称区域约束，表示设计变量的物理限制和取值范围。如例 8-1 中货箱设计，可得边界约束条件为：

$$g_1(X) = x_1 \cdot x_2 \cdot 1 = 6$$
$$g_2(X) = x_1 - 3 \geqslant 0$$
$$g_3(X) = x_1 > 0$$
$$g_4(X) = x_2 > 0$$

2) 性能约束

又称性态约束，是由某种设计性能或指标推导出来的一种约束条件。属于这类设计约束的如零件的工作应力、应变的限制；对振动频率、振幅的限制；对传动效率、升温、噪声、输出扭矩波动最大值等的限制；对运动学参数如位移、速度、转速、加速度等的限制。这类约束条件，一般总可以根据设计规范中的设计公式或通过物理学和力学的基本分析导出的约束函数来表示。

设计约束将设计空间分成可行域与非可行域两部分。可行域中的任一点（包括边界上的各点）都满足所有的约束条件，称为可行点。任一个可行点都表示满足设计要求的可行方案。

5. 优化设计的数学模型

建立数学模型是进行优化设计的首要关键任务，前提是对实际问题的特征或本质加以抽象,再将其表现为数学形态。

1) 数学模型描述

数学模型的规范化描述形式为:

$$\begin{cases} \min F(X) & X = [x_1, x_2, \cdots, x_n]^\mathrm{T} \quad X \in R^n \\ g_i(X) \geqslant 0 & i = 1, 2, \cdots, m \\ h_j(X) = 0 & j = 1, 2, \cdots, p \end{cases} \tag{8-5}$$

例 8-1 中货箱设计的数学模型描述如下:

货箱的体积为:

$$V = x_1 \cdot x_2 = 6$$

每个货箱的表面积为:

$$S = 2x_1 + 2x_2 + x_1 \cdot x_2$$

钢板的耗费量与货箱的表面积 S 成正比。设 $X = [x_1, x_2]^\mathrm{T}$,则数学模型如下:

极小化目标函数为:

$$\min f(x) = 2x_1 + 2x_2 + x_1 \cdot x_2$$

且满足约束条件:

$$g_1(X) = x_1 \cdot x_2 = 6$$
$$g_2(X) = x_1 - 3 \geqslant 0$$
$$g_3(X) = x_1 > 0$$
$$g_4(X) = x_2 > 0$$

当式(8-4)中的目标函数 $F(x)$、约束条件 $g_i(X)$ 和 $h_j(X)$ 是设计变量的线性函数时,称该优化问题是线性规划问题;如 $F(x)$、$g_i(X)$ 和 $h_j(X)$ 中有一个或多个是设计变量的非线性函数,则称为非线性规划问题。在船舶设计中,由于像强度、刚度、运动学和动力学性能等这样一些指标均表现为设计变量的复杂函数关系,所以,绝大多数船舶优化设计问题的数学模型都属于非线性规划问题。

2) 建立数学模型的一般过程

数学模型的正确与合理性直接影响着设计优化效果,而建立数学模型有时是相当困难的,其建立过程通常分为以下几个步骤:

(1) 分析设计问题。要首先弄清问题的本质,明确要达到的目标和可能的条件,选用或建立适当的数学、物理、力学模型来描述问题。

(2) 抓住主要矛盾,确定设计变量。理论上讲,设计变量越多,设计自由度就越大,越容易得到理想的结果。实际上,随着设计变量的增多,问题也随之复杂,给求解带来很大困难,甚至导致优化设计失败。因此,应抓住主要矛盾、关键环节,重点突破,适当忽略次要因素,合理简化。一般情况下,限制优化设计变量的个数有利于设计问题数学模型的简化。通常参照以往的设计经验和实际要求,选择对目标函数影响较大的参数为设计变量,其余参数可定为常量。

(3) 根据工程实际提出约束条件。约束条件是对设计变量的限制,这种限制必须要根据工程实际情况来制定,以便使设计方案切实可行。约束条件的数目多,则可行的设计方案数目就减少,优化设计的难度增加。理论上讲,利用一个等式约束,可以消去一个设计变量,从而降低问题的阶次,但工程上往往很难做到设计变量是一定值常量,为了达到效果,总是千方百计使其接近一常量,反而使问题过于复杂化。另外,某些优化方法不支持等式约束。因此,实际上利用等式约束需慎重,尤其结构优化设计尽量少用等式约束。

（4）对照设计实例修正数学模型。数学模型的建立不是一蹴而就的。初步建立模型之后,应与设计问题加以对照,并对函数值域、数学精确度和设计性质等方面进行分析,若不能正确、精确地描述设计问题,则需用逐步逼近的方法对模型加以修正。因此,需要经过多次反复。

（5）正确求解计算,评价方法误差。如果数学模型的数学表达式比较复杂,无法求出精确解,则需采用近似的数值计算方法,此时应对该方法的误差情况有清醒的估计和评价。

（6）结果分析,了解模型灵敏度。数学模型求解后,还应进行灵敏度分析,也就是在优化结果的最优点处,稍稍改变某些条件,检查目标函数和约束条件的变化程度。若变化大,则说明灵敏度高,就需要重新修正数学模型。因为,工程实际中设计变量的取值不可能与理论计算结果完全一致,灵敏度高,可能对最优值产生很大影响,造成设计的实际结果比理论分析差很多。

8.4.2 求解优化问题的基本思想和策略

求解优化问题的方法很多。但它们的基本思路和策略是一致的,一般分为解析法和数值迭代法。

解析法是利用如微分、变分等数学解析方法来求解,大多用于一些理论问题的优化。

数值迭代法是利用函数在某一局部区域的某些性质和数值,采用某种算法逐次迭代逐步接近到函数极值点,其基本思路是搜索-迭代-接近,在工程优化设计问题的求解中应用较多。

数值迭代方法的基本思想是:搜索、迭代、逼近。首先从某一初始点 $X^{(0)}$ 出发,按照某种优化方法所规定的原则,确定适当的搜索方向 $d^{(0)}$,计算最佳步长 $\alpha^{(0)}$,求目标函数的极值点,即获得一个新的设计点 $X^{(1)}$;然后,再从 $X^{(1)}$ 点出发,重复上述过程,获得第二个改进设计点 $X^{(2)}$。如此迭代下去,可得 $X^{(3)}$,$X^{(4)}$,…。最终得到满足设计精度要求的、逼近理论最优点的近似最优点 $X^{(*)}$,见图 8-16 所示。写成一般形式,其迭代格式为:

$$X^{(k+1)} = X^{(k)} + \alpha^{(k)} \cdot d^{(k)}$$

在搜索迭代过程中,由设计点 $X^{(k)}$,按某种优化算法确定搜索方向 $d^{(k)}$ 后,在 $F(X^{(k+1)}) = F(X^{(k)} + \alpha^{(k)} \cdot d^{(k)})$ 中,只有 $\alpha^{(k)}$ 是变量,这样就成为求函数 $\alpha^{(k)}$ 的极值问题。待求出最佳步长 $\alpha^{(k)}$ 后,即可得到下一个迭代点 $X^{(k+1)}$。数值迭代方法的核心有两个,一是建立搜索方向 $d^{(k)}$,二是计算最佳步长 $\alpha^{(k)}$。

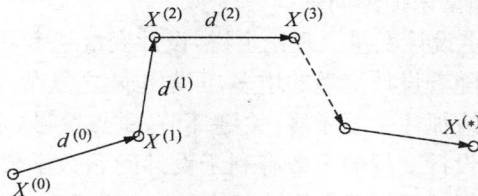

图 8-16 搜索迭代过程

由于数值迭代方法是逐步逼近理论最优点而获得近似最优点的,因此应根据终止准则来判断是否达到了足够的精度而终止迭代。迭代终止准则一般有下列三种:

（1）当相邻两迭代点 $X^{(k)}$ 和 $X^{(k+1)}$ 的间距充分小时,终止迭代计算。用两相邻迭代点间矢量的长度来表示,即 $\| X^{(k+1)} - X^{(k)} \| \leqslant \varepsilon$,式中 ε 为迭代精度。

（2）当相邻迭代点的目标函数值的下降量或相对下降量已达充分小，即可终止迭代，即：

$$| F(\boldsymbol{X}^{(k+1)}) - F(\boldsymbol{X}^{(k)}) | \leqslant \varepsilon$$

或

$$\frac{| F(\boldsymbol{X}^{(k+1)}) - F(\boldsymbol{X}^{(k)}) |}{| F(\boldsymbol{X}^{(k)}) |} \leqslant \varepsilon$$

（3）当目标函数在迭代点的梯度已达到充分小时，终止迭代，即 $\| \nabla f(\boldsymbol{X}^{(k)}) \| \leqslant \varepsilon$

8.4.3　优化设计的求解

1. 优化问题分类

从不同的角度出发，优化问题可以分成不同的类别。现介绍如下：

（1）按目标函数的数量，可分为单目标优化方法和多目标优化方法。

（2）按所求目标函数的自变量数，可分为一维、二维、三维优化方法和多维（三维以上）优化方法。一些二维、三维、多维优化方法也可转化为一维优化方法来求解。

（3）按有无约束，可分为无约束优化方法和有约束优化方法，而且多数有约束优化可转化为无约束优化方法来求解。

（4）按目标函数和约束条件的性质，可分为线性规划优化方法和非线性规划优化方法，工程中的优化问题大多为非线性规划问题。

（5）按变量连续性和离散性，可分为连续变量优化方法和离散变量优化方法。工程问题中也存在大批的离散变量的优化问题，但和处理连续变量优化的方法有所不同，目前还缺少求解离散变量优化问题的通用数学算法基础。

（6）按求解优化问题所用的数学方法，可分为解析法和数值迭代法。

（7）按所用优化方法求解的直接程度，可分为直接法和间接法。

直接法只需在迭代过程中直接比较目标函数值的大小就可求出最优解。该法直观易行，对连续和非连续函数均能得到较好效果，但收敛速度较慢，效率低，优化解的精度较低。多用于求解低维工程优化问题，在目标函数非常复杂难以求梯度时，或只知目标函数的算法而不知其数学表达式时用得较多。

间接法在确定搜索方向时要依靠迭代点的函数梯度值，甚至二阶偏导数，不能直接得到搜索方向和步长。该法收敛速度较快，优化解的精度较高。

在船舶等机电产品设计和制造中，常用的典型设计优化方法主要有：①黄金分割法；②二次插值法；③坐标轮换法；④单纯形法；⑤梯度法；⑥共轭方向法；⑦鲍威尔法（Powell）；⑧共轭梯度法；⑨惩罚函数法等，具体算法请参考相关书籍。

2. 常用的优化方法

在建立优化数学模型后，怎样求解该数学模型，找出其最优解，也是优化设计的一个重要问题。求解优化数学模型的方法称为优化方法。一个好的优化方法应当是：总的计算量小、储存量小、精度高、逻辑结构简单。

解无约束非线性优化问题的方法有数值法（又叫直接法）和解析法（又叫间接法）两大类。数值法是指在求优过程中，不利用目标函数的可微性等性态，而是通过计算和比较目标函数值变化情况来迭代求优的方法，例如单纯形法、鲍威尔法等。解析法是利用目标函数的性态（如可微性)来寻优的方法,例如梯度法、共轭梯度法、牛顿法、变尺度法等。

约束非线性优化问题的求解方法,大致可分成三种:

(1) 直接法。这种方法是直接处理约束的求解方法,例如复合形法、可行方向法等。

(2) 间接法。这种方法是将约束优化问题通过一定形式的变换,转化为一系列无约束优化问题,然后用无约束优化方法求解,例如惩罚函数法(SUMT 法)、约束消元法等。

(3) 用约束线性优化去逼近约束非线性优化进行求解,如逼近规划法等。

实际工程设计所涉及的因素十分复杂,形式多种多样,如何针对具体问题选择适用而有效的优化方法是很重要的。一般应考虑以下因素:

(1) 优化设计问题的规模,即设计变量数目和约束条件数目的多少。

(2) 目标函数和约束函数的非线性程度、函数的连续性、等式约束和不等式约束以及函数值计算的复杂程度。

(3) 优化方法的收敛速度、计算效率、稳定性、可靠性,以及解的精确性。

(4) 是否有现成程序,程序使用的环境要求、通用性、简便性、执行效率、可靠程度等。

经过多年的发展,已开发出了比较成熟的软件产品。在 CAD/CAM 系统中可以选用现有的优化方法软件,以节省人力、机时,尽快得到优化设计结果,满足 CAD/CAM 系统的需要。

8.4.4　优化设计的一般过程

从设计方法来看,优化设计和传统的设计方法有本质的差别。一般将其分为以下几个阶段:

1. 根据产品的设计要求,确定优化范围

针对不同的机械产品,归纳设计经验,参照已积累的资料和数据,分析产品性能和要求,确定优化设计的范围和规模。因为,产品的局部优化(如零部件)与整机优化(如整个产品)无论从数学模型还是优化方法上都相差甚远。

2. 分析优化对象,准备各种技术资料

进一步分析优化范围内的具体设计对象,重新审核传统的设计方法和计算公式能否准确描述设计对象的客观性质与规律、是否需进一步改进完善。必要的话,应研究手工计算时忽略的各种因素和简化过的数学模型,分析它们对设计对象的影响程度,重新决定取舍。并为建立优化数学模型准备好各种所需的数表、曲线等技术资料,进行相关的数学处理,如统计分析、曲线拟合等,为下一步的工作打下基础。

3. 建立合理而实用的优化设计数学模型

数学模型描述工程问题的本质,反映所要求的设计内容。它是一种完全舍弃事物的外在形象和物理内容、但包含该事物性能、参数关系、结构几何要求等本质内容的抽象模型。建立合理、有效、实用的数学模型是实现优化设计的根本保证。

4. 选择合适的优化方法

各种优化方法都有其特点和适用范围,选取的方法应适合设计对象的数学模型,解题成功率高,易于达到规定的精度要求,占用机时少、人工准备工作量小,即可满足可靠性和有效性好的选取条件。

5. 选用或编制优化设计程序

根据所选择的优化方法选用或编制优化程序。准备好程序运行时需要输入的数据,并在输入时严格遵守格式要求、认真检查核对。

6. 计算机求解,优选设计方案

7. 分析评价优化结果

这是一项非常重要、不容忽视的工作。采用优化设计方法,目的就是要提高设计质量,使设计达到最优,若不认真分析评价优化结果,则使得整个工作失去意义,前功尽弃。在分析评价之后,或许需要重新选择设计方案,甚至需要重新修正数学模型,以便得到有效的优化结果。

8.5　计算机仿真

一种新船型的开发总要经历设计、分析、计算、修改的反复过程。即使这样,也不能完全保证被设计产品达到预期的要求。通常还需进行模型试验,检测设计方案的优劣。如果发现问题,则要修改设计方案或参数,重新试验,致使新产品的开发耗资大、周期长。因此,迫切需要有一种方法和技术改变上述状况。仿真理论和技术正是为此应运而生的。

8.5.1　仿真的基本概念及分类

仿真(Simulation),顾名思义,就是采用模拟真实系统的模型,通过对模型的分析和实验去研究真实系统的工作行为。仿真是一种实验技术,它为一些复杂系统创造了一个计算机实验环境,使系统的未来性能和长期动态特性,能在相对极短的时间内在计算机上得到实现。仿真的关键是建立从实际系统抽象出来的仿真模型。

计算机仿真(模拟)早期称为蒙特卡罗方法。蒙特卡罗方法的基本思想是:当所要求解的问题是某种事件出现的概率,或者是某个随机变量的期望值时,它们可以通过某种"试验"的方法,得到这种事件出现的频率,或者这个随机变量的平均值,并用它们作为问题的解。根据仿真过程中所采用计算机类型的不同,计算机仿真大致经历了模拟机仿真、模拟-数字混合机仿真和数字机仿真三个大的阶段。

1. 仿真的类型

仿真是在模型上进行反复试验研究的过程。根据模型的类型(物理模型和数学模型)不同,仿真可分为物理仿真和数学仿真以及混合仿真。

1)物理仿真

物理模型与实际系统之间具有相似的物理属性,所以,物理仿真能观测到难以用数学模型来描述的系统特性,但要花费较大的代价。一般,物理模型多采用已试制出的样机或与实际近似等效的代用品,如用相同直径、材质的试件做棒料强度试验。

2)混合仿真

根据仿真模型中物理模型占据的比例,物理仿真又分为半物理仿真和全物理仿真。半物理仿真的模型即为混合仿真,其中有一部分是数学模型,另一部分则是以实物方式引入仿真回路。针对存在建立数学模型有困难的子系统的情况,则必须使用此类仿真,比如船舶、航空航天、武器系统等的研究领域。

3）数学仿真

又称计算机仿真。即建立系统（或过程）的可以计算的数学模型（仿真模型），并据此编制成仿真程序放入计算机进行仿真试验，掌握实际系统（或过程）在各种内外因素变化下其性能的变化规律。仿真模型的建立反映了系统模型和计算机之间的关系，是以数学方程式的相似性为基础的。与物理仿真相比，数学仿真系统的通用性强，可作为各种不同物理本质的实际系统的模型，故其应用范围广，是目前研究的重点。

一般来讲，计算机仿真较之半物理、全物理仿真在时间、费用、方便性方面有明显优点。而半物理仿真、全物理仿真则具有较高的可信度，但费用昂贵且准备周期长。半物理仿真和全物理仿真由于有实物纳入仿真回路，因而又称为实时仿真。

仿真类型的选取策略是按工程阶段分级选取。在产品的分析设计阶段，采用计算机仿真，边设计、边仿真、边修改，结合有限元分析和优化设计等现代设计方法，使设计在理论上尽量达到最优。进入研制阶段，为提高仿真可信度和实时性，将部分已试制成品（部件等）纳入仿真模型，此时，采用半物理仿真。到了系统研制阶段，说明前两级仿真均已证明设计满足要求，这一级只能采用全物理仿真才能最终说明问题，除非这种全物理仿真是不可实现的。上述计算机仿真与物理仿真的关系可表示成图 8-17 的形式。

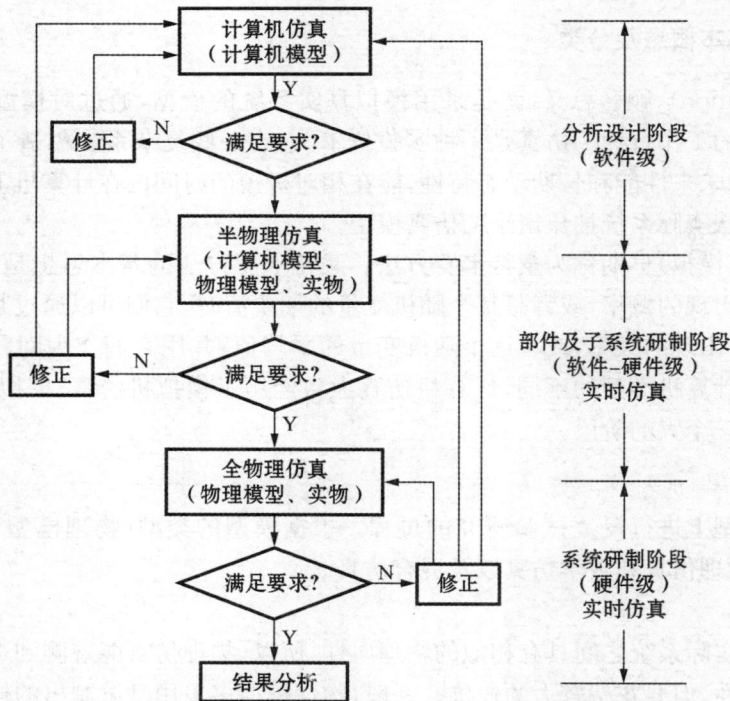

图 8-17　计算机仿真与物理仿真的关系

2. 计算机仿真的发展

数字计算机仿真的主要工具是数字计算机和仿真软件。只要事先编好一套仿真程序存入计算机，使用时输入必要的数据就能进行系统仿真了，比模拟计算机仿真步骤简单、容易，计算精度也高。而且,不同的仿真软件能用于不同类型系统的仿真,适应面广。因此,数字计算机逐步取代了模拟计算机,而成为主要的仿真工具,数字仿真技术也得到了飞速发展,广泛用于连续系统和离散系统的仿真。

计算机仿真的应用主要有两类:

1) 系统分析和设计

例如船舶制造系统的仿真,在设计阶段,通过模型仿真来研究系统在不同生产设施配置情况下和不同运行策略控制下的特性,从而预先对系统进行分析、评价,以获得较好的配置和较优的控制策略;系统建成后,通过仿真,可以模拟系统在不同作业计划输入下的运行情况,用以择优实施作业计划,提高系统的运行效率。

2) 制成训练用的仿真器

例如船舶操纵训练器、飞行模拟器、汽车驾驶模拟器等。这些仿真器既可以保证被训练人员的安全,也可以节省能源,缩短训练周期。

计算机仿真的广泛应用具有十分重要的意义,主要体现在以下几点:

(1) 替代许多难以或无法实施的实验。

(2) 解决一般方法难以求解的大型系统问题。

(3) 降低投资风险、节省研究开发费用。

(4) 避免实验对生命、财产的危害。

(5) 缩短实验时间、不受时空限制。

8.5.2　计算机仿真的一般过程

计算机仿真的基本方法是将实际系统抽象描述为数学模型,再转化成计算机求解的仿真模型,然后编制程序,上机运行,进行仿真实验并显示结果。其一般过程如图 8-18 所示。

1. 建立数学模型

系统的数学模型是系统本身的固有特性以及在外界作用下动态响应的数学描述形态。它有多种表达形式,如连续系统的微分方程、离散系统的差分方程、复杂系统的传递函数以及机械制造系统中对各种离散事件的系统分析模型等。要注意的是,仿真所需建立的数学模型应与优化设计等其他设计方法中建立的数学模型相协调。某种情况下,两者是统一的,即使不统一,也不应相互矛盾、相互违背。

2. 建立仿真模型

在建立数学模型的基础上,设计一种求解数学模型的算法,即选择仿真方法,建立仿真模型。如果仿真模型与假设条件偏离系统模型,或者仿真方法选择不当,则将降低仿真结果的价值和可信度。一般而言,仿真模型对实际系统描述得越细致,仿真结果就越真实可信,但同时,仿真实验输入的数据集就越大,仿真建模的复杂度和仿真时间都会增加。因此,需要在可信度、真实度与复杂度之间认真加以权衡。

3. 编制仿真程序

根据仿真模型,画出仿真流程图,再使用通用高级语言或专用仿真语言编制计算机程序。目前,世界上已发表过数百种各有侧重的仿真语言。常用的有 SIMULA、SLAM、SIM—SCRIPT、CSMP、Q—GERT、GASP、GPSS、CSL 等,与通用高级语言相比,具有仿真程序编制

```
                                              ┌──────────┐
                                              │   开始    │
                                              └────┬─────┘
                                                   │
                                         ┌─────────▼─────────┐
                                         │  实际系统分析与描述  │
                                         └─────────┬─────────┘
                                                   │
                                         ┌─────────▼─────────┐
                                         │   建立系统数学模型   │
         ┌──────────────┐               └─────────┬─────────┘
         │   修改系统模型  │                         │
         └──────┬───────┘               ┌─────────▼─────────┐
                │ Y                      │    建立仿真模型     │
          ◇─────┴─────◇   ┌──────────┐  └─────────┬─────────┘
      N  ╱ 系统模型有问题? ╲  │ 修改仿真模型 │            │
     ◄───◇              ◇ └────┬─────┘  ┌─────────▼─────────┐
          ╲            ╱       │ Y       │    编写仿真程序     │
           ◇─────┬────◇  ◇─────┴─────◇  └─────────┬─────────┘
                 │     ╱ 仿真模型有问题? ╲           │
              N  └────◇              ◇ ┌────────┐ ┌─────────▼─────────┐
                      ╲            ╱  │ 修改程序 │ │   运行仿真系统     │
                       ◇────┬────◇   └───┬────┘ └─────────┬─────────┘
                            │      ◇─────┴────◇           │
                         N  └─────╱ 程序有问题? ╲ ┌─────────▼─────────┐
                                  ◇           ◇ │   仿真结果评估     │
                                   ╲         ╱  └─────────┬─────────┘
                                    ◇───┬───◇            │
                                        N        ◇───────▼────────◇
                                        └───────╱  结果是否合理?   ╲
                                                ◇                 ◇
                                                 ╲               ╱
                                                  ◇──────┬──────◇
                                                         │ Y
                                               ┌─────────▼─────────┐
                                               │    仿真工作总结     │
                                               └───────────────────┘
```

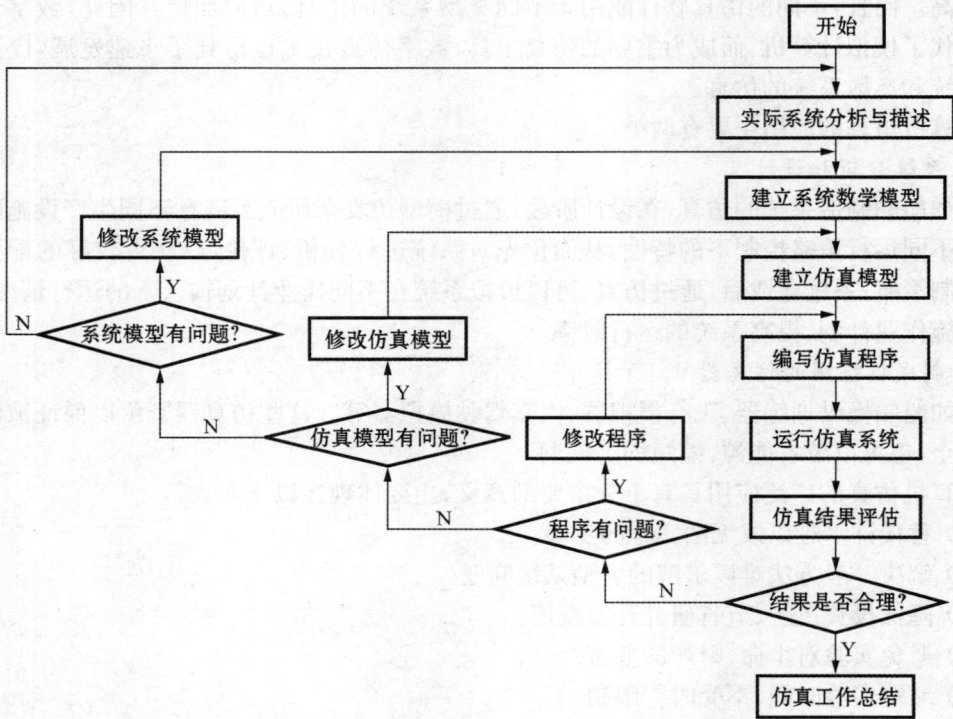

图 8-18　计算机仿真的一般过程

简单、仿真效率高、仿真过程数据处理能力强等特点。

4. 进行仿真实验

选择并输入仿真所需要的全部数据,在计算机上运行仿真程序,进行仿真实验,以获得实验数据,并动态显示仿真结果。通常是以时间为序,按时间间隔计算出每个状态结果,在屏幕上轮流显示,以便直观形象地观察到实验全过程。

5. 结果统计分析

对仿真实验结果数据进行统计分析,对照设计需求和预期目标,综合评价仿真对象。

6. 仿真工作总结

对仿真模型的适用范围、可信度,仿真实验的运行状态、费用等进行总结,为以后的工作积累经验。

8.5.3　仿真在 CAD/CAM 系统中的应用

仿真在 CAD/CAM 系统中的应用主要表现在以下几个方面:

1. 产品形态仿真

例如产品的结构状态、外观、色彩等形象化属性。

2. 零部件装配关系仿真以及工作环境空间的配置仿真

可通过仿真检验产品装配结构是否合理、是否发生干涉;人工操作是否方便,是否符合人机学原理;工作环境管道安装、电力、供暖、供气、冷却系统与机械设备布局是否合理等。

3．运动学仿真

模拟船舶的运动过程，包括自由度约束状况、运动轨迹、速度和加速度变化等。

4．动力学仿真

分析船舶系统在质量特性和力学特性作用下系统的运动和力的动态特性。例如船舶运动过程中的振动和稳定性情况，在受到冲击载荷后的动态性能等。

5．零件工艺过程几何仿真

根据加工工艺路线的安排，模拟零件从原材料到零部件的加工过程，检验工艺路线的合理性、可行性、正确性。

6．加工过程仿真

例如数控加工自动编程后的刀具运动轨迹模拟，刀具与夹具、机床的碰撞干涉检查，切削过程中刀具磨损、切屑形成，工件被加工表面的产生等。

7．生产过程仿真

例如曲形管件加工仿真，模拟工件在系统中的流动过程，展示从上料、装夹、加工换位、再加工……直到最后下料、成品放入立体仓库的全部过程。其中包括机床运行过程中的负荷情况、工作时间、空等时间；运输设备的运行状况，找出系统的薄弱环节或瓶颈工位，采取必要措施进行系统调整，再对修改后的生产过程运行状况进行模拟仿真。

目前，市场上已有商品化仿真软件系统，如许多 CAE 软件系统都含有运动学分析与仿真功能模块，ADAMS 作为动力学分析仿真系统，在许多领域发挥了作用。这些相对成熟的系统为广大用户的仿真需求，提供了先进的技术手段和高水平的仿真平台，用户可以根据自己的要求选择适宜的商品化软件。随着计算机技术、CAD/CAM 技术的不断发展，仿真技术将会得到进一步的广泛应用，在生产、科研、开发领域发挥出越来越大的作用。

习题和思考题

1．计算机辅助工程分析的主要作用和内容有哪些？
2．简述结构有限元分析的步骤。
3．有限元分析数据前、后置处理包括哪些内容？
4．优化设计要解决的问题主要包括哪些方面？求解优化问题的基本思路及策略是什么？
5．举例说明仿真在 CAD/CAM 系统中的应用。

第 9 章　造船计算机集成制造系统概述

9.1　计算机集成制造的基本概念

随着工厂自动化技术的推进和信息时代的到来,一种全新的制造业的理念开始孕育。1973 年美国约瑟夫·哈灵顿(Joseph Harrington)博士首先提出了计算机集成制造(Computer Integrated Manufacturing,CIM)的理念。CIM 是一种概念,一种哲理,是用来组织现代工业生产的指导思想。CIM 的核心思想是强调在制造业中,充分利用计算机的网络、通信技术和数据处理技术,实现产品信息的集成。他提出的概念基于两个观点:

(1) 企业生产的各个环节,即从市场分析、产品设计、加工制造、经营管理直到售后服务的全部生产活动,形成了一个不可分割的整体,它们彼此紧密相连;单一的生产活动都应在企业整个框架下作统一的考虑。这是一种系统的观点。

(2) 整个生产过程实质上是一个数据的采集、传递和加工处理的过程,最终形成的产品可以看作是"数据"的物质表现。这是一种信息的观点。

"计算机集成制造"一词中的"计算机"仅是一个工具而已,"制造"是目的,而"集成"则是 CIM 区别于其他生产方式的关键所在,它是将计算机与制造生产连接在一起的关键,是这种生产方式的核心。它把整个制造业推到一个新的发展阶段。

9.2　计算机集成制造系统的概念

计算机集成制造系统(Computer Integrated Manufacturing System,CIMS)是基于 CIM 哲理而组成的系统,概括地讲,是在自动化技术、信息技术和制造技术的基础上,通过计算机及其软件,将制造工厂全部生产活动所需的各种分散的自动化系统有机地集成起来,成为适合于多品种、中小批量生产的总体高效益、高柔性的智能制造系统。

1. CIMS 的三要素

根据 CIM 及 CIMS 的定义,通常认为系统集成包括三个要素——经营、技术及人或机构。这三个要素互相作用、互相支持,使制造企业达到优化。

2. CIMS 的组成

计算机集成制造系统是以计算机为工具、以集成为主要特征的自动化系统。图 9-1 给出了一个关于 CIMS 组成的描述。如图 9-1 所示,企业 CIMS 主要由生产经营管理信息分系统、工程设计自动化分系统、制造自动化分系统、质量保证分系统、计算机网络分系统、数据库分系统六大部分组成。

在 CIMS 的概念中应强调说明以下两点:

市场信息

生产经营管理信息分系统

功能分系统

工程设计自动化分系统

质量保证分系统

售后服务信息

制造自动化分系统

支撑分系统

数据库分系统

计算机网络分系统

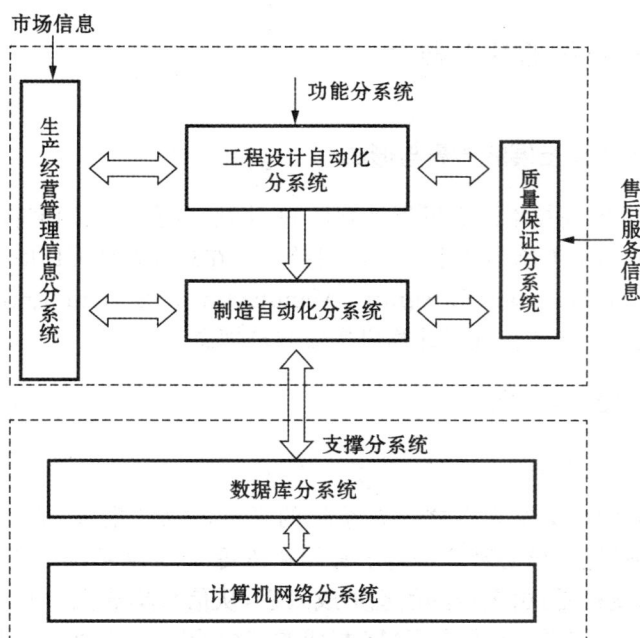

图 9-1 CIMS 的组成框图

（1）在功能上，CIMS 包含了一个工厂的全部生产经营活动，即从市场预测、产品设计、加工工艺设计、制造、管理至售后服务的全部活动。因此 CIMS 比传统的工厂自动化的范围要大得多，是一个复杂的大系统，是工厂自动化的发展方向，也是未来制造工厂的模式。

（2）在集成上，CIMS 涉及的自动化不是工厂各个环节的自动化的简单叠加，而是在计算机网络和分布式数据库支持下的有机集成。这种集成主要体现在以信息和功能为特征的技术集成，即信息集成和功能集成。以缩短产品开发周期、提高质量、降低成本为目的，这种集成不仅是物质（设备）的集成，而且是人的集成。

计算机集成制造理念提出之初，由于当时计算机的应用尚不普遍，市场竞争还未达到必须迫切发展 CIMS 的地步，因此，这一概念并没有引起人们足够的重视。直到 20 世纪 80 年代初，计算机集成制造（CIM）理念才逐渐被与制造业自动化相关的多个领域广泛接受，CIM 和 CIMS 技术日渐成为制造工业的热点。世界上很多国家和企业都纷纷制定和实施本国或本企业的 CIM 发展战略，CIM 基础技术得以迅速发展。

近年来，CIMS 技术取得了很大的进展，在其实施中有两个很重要的变化：一是由强调技术支撑变为强调技术、人和经营的集成。要通过管理把技术、组织（包括人）和经营（包括策略）集成起来；二是由技术推动变为需求牵引，强调用户的需求是成功实施的关键，用户是核心。在 1985 年美国制造工程师学会（SME）的文献中，CIMS 结构是以制造数据库为核心的，而 1993 年就变成了以用户为核心。

计算机集成制造是一种概念、一种哲理，是指导制造业应用计算机技术、信息技术走向更高阶段的一种思想方法、技术途径和生产模式。它代表了当前制造技术的最高水平，受到了广泛重视。

9.3　现代集成制造系统的基本概念

9.3.1　现代集成制造理念发展的背景与形成

1986 年,我国的国家高技术研究发展计划(863 计划)的自动化领域将计算机集成制造系统列为一个主题,简称 863/CIMS 主题。我国科技人员在总结多年 CIMS 实践的基础上,提出现代集成制造系统(Contemporary Integrated Manufacturing System),同样简称为 CIMS。现代集成制造(CIM)理念延伸和拓展了计算机集成制造理念。

9.3.2　CIM/CIMS 的定义与内涵

1. CIMS 集成的三个阶段

早期 CIM 理念的两个重要观点之一是系统的观点,由此"集成"成为 CIM 哲理的核心。现代集成制造将"集成"这一核心理念进行了延伸和拓展,认为从系统论的观点出发,现代集成制造系统技术实现的途径是:由企业的信息集成入手,从信息集成向过程集成(过程重构和优化)及企业间集成的方向发展,这就是 CIMS 集成的三个阶段:信息集成、过程集成与企业间集成。这三者之间存在下述关系:

(1) 信息集成是过程集成的基础。

(2) 信息集成和过程集成是更好地实现企业间集成的充分条件。

(3) 企业间集成的发展促进信息集成和过程集成向更高层次发展。

总之,信息集成、过程集成与企业间集成是互为推动的关系,而不是一种谁替代谁的关系。另外,三方面的集成技术都在不断地向前发展着,发展的更高层次将可能是知识集成。

2. 对 CIM/CIMS 内涵的新认识

现代集成制造(CIM)在广度上和深度上拓宽了早期 CIM 的内涵。863/CIMS 主题提出:"CIM 是一种组织、管理和运行现代制造类企业的理念。它将传统的制造技术与现代信息技术、管理技术、自动化技术、系统工程技术等有机结合,使企业产品全生命周期各阶段活动中有关的人或组织、经营管理和技术三要素及其信息流、物流和价值流三流有机集成并优化运行,以使产品上市快(Time)、高质量(Quality)、低耗(Cost)、服务好(Service)、环境清洁(Environment),进而提高企业的柔性、健壮性、敏捷性,使企业赢得市场竞争。"

CIMS 是一种基于 CIM 理念构成的数字化、信息化、智能化、绿色化、集成优化的制造系统,可以称为具有现代化特征的、信息时代的一种新型生产制造模式。这里的"制造"是"广义制造"的概念,它包括了产品全生命周期中各类活动——市场需求分析、产品定义、研究开发、设计、生产、支持(包括质量、销售、采购、发送、服务)及产品最后报废、环境处理等的集合。其中,价值流是指以产品的 T、Q、C、S、E 等价值指标所体现的企业业务过程流,如成本流等。现代集成制造系统细化了现代市场竞争的内容(P、T、Q、C、S、E);提出了反映 CIMS 现代化特征的五化;强调了系统的观点;拓展了系统集成优化的内容(包括信息集成、过程集成和企业间集成优化、企业活动中三要素和三流的集成优化,以及 CIMS 相关技术和各类人员的集成优化);突出了管理同技术的结合,以及人在系统中的重要作用;指出了 CIMS 技术是基于传统制造技术、信息技术、管理技术、自动化技术和系统工程技术的一门发展中的综合性技术（其中，特别是突出了信息技术的主导作用）；扩展了 CIMS 的应用范围（包括离散型制造业、流程制造业及混合型制造业）。因此，CIMS 更具广义性、开放性和持久性。

9.4　船舶集成制造系统概述

造船 CIMS 是根据船舶产品及其制造过程的特点，对 CIMS 的具体应用。因此，造船 CIMS 是以自动化技术、信息技术和造船技术为基础，通过计算机及其软件，将造船订货、船型试验、船舶设计、船舶建造、造船生产管理和交船后服务等造船企业全部生产活动所需的各种分散的自动化系统有机地集成起来，而形成的总体高效益、高柔性的智能制造系统。

CIMS 总体框架模型，如图 9-1 所示反映了 CIMS 工程总体的、高层的工程集成要素及其相互关系，每个企业的 CIMS 工程都应当以此为基础，结合本企业的产品特点、生产经营特点来设计自己的 CIMS 框架结构。显然，由于生产企业的不同，CIMS 不会具有统一的模式。

造船 CIMS 总体框架模型与一般 CIMS 具有一定的共同特征，但由于造船企业生产经营的特点，决定了其 CIMS 总体框架模型的特殊性：

（1）船舶产品均为大型综合型产品，是把巨大的"海上活动科技城市"当做产品来制造，结构复杂、技术含量高、产品开发设计难度大、周期长、配套内容多、产品经营机制反应慢，多数订单要进行产品设计、工艺设计、工装装备以及有关制造技术的攻关，多工种、多专业综合施工效率低、管理难，生产组织与计划工作复杂多变，手工作业比重较大，限制了计算机辅助制造及制造自动化的应用，企业资源优化配置较一般机械产品（如汽车、机床、家电产品）困难得多。一般 CAD、CAPP、CAM、ERP 软件不适用于造船产品。

（2）造船产品工作量大，信息量大而且变化快，尤其设计阶段是经营、生产、管理的主要信息源头，是决定产品的成本、质量、周期的最关键因素。而且由于竞争的激烈，设计周期短、品种多，还经常要面临数种产品同时设计，因此产品设计及工程设计占有十分重要的地位。

（3）船东订单的多样性、多变性以及产品的复杂性，零部件的多样性及工艺的多样性，决定了其生产组织与计划的复杂性，以及物资与库存管理的复杂性。造船分内场作业和外场作业，而且以外场作业为主，外场作业受气候条件影响很大，有时会对计划执行造成难以预料的后果，给生产计划带来极大的困难。为此，无论是用 MRP Ⅱ 软件，还是用 ERP 软件，都应使其生产计划采用"工厂与车间两级计划管理"或"一级计划，二级管理"的方法，以增强计划的柔性和实用性。

（4）造船产业是大型配套产业，装备有各种各样装备、设备、仪器、仪表等配套件，例如一台锅炉在机舱设计中仅被视为是一个零件，通过管系、电气和各种设备才能进行操纵和发挥功能，所有配套设备不仅涉及性能，而且涉及订货资金、交货期，以及在船体系统中的布置和装配尺寸。因此，配套设备的资金管理，交货期管理是重要的管理组成部分，各种设备装置的布置设计也是船舶设计、生产中的重要内容，这一点与一般机电产品有很大差异。

（5）由于船舶产品的特殊性，在建造的整个过程中，除了工厂自身的质量检验部门自始至终参与质量监督验收工作外，船级社和船东代表也一直参与其中，有时会增加质量管理工作的复杂性，而且在产品建造过程中，随着情况的变化有时船东代表会对产品的设计和制造提出一些新的要求，船厂不得不采纳。这些与一般机械产品是不同的。

鉴于此,造船 CIMS 工程总体的框架模型,通常应强化产品设计与工程设计分系统、生产计划管理模块、质量管理和控制模块、物资及库存管理模块等。

9.4.1　国外先进造船企业造船 CIMS 的应用

许多国家对于造船 CIMS 的应用都非常重视,日本是应用造船 CIMS 的先导者,现已开发和应用了许多 CIMS 的相关系统,欧洲一些国家也对船舶 CAD、CAPP、CAM 的应用作了进一步的开发,造船 CIMS 的应用已是国际上造船业的一个重要发展趋势。

日、韩、西欧等国的先进造船企业均以转换造船模式和整体优化,作为企业计算机应用首要目标,他们在船厂进行造船硬件改造的同时以实现企业整体优化为目的,把建立企业级的计算机信息系统放在突出的位置,甚至称作为"对技术改造的改造"。他们通过开发和应用造船 CIMS 系统,在 20 世纪 90 年代中期初步实现了壳、舾、涂一体化区域造船的现代造船模式和设计、生产、管理信息的一体化,大大缩短船舶建造周期,提高了船舶建造质量和降低了船舶建造成本,在国际市场竞争中处于比较有利的地位。日本造船企业已摆脱了造船是"劳动力密集型"的概念,其中一个重要技术因素是建立了企业 CIMS,应用了先进制造技术和精确制造技术。特别是韩国造船业发展历史比中国短得多,但是他们把计算机技术中精确制造(精确设计、制造、管理)技术和系统集成技术作为企业发展的战略性重点技术,因此其造船水平和造船成本可与日本匹敌。

国外造船企业实施 CIMS,主要着眼于技术,特别强调"高度自动化",改造车间使之成为"无人化工厂",大量采用焊接机器人、管子流水线生产和自动涂装技术,把 CIMS 的重点放在车间层设备的信息集成上,以实现制造设备的互联和柔性自动化为目标,提出了耗资几十亿美元的开发计划,这是由工业发达国家的国情所决定的。

9.4.2　适用中国造船企业的 CIMS 模式

中国大多数造船企业发展的"瓶颈"是产品开发,特别是新产品的开发能力弱、开发周期长、质量不高、管理粗放、员工素质不高以及观念较旧等。多数造船企业同时又缺乏资金,无法支持设备和工艺的大规模改造。针对这一现实,在吸取国外经验教训的基础上,当前实施 CIMS 的策略重点应放在提高产品的设计开发能力、转换造船模式和实现造船企业科学管理上,对车间层则适度自动化,不盲目模仿国外"无人化工厂"的模式。实现 CIMS 的重点在于信息集成和现代造船模式的推进,即推行"模块化建造"和"分道"建造法,并且将产品开发设计、成本、企业资源和市场信息充分集成,以建立经营快速反应机制和生产资源优化配置。

根据以上分析,文献[8]提出了适合中国造船企业特点的造船 CIMS 系统模式,如图 9-2 所示,该系统由现代造船模式和造船 CIMS 软件组成。

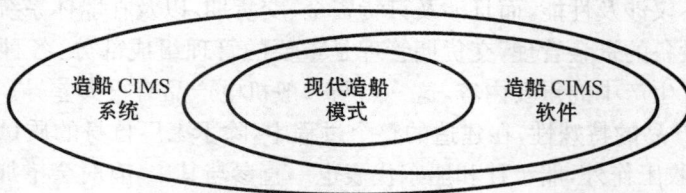

图 9-2　中国造船 CIMS 系统模式概念层次图

（1）现代造船模式。由先进造船体制和先进造船技术组成,现代造船已属中间产品导向型的造船模式,这是从船体建造、舾装、涂装一体化角度,按区域对船舶产品进行工程分解和组合,并按区域划分各类作业任务,形成船体以分段,舾装以托盘或单元作为组织生产、生产管理的基本作业单元,进行船舶建造的一种造船模式。也可理解为以统筹优化理论为指导,应用成组技术管理,以中间产品为导向,按区域组织生产,壳、舾、涂作业在空间上分道,时间上有序,实现设计、生产、管理一体化,均衡、连续地总装造船。

（2）造船 CIMS 软件。由造船工程技术分系统、造船经营生产管理分系统、企业综合管理分系统、质量信息管理分系统、造船生产自动化分系统和支撑环境分系统构成。造船经营生产计划管理与产品生产信息流关系较密切,吸取国外同行的经验,单独组成分系统。船舶产品是项目型也是订单型产品,从产品经营洽谈到产品制造,产品开发和设计是必需的环节,是产品制造和企业管理的信息源,因此目前中国造船 CIMS 软件的核心系统为造船 CAD/CAPP/CAM 集成系统亦即造船工程技术分系统。

因此,中国造船 CIMS 就是运用 CIM 原理,将先进造船技术如现代造船模式、造船 CAD/CAPP/CAM 技术、成组技术、并行设计工程、并行建造工程以及企业资源需求计划组合起来,通过建立船舶产品电子信息模型来实现并行设计和产品虚拟建造,以 CAD/CAPP/CAM 和管理信息的集成来推行"壳、舾、涂"一体化,实行并行建造工程,通过"中间产品"的设计、制造和管理信息的处理来推行成组技术,实现"模块化建造"和"分道"建造法,并且将产品开发设计、成本、企业资源和市场信息实现集成,以建立经营快速反应机制和生产资源优化配置。

9.4.3　中国造船 CIMS 模式在船厂实施概况

1. 沪东中华造船集团 CIMS 情况简介

沪东中华造船集团 CIMS 应用工程(简称 HDS-CIMS),早在 1997 年就开始组织项目分析论证、项目的总体设计,得到国家 863/CIMS 专家组的认可,并被列入国家 CIMS 示范企业项目。

2. HDS-CIMS 实施目标

HDS-CIMS 的工程目标采用以效益驱动为原则,应用实效为目标,有条件先上、重点突破的方针,结合企业改革转模,实现企业整体优化,达到 HDS-CIMS 开发应用最大效益。首先实现造船 CAD/CAM/CAPP 的开发应用和集成,达到并行设计的目标,有效缩短设计周期和提高产品质量,并且为经营生产管理提供及时、完整和正确的信息源;突破大型项目制造型企业能力计划和生产计划制订、平衡、优化难度大的技术关键,以有效配置企业生产要素;运用"GT"技术,提供"壳、舾、涂一体化","模块造船"和制造流水线的设计、制造和管理信息集成,对船舶产品的报价成本、设计成本、采购成本和制造成本实现预控,基本实现 CAD/CAM/CAPP/PM/FA 的信息集成,并建立企业设计制造和管理工程信息中心和企业综合网络系统。

3. HDS-CIMS 软件总体结构

HDS-CIMS 按照中国造船的 CIMS 模式进行造船 CIMS 开发和应用,HDS-CIMS 由现代造船模式和 HDS-CIMS 软件组成。HDS-CIMS 将现代造船模式转换和造船信息系统应用结合起来,在应用造船信息系统的同时,实施现代造船模式转换来提高集团竞争力。

系统根据功能和信息流共划分为四个应用分系统。支撑平台分为三个层次:数据库层、网络层和计算机设备层。四个应用分系统具体为：

1）造船工程技术信息分系统

2）造船经营生产管理信息分系统

3）企业综合管理信息分系统

4）车间生产自动化信息分系统

支撑环境平台则通过网络将各应用分系统联系在一起。HDS-CIMS 软件的总体结构如图 9-3。

造船工程技术信息分系统　　　　　　　　　　　　　　　造船经营生产管理信息分系统

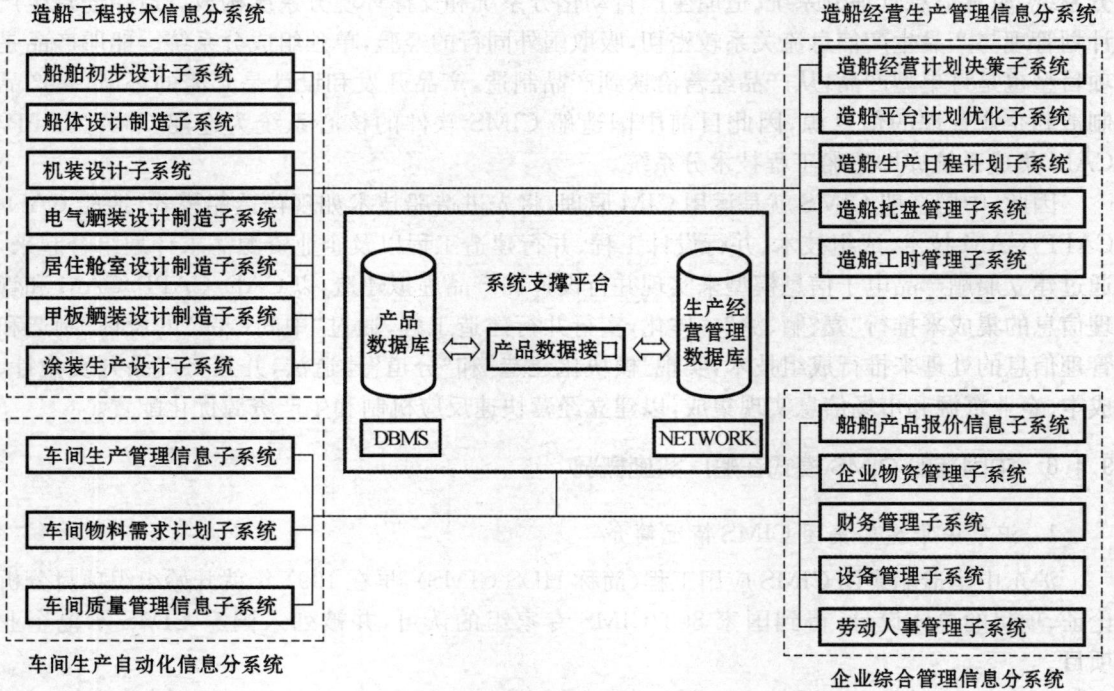

船舶初步设计子系统		造船经营计划决策子系统
船体设计制造子系统		造船平台计划优化子系统
机装设计子系统		造船生产日程计划子系统
电气舾装设计制造子系统		造船托盘管理子系统
居住舱室设计制造子系统		造船工时管理子系统

系统支撑平台

产品数据库 ⇔ 产品数据接口 ⇔ 生产经营管理数据库

DBMS　　　NETWORK

车间生产管理信息子系统		船舶产品报价信息子系统
车间物料需求计划子系统		企业物资管理子系统
车间质量管理信息子系统		财务管理子系统
		设备管理子系统
		劳动人事管理子系统

车间生产自动化信息分系统　　　　　　　　　　　　　　企业综合管理信息分系统

图 9-3　HDS-CIMS 软件总体结构框图

4．HDS-CIMS 软件分系统方案说明

1）造船设计制造信息分系统

本分系统为 HDS-CIMS 的信息源头，是开发应用的重点。

主要目标为建立船舶初步设计、船体 CAD/CAM、机装 CAD/CAM、电气舾装 CAD/CAM、居住舱室 CAD/CAM、甲装舾装 CAD/CAM 和涂装生产设计七个功能子系统。以三维交互建模为手段，各专业设计由分道设计方式转变为并行设计方式，在同一数据库内建立产品电子模型，以有效缩短设计周期和提高设计质量，并且在此基础上深化生产设计，以最大限度保证实现"现场作业图面做"、"下面工作上面做"的目标。除了能产生施工图纸外，根据建造方针和施工要领，产生壳舾涂一体化制造图、装配图和配套信息，将电算化托盘管理对象扩大到电气、阀件、支架、箱柜、外舾件、内舾件。在全面建模基础上根据生产工艺阶段划分，产生各中间产品的工作量、物量和生产场地需求信息，为造船生产管理提供完整和正确的管理基础信息。

2）造船经营生产管理信息分系统

造船企业具有产品复杂、工程量大、多产品多工种交叉平行作业等特点，给经营生产管理带来很大困难。不少在其他行业行之有效的管理方法，在造船生产管理中却显得无能为力。造船经营生产管理分系统的目标，是在造船设计制造信息分系统提供统一的物料清单（BOM）基础上，实现信息集成和共享，以提高整个企业的科学管理水平和市场应变能力。

本分系统主要在产品 CAD/CAM/CAPP 产生的信息基础上，根据船舶建造工艺阶段划分的装配构成进行生产配套，生成生产日程计划以及相应的物量负荷、劳动力负荷、设备负荷、场地（平台）负荷等信息。根据 ERP 原理，对船厂中长期计划要求、生产设计和采购计划要求进行负荷测算、平衡。由于造船生产受气候、配套、任务变动等变化情况影响较多，因此所生成各种计划必须具有较强的动态修改和人机交互功能。

3）企业综合管理信息分系统

主要功能目标为企业人、财、物管理。除了常规的功能外，主要加强与设计制造信息分系统和经营生产管理信息分系统的信息集成和共享。加强企业资金管理、产品成本管理，实现设计、经营、采购共享一个物资市场库，在物料需求计划的基础上加强物资采购资金的计划管理和纳期管理，以减少采购资金和保证产品进度，按劳动力负荷计划制订企业用工计划，按现代企业模式完成船厂财务结算。

造船产品成本控制重要的一环为报价成本，报价的高低直接影响到订单的承接和产品的盈亏，而报价成本又是经营工作重要内容，因此是本分系统的重要功能组成部分。

4）车间生产自动化信息分系统

根据沪东中华集团体制，造船事业部主要负责船体制造和舾装件安装工作，管子制造和涂装由管子分厂和涂装分厂进行。船体件加工由事业部制造部加工车间进行，目前军船民船两个事业部有 NC 切割机 7 台，管子分厂有 NC 弯管机 1 台，为了推广"GT"技术和先进制造技术，船厂已引进"平面分段流水线"，并已建立管子生产流水线，为提高效率今后均必须在"车间层"建立生产"自动化"信息体系。本分系统主要功能要求如下：

（1）根据 MRP-Ⅱ原理实现车间层加工制造所必需的材料和附件配套计划和管理。

（2）以分段上船台或舾装件预舾装日程为依据，分解作业，进行负荷测算，生成加工计划。

（3）根据"GT"原理将加工件组合后布置生产，并实行信息化生产，提高 NC 加工量和生产效率。

（4）提供质量管理有关文件。

（5）本分系统由车间生产管理信息、车间物料需求计划和车间质量管理信息三个子系统组成。

5）系统支撑平台

根据工程的总体目标，拟建立一个在多种环境下运行，且有不同数据结构的计算机网络和分布式数据库系统以实现信息集成。

网络系统采用高速交换主干网技术，将企业设计中心和管理中心通过光纤与企业的数据库中心及网络服务中心连接起来，通过构造二层网络系统结构实现全厂的信息高度共享。即由高性能网络交换器，把造船经营生产管理信息分系统和企业综合管理信息分系统的主服务器，与造船设计制造信息分系统的主服务器连接起来，形成两个互联的数据中心和网络中心（一级网）。再由光纤通过交换器将分布在各部门的局域网（二级网）连成一体。

数据库分系统设计主要是利用当前业已存在的数据库技术实现多数据库的信息共享，并达到以下目标：

（1）采集各种数据，以合理的结构存储，并以最佳方式、最少冗余、最快存取响应多种应用服务。

（2）为 HDS-CIMS 中各种应用共享所需数据创造良好的条件，使得从企业的经营到产品的设计、制造整个过程中的数据融为一体，实现信息的集成，以达到高度的自动化生产。

5. 主要技术关键

1）实现并行设计，交互设计

造船的初步设计、技术设计和详细设计、生产设计各阶段，以及船、机、电各专业的设计工作要实现并行设计和交互设计，主要实现方式是以三维造型来建立造船电子产品模型（EPM）。

由于船舶产品极为复杂，建立 EPM 较为困难，为提高开发应用起点，项目以引进国外先进造船软件（TRIBON 或 PRO-SHIP）为主，结合二次开发来实现这一目标。

2）造船中间产品信息模型的建立

现代造船法采取模块造船法，并以模块作为中间产品，造船生产的设计、制造、管理均必须实现以中间产品为导向，它也是"壳、舾、涂一体化"的基本制造单元。由于涉及多种不同类型性质的产品构成，因此建立中间产品信息模型极为困难，是 HDS-CIMS 的一个重要技术关键，而且必须在完成产品代码和 BOM 的基础上建立。

3）造船代码的建立

HDS-CIMS 目标是实现整体优化，因此信息的集成和共享是基础，而且建立造船中间产品信息模型关键也在于是否有一个可以操作、而且兼顾各种要求的产品代码。代码主要有产品构成代码、工程管理代码和工艺流程代码，以满足产品设计，成本控制，组织生产和各种管理的需求。

4）造船能力预测和负荷平衡

系统采取国外先进造船企业的惯用方法，并遵照 ERP 原理进行企业人力资源、设备资源、场地资源等生产资源的预测和平衡，并在产品 BOM 的基础上提供材料需求计划，以控制资金运用。

5）HDS-CIMS 数据库

它涉及的数据库种类繁多、数量巨大，且分布在企业的各个应用领域，要实现对各种信息的高效存取、处理和交换，必须提供网络环境下的分布数据库管理系统作为支撑。分布式数据库将数据分别存放在计算机网络的不同节点上，再利用逻辑关系把它们集成起来，形成一个网络上的数据库系统。

6）信息集成及接口技术

在 HDS-CIMS 中，除了造船 CAD/CAM 由于建立了电子产品模型而实现了集成外，与其他各分系统处于不同平台和功能的环境。因此必须建立信息接口来实现信息集成，基本方案是建立 PDM 或引进合适的 ERP，来提高信息集成的起点。

7）采用面向 Internet 的技术架构

HDS-CIMS 采用 Web 服务器，它能把重要信息和应用软件实时地传给任何一个 Web 浏览器。使用这种模式,不会影响到其他计算体系结构;它只是在现有的系统中,增加一些有价值的新功能。利用 Web 独特的联合式分布模型,"虚拟"地把许多完全不同、自成一体的系统结合到一起,使它们能像一个整体一样工作。

6. 中国造船企业实施 CIMS 应注意的问题

1) 造船 CIMS 的应用与企业自身素质的提高密不可分

造船 CIMS 应用工程是企业规范化、标准化的过程,不是一项"拿来就用"的工程。企业思想观念,设计、生产、管理等各种行为均需纳入规范化、科学化的轨道,并且制订和实施充分的设计标准、工艺标准、管理标准和代码,这是造船 CIMS 应用工程重要的自身条件。因此企业要推行造船 CIMS 系统必须与把企业自身素质的提高相结合。

2) 造船 CIMS 是不断发展和创新的过程,其实施目标也必须不断提高

CIMS 工程是不断开展技术创新的工程,企业必须把企业的发展与计算机技术的创新密切结合,在造船 CIMS 开发应用中不断创新,我国国有企业改革在不断摸索中,企业的模式也会有不断变化,因此不宜过早采用建成 CIMS 的提法,国外一些先进企业的提法是"向 CIM 化"发展,或 CIM 技术的推广应用,永远不存在"大功告成"的阶段,这样在观念上、政策上促使不断发展造船 CIMS 技术。

3) 培养一支技术过硬的骨干队伍

沪东中华造船集团能够在造船 CIMS 应用工程中踏实发展和深入应用,一个重要原因是企业采取各种措施培养、稳定和使用了一支专业人才队伍,他们是软件开发维护人员,又是新技术推广应用的"雪球",因此近些年来无论是引进还是自行开发的软件系统,都能高效地推广应用,系统收益期的实现很快,而且也推动了其他造船新技术的发展,因此企业必须拥有一批既懂专业又精通造船 CIMS 技术的人才队伍,是企业不断拓宽深入造船 CIMS 开发应用和提高软件生命周期的重要保证。

4) 领导的重视和参与是企业 CIMS 实施成功的关键

造船 CIMS 应用工程必须在企业领导直接参与下实施,沪东中华造船集团领导特别是总经理和总工程师不仅舍得投资,直接参与系统规划、论证,而且像抓产品生产一样抓系统的实施和关键技术的解决,总工程师是系统实施的总调度员,扎实地推进系统深入应用,这是沪东中华造船集团 CIMS 能成为企业设计、生产、管理各领域密不可分和不可逆转的技术创新手段的重要原因。

5) 实施 CIMS 是一个从局部走向全局的过程,是从量变走向质变的过程

在实施 CIMS 过程中,必须做到在局部运行时保证全局在原系统下的正常运行,做到新系统逐步替换旧系统,保证企业管理的有序和生产经营的正常进行,这是一个较长的过渡阶段,这一阶段能否平稳过渡是系统实施成败的关键,稍微处理不当,就会有实施不下去或给企业管理带来混乱的风险。要通过培训使大家明白为什么要实施 CIMS,在实施中自己应做的工作及如何做;制定恰当的实施步骤,及时发现问题,并研究解决办法,这样通过磨合逐步统一,从而保证平稳过渡。

7. 发展趋势

(1) 现代造船模式的发展是一个发展的、动态的、不断寻求最佳状态的过程,造船模式由"整体制造"、"分段制造"、"分道制造"和"集成制造",当前正在向第五级造船模式"敏捷制造"

的方向发展。

（2）产品开发设计网络化。由于造船 CAD 软件开发商的软件标准化和网络化，造船 CIMS 中造船 CAD/CAPP/CAM 软件将建立在互联网上，并实现船舶开发设计单位、制造单位、船东和质保机构的信息资源共享。

（3）产品配套电子商务化。船舶产品中大量设备、材料的订购计划、订购谈判和订购实施将在网上进行，将有效降低采购成本，电子商务网上交易将成为造船 CIMS 重要内容。

（4）造船企业集团化和虚拟化。Web 技术将成为 CIMS 的重要支撑技术，未来的造船企业将开发设计、船舶模块、零件制造和总装分成多个独立企业，各自独立经营，企业为集团形式，虚拟构造，因此造船 CIMS 模式不再是工厂型，而是虚拟集成型。

（5）产品设计、制造的智能化和虚拟化。随着中国科技水平和企业经济实力的提高，也由于智能和虚拟技术适合于柔性较大的造船生产，智能机器人、虚拟建造和安装技术将成为造船 CIMS 重要内容。

（6）造船企业绿色化、清洁化和小型化。随着现代造船模式的建立，造船 CIMS 将物流管理作为系统重要内容，无论是原材料还是中间产品，将不再在工厂存放或极小存放，原材料利用率由于造船 CIMS 应用将得到极大的提高，因此船厂将不再设置大型仓库、大型场地、企业将由"大、全、乱"变为"小、精、清"。

中国造船 CIMS 模式在沪东中华造船集团成功开发和应用，说明造船 CIMS 推动了现代造船模式的转换，明显地缩短了产品开发设计和制造周期，提高产品质量，有效地降低了产品成本，加强了企业经营能力，扩大了市场份额，有力地证明了参照该模式构建和实施的造船 CIMS 具有可行性和现实意义。

习题和思考题

1. 简述 CIM/CIMS 的概念和内涵。
2. 试根据造船企业生产经营的特点，分析造船 CIMS 总体框架的特点。
3. 试比较分析国内外造船企业应用 CIMS 的差异。
4. 试分析我国造船企业实施 CIMS 中应注意的问题。

参 考 文 献

[1] 王勇毅,董守富.计算机辅助船体建造[M].北京:人民交通出版社,1995.

[2] 苏步青,刘鼎元.计算几何[M].上海:上海科学技术出版社,1981.

[3] 孙家广,胡事民.计算机图形学基础教程(第2版)[M].北京:清华大学出版社,2009.

[4] 王先逵.计算机辅助制造(第2版)[M].北京:清华大学出版社,2008.

[5] 卜昆.计算机辅助制造(第2版)[M].北京:科学出版社,2006.

[6] 唐承统.计算机辅助设计与制造[M].北京:北京理工大学出版社,2008.

[7] 苏文荣.船舶产品设计(SPD)系统[J].计算机辅助工程,2009(2):1-4.

[8] 程庆和,王衡元,施渭滨.中国造船企业现代集成制造系统适用研究[J].中国造船,2000(4):5-12.

[9] 程庆和,丁师镛,施渭滨.计算机集成制造技术在造船企业的应用研究[J].上海造船,2000(1):49-52.

[10] 施法中.计算机辅助几何设计与非均匀有理B样条[M].北京:高等教育出版社,2001.

[11] 朱心雄.自由曲线曲面造型技术[M].北京:科学出版社,2000.

[12] 沈剑华.计算数学基础[M].上海:同济大学出版社,1989.

[13] 严隽薇.现代集成制造系统概论、理念、方法、技术、设计与实施[M].北京:清华大学出版社,2004.

[14] 黎南.现代船舶企业CIMS关键技术研究[D].大连理工大学,2008.

[15] 尚晓江,邱峰.ANSYS结构有限元分析方法与范例应用[M].北京:中国水利水电出版社,2006.

[16] 中国船级社,船体结构强度直接计算指南(2001)[M].北京:人民交通出版社,2001.